언제나 내 삶을 지탱해주시고,
항상 당신보다 아들을 먼저 생각하시는
어머니 김정애님께 이 책을 바칩니다.

신들의 섬 발리

지상 최후의 낙원을 찾아서

2010년 10월 20일 초판 인쇄
2010년 10월 25일 초판 발행

지은이 · 가종수
펴낸이 · 이찬규
펴낸곳 · 북코리아
등록번호 · 제03-01240호
주소 · 121-801 서울시 마포구 공덕동 115-13번지 2층
전화 · (02)704-7840
팩스 · (02)704-7848
이메일 · sunhaksa@korea.com
홈페이지 · www.북코리아.com

값 20,000원

ISBN 978-89-6324-073-2 (93380)

이 도서의 국립중앙도서관 출판시도서목록(CIP)은 e-CIP 홈페이지
(http://www.nl.go.kr/ecip)에서 이용하실 수 있습니다.
(CIP제어번호: CIP2010003628)

신들의 섬 발리

– 지상 최후의 낙원을 찾아서 –

가종수

북코리아

세계에는 여러 나라가 있고 많은 민족이 살고 있지만, 발리만큼 매력 있는 섬은 그다지 많지 않을 것이다. 발리인은 오스트로네시아어족 인도네시아어파의 발리어를 모국어로 하며, 인종적으로는 몽골로이드의 인도네시아군에 속하는 민족이다. 원주민들은 오래전부터 화산 기슭에서 벼농사 중심의 생활을 하면서 독자적인 왕조를 일으켰다. 이들은 인도에서 힌두 문화나 불교문화의 영향을 받아들여 발리만의 독자적인 문화를 육성해 온 사람들이다.

과연 발리 섬의 매력은 무엇일까? 눈을 감고 발리를 떠올려보면 사누르에서 본 아름다운 인도양의 바다나 예술의 마을 우붓에서 본 초록빛 전원풍경이 그려진다. 세계 사람들이 가지는 발리에 대한 이미지는 신들의 섬 또는 낙원의 섬이다. 이것은 여행사의 선전이나 가이드북의 영향이 크다. 실제로 발리 섬을 돌아다니다 보면 매일 화려한 민족의상을 입고 제물gebogan을 머리에 얹고 사원으로 향하는 여인들의 긴 행렬을 볼 수 있고, 도처에서 낙원의 섬 발리를 실감할 수 있다.

현재 발리 섬은 국제적 관광지로 관광화와 근대화라는 큰 물결이 몰려들고 있다. 발리 섬이 국제적인 관광지로 급성장을 이룬 것은 아름다운 자연, 화려하고 신비스러운 힌두 문화, 뿌리 깊게 숨 쉬고 있는 전통문화에 그 매력이 있다. 발리 섬은 매스 투어리즘에 의해 전통문화를 잃어버린 것이 아니라 외부의 새로운 물결을 받아들여 전통문화를 재창출하고 있다. 이렇듯 발리 관광의 진수는 아름다운 자연과 이국적인 정서가 넘치는 축제와 예능이고, 지금도 그 전통문화가 재정비되어 가고 있다. 발리 섬이 관광지로서 각광받는 또 하나의 이유는 이유는 예술가나 문화인들과의 교류에 의해 새롭게 단장된 발리의 전통문화를 관광 상품화하는 데 성공한 것이다.

발리 섬에 매료되어 찾아온 대표적인 인물은 찰리 채플린이며, 1920~30년대에 발리 르네상스 시대의 새로운 문화 활동의 중심적인 존재는 독일인 월터 스피스였다. 그리고 낙원으로서 발리의 이름을 널리 알린 것은 화가이며 문화인류학자인 『발리 섬』의 저자 미겔 코바루비아스였다. 콜린 맥피는 사라져가는 전통예능의 보존을 목표로 세계적인 발리 예능의 재창조에 힘썼다. 그의 저서 『열대의 나그네-발리 음악 기행』은 발리 음악에 관한 최고의 책으로 평가받고 있다. 영국의 사회인류학자 그레고리 베토손과 그의 아내인 문화인류학자 마가렛 미도 또한 발리 섬의 매력에 사로잡혔다. 미국의 문화인류학자 클리퍼드 기아츠도 발리를 각별히 사랑하여 많은 저서를 남겼다.

필자가 발리 섬을 다니기 시작한 것은 1989년부터로 대략 20년 이상 되었고, 대학에서 문화인류학을 가르친 것도 18년이 되었다. 필자가 담당하고 있는 '발리 섬의 문화와 사회'를 소개하는 강좌에는 매년 수강생이 많다. 최초의 강의 노트 작성에 즈음해서는 필자의 현지 조사 자료를 중심으로 해서 구미인이나 일본인이 쓴 서적을 참고로 했다. 그러나 20년 이상 발리 섬을 다니는 동안 어느 사이에 연구실은 발리 섬의 사진과 책으로 가득해졌다. 처음에 발리 섬에 갔을 때 외국인 관광객은 대부분 일본인이었지만 2000년대 이후부터는 많은 한국인 관광객이 발리 섬을 방문하고 있다. 또한 많은 우리 교포들과 기업인들이 발리와 인도네시아에 살고 있다. 우리 한국인 스스로 세계적으로 인정받으려 한다면 경제적으로 우리보다 못한 나라와 민족이라고 해도 그들의 문화를 이해하고 상호 존중하려는 노력이 있어야 한다.

필자의 연구실에는 일본어로 쓰인 발리에 관한 서적과 논문이 100권 가까이 있는데 한국인이 쓴 발리에 관한 책은 과연 몇 권이나 될까? 본서는 필자가 현지 언

어를 마스터하고 장기간의 현지 조사에 의거해서 쓴 민족지이다. 신혼여행 혹은
가족여행으로 발리로 떠나시는 분들이 발리를 방문하기 전에 꼭 한번 읽어주신다
면 무엇보다 큰 기쁨이 될 것이고, 이 책이 독자 여러분의 아름답고 사랑스러운 추
억을 만드는 데 도움이 되었으면 한다.

사누르에서
가종수

●●● 차 례

CONTENTS

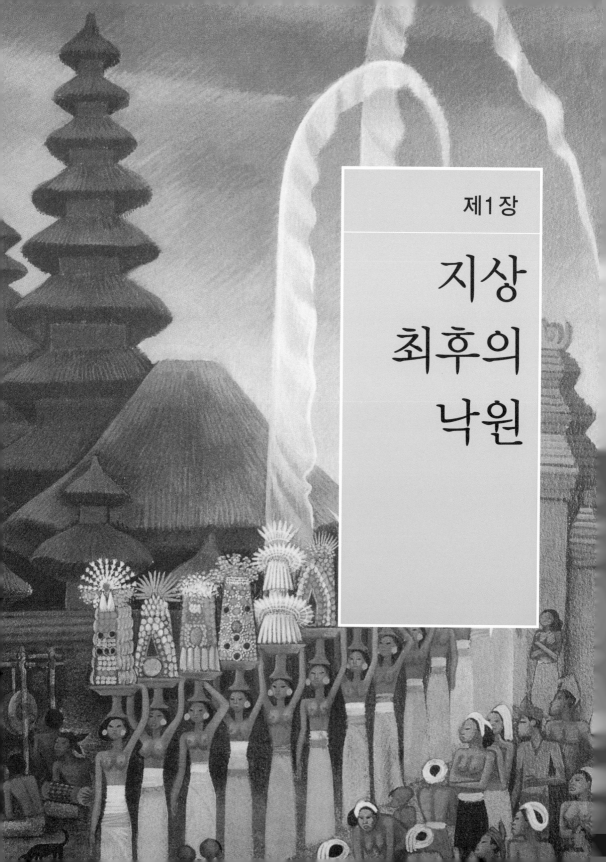

제1장

지상
최후의
낙원

인도네시아와 발리

동남아시아라고 하면 덥고 더럽고 가난한 나라, 베트남 전쟁이나 캄보디아 내전과 같은 비참한 분쟁의 땅 혹은 민주화 투쟁으로 인해 사회적·정치적으로 불안정한 나라라고 하는 부정적인 이미지를 가진 사람들도 많다. 그러나 이러한 종래의 동남아시아관은 현재 많이 변해 가고 있다. 특히 젊은이들 사이에서는 아름다운 자연을 가진 나라, 다채로운 문화를 소유한 나라라고 하는 긍정적인 이미지를 가진 사람들이 늘어가고 있다. 최근 경제적인 성장은 주춤하고 있지만 풍부한 천연자원과 인적자원을 가진 아세안 국가들에 대한 관심은 지금도 세계에서 주목받고 있으며, 앞으로 한국과의 교류는 경제적인 측면뿐만 아니라 문화적으로 상호이해가 활발해질 것이 예측되고 있다.

제물을 이고 가는 여성들

발리 섬은 인도네시아공화국의 33개의 제1급 지방자치체30주, 2특별주, 1수도특별구

서퍼들의 낙원 발리

역 중 한 개의 주州이다. 발리 주는 발리 섬을 비롯해 누사 페니다와 몇 개의 작은 섬으로 이루어져 있다. 인도네시아보다 발리 섬이 국제적인 관광지로 널리 알려져 있지만 어디까지나 발리 섬은 인도네시아공화국의 일부이다. 따라서 발리 섬을 알기 위해서는 인도네시아공화국에 관한 지식은 불가피하며, 특히 서쪽에 인접하고 있는 자바 섬과는 예부터 밀접한 관계가 있었다.

　인도네시아는 인더스Indos와 네소스Nesos의 그리스어로부터 유래하고 정식 국명은 인도네시아공화국이다. 인도네시아는 세계 최대의 도서 국가로 다섯 개의 큰 섬과 30개의 군도를 포함한 약 13,700개의 섬으로 구성되어 있다. 면적약 189만 평방 킬로미터은 대체로 한반도의 10.5배 이상에 달하고 인구는 약 2억4,000만이 넘는다. 인구 규모로 보면 중국, 인도, 미국 다음으로 세계 4위의 대국이다.

지리적으로는 아시아 대륙과 오스트레일리아 대륙의 중간에 위치하여 동서 5,100km, 적도를 끼고 남북 1,880km에 걸쳐 있다. 수마트라, 자바, 칼리만탄보르네오, 술라웨시의 대순다 열도가 있고 발리 동쪽에서 티모르 섬까지의 많은 섬을 소순다 열도라고 부른다. 인도네시아의 주된 섬은 자바를 중심으로 수마트라, 칼리만탄, 술라웨시, 파푸아 등 다섯 개의 섬이다. 자바 섬에는 인도네시아 전 인구의 63%가 살고, 수도 자카르타가 있는 정치·경제·문화의 중심지이다.

1. 다민족 국가 인도네시아

인도네시아는 다민족으로 이루어진 신생국가이다. 인구의 압도적 다수는 말레이계의 민족에 속하고, 그 대부분이 오스트로네시아어를 사용하며, 인구의 9할87.1%이 이슬람교도이다. 이러한 통계적 숫자를 보면 인도네시아는 민족, 사회, 종교 등이 일체화된 나라로 보인다. 그러나 이것은 어디까지나 최대공약수에 지나지 않는다. 통일 국가로서 짧은 역사, 섬과 바다를 포함한 전체 면적을 고려하면 인도네시아의 민족적·문화적 배경은 대단히 복잡하다.

인도네시아의 주된 종족은 약 70종족 이상으로 극히 소수의 종족까지 합하면 약 300종족 이상의 민족 집단이 살고 있고, 각각 독자적인 문화와 언어를 가지고 있다. 신생국가인 인도네시아가 태어나기 전에는 각 섬이 다른 나라, 다른 왕국이었다. 각 민족의 말이 모국어이고, 현재의 국어인 바하사 인도네시아Bahasa Indonesia는 이른바 제1 외국어이다. 지금도 인도네시아의 많은 섬에서는 각 민족 집단에 의해 각각 다른 모국어를 가지고 있으며, 그것을 일상어로 사용하고 있다.

국장 가루다

　따라서 인도네시아 사람들은 다민족 국가 안에서 이중의 아이덴티티를 가지고 살아가고 있다. '다양성 안에서의 통일'이라고 하는 것이 이 나라의 모토인데, 반대로 말하면 도저히 하나의 국가라고 생각되지 않을 정도로 인도네시아는 다양한 민족이 살고 있다. 우연히 네덜란드의 식민지였다는 이유 하나만으로 1949년에 신생국가 인도네시아공화국으로 탄생한 것이다.

　1949년, 네덜란드의 식민지통치에서 해방되면서 새로운 국가의 성립을 둘러싸고 민족주의 움직임이 나타난 것은 당연한 일이었다. 신생국가 지도자들은 다민족 국가의 분열을 걱정하기에 이르렀다. 그 결과 1950년에 '그것들은 다르지만 그것들은 같다'를 의미하는 다양성 안의 통일Bhinneka Tunggal Ika이 국시로 채택되었다. 그와 함께 국장國章 가루다Garuda에는 비네카 · 뚱갈 · 이카가 새겨져 있다. 이는 국시에 있어서 인도네시아가 다양한 민족적·문화적·지역적 요소를 내포하면서 통일을 유지하고자 하는 것을 가리키고 있다. 가루다 중앙의 방패 안에 있는 별은 신에 대한 믿음, 나무는 인도네시아의 통일, 쇠사슬은 휴머니즘, 쌀과 목화는 사회의 정의, 소는 민주주의를 상징하고 있다.

인도네시아어로 민족을 나타내는 말이 방사bangsa이다. 그러나 이 말은 수마트라의 바딱Batak족이나 술라웨시의 또라자Toraja족 등 각각 다른 민족을 나타내는 말로 사용되었다. '방사 바딱, 방사 또라자'라고 하면 같은 인도네시아인이 각각 다른 민족이 되므로 현재 이 용어는 사용하지 않는다. 그 대신에 부분을 의미하는 수꾸suku라는 말이 사용된다. 즉, 수꾸는 인도네시아공화국을 구성하는 부분으로서의 지방을 의미한다.

1967년에 발족한 수하르토 군사 독재 정권은 국가 통일을 위해서 국어인 인도네시아어표기는 로마자를 차용 보급을 강력하게 추진했다. 인도네시아어의 보급에는 학교 교육이 큰 역할을 했지만 라디오와 텔레비전도 크게 공헌했다. 더불어 각 민족의 전통문화, 특히 전통예능을 적극적으로 발굴하여 매스컴이나 공연을 통해 '인도네시아의 지방문화'라고 선전 활동을 했다. 여기에서도 각각 다른 민족이 아니라 같은 인도네시아공화국의 지방이라고 하는 말이 강조되었다. 인도네시아공화국을 구성하는 지방이야말로 수하르토 정권에 있어서 국가의 기본 단위였다. 예를 들면 발리의 전통예능을 방사 발리가 아니고 인도네시아공화국의 일개 지방 예능으로 바꿔놓음으로 해서 민족이나 종족 의식을 희석시켜 지방이라고 하는 개념을 철저하게 주입시킨 것이다.

수하르토시대의 32년간 인도네시아 정부는 강력한 중앙집권화를 도모했다. 그 결과 지방은 중앙의 명령에 따라야 한다는 불문율이 생겨났다. 발리 역시 섬의 발전에 관한 대부분의 정책은 중앙정부가 결정했다.

2. 이슬람교와 힌두교

인도네시아어로 종교를 아가마Agama라고 하는데, 이 말은 독특한 정치적 변천을 경유해 왔다. 아가마는 바다로부터, 아닷Adat, 관습은 산으로부터라고 일컬어진다. 이 말은 종교가 힌두교나 불교, 이슬람교와 같이 인도의 종교적 영향을 오래 받아 왔다고 하는 역사적 사실이 반영되어 있다.

인도네시아라고 하는 다민족 국가가 네덜란드의 식민지로부터 독립해서 신생 국가로 탄생할 때 최대의 과제는 국가와 종교와의 관계를 어떻게 조정할 것인지였다. 말레이시아와 같이 국민의 절대 다수가 이슬람교도인 인도네시아에서도 이슬람교를 국교라고 하는 주장이 강했다. 그러나 수마트라나 자바는 이슬람교도가 압도적 다수를 차지하고 있지만 발리 섬과 같이 힌두교도가 다수를 차지하는 섬도 있고, 또는 기독교가 우위 혹은 동등한 수를 차지하는 섬도 적지 않았다. 말레이시아와 달리 세계 최대의 도서 국가인 인도네시아에서 이슬람교를 국교로 하는 것은 반네덜란드 식민지 세력의 결집으로 생긴 신생국가 인도네시아로서는 상당히 무리가 있었다.

결국, 이슬람교도의 이슬람교를 국교라고 하는 주장은 받아들여지지 않았지만 그 대신 빤짜 실라Pancasila가 헌법으로 제정된다. 빤짜는 5, 실라는 덕의 실천이라는 의미이다. 이 빤짜 실라국가 5원칙는 신생국가인 인도네시아 헌법에 쓰인 것으로, 거기에는 이슬람교도의 주장이 강하게 반영되어 있다. 국민의 압도적 다수를 차지하는 이슬람교도에게 배려하여 정부는 유일신에의 신앙을 건국의 기본 방침으로 정했다. 이슬람교도는 대통령을 비롯해 국가 권력의 요직을 차지하는데, 특히 이슬람계 관료들이 종교를 독점한다. 그들은 종교의 정의를 독점적으로 결정하고 시행하는 권력을 얻어 종교를 이슬람교에 준해서 모델화했다. 즉, 인도네시아는 국

독립기념탑 모나스와 동남아시아 최대의 이슬람사원 므스짓 이스티칼(자카르타)

가적인 종교로 이슬람교를 기준으로 교조, 경전, 교회로 규정했다. 이러한 종교성의 종교 규정은 기독교나 불교 등은 아무런 문제가 없었지만 다신교 혹은 토착 신앙이 문제가 되었다.

1953년에 발리 섬도 공화국정부에 참가하게 되는데, 원래 다신교인 발리 도민은 힌두교를 핵으로 하는 발리 문화를 어떻게 유지해 가느냐 하는 것이 최대의 과제였다. 발리의 지도자들과 승려들은 상향위디와사Sanghyang Widi Wasa라고 하는 신명神名을 경전 안에서 골라 내어 그것을 발리의 유일신으로 만들었다. 그와 동시에 과거의 성인을 이슬람교에서 말하는 예언자로 해석해서 『우파데사Upadesa』라고 하는 힌두교전을 새로 만들어 중앙정부가 인정하는 종교인 아가마 힌두 발리Agama Hindu Bali를 탄생시켰다. 이슬람교를 중심으로 하는 인도네시아공화국 정부의 종교

정장한 힌두교도 소녀들

정책에 따라 교의가 정비되어 1962년에 발리의 힌두교는 이슬람교, 기독교, 불교와 같이 정부로부터 정식 종교로 인정을 받게 되었다.

인도네시아에서 발리 섬은 어떤 존재일까? 발리는 인도네시아 33개 행정주의 하나에 지나지 않는다. 인도네시아 안에서 발리의 면적은 13번째인데, 인도네시아 국내 총면적에서 발리 섬이 차지하는 비율은 불과 2%에 불과하다. 인도네시아 지도에서 주의해서 찾지 않으면 안 될 만큼 발리는 작은 섬이다. 인구 비율로 대비하면 2억 이상이 이슬람교 신자인데 발리의 힌두교 신자는 300만 명밖에 안 된다.

이러한 단순한 비교를 통해 보아도 발리 섬이 인도네시아라고 하는 대국 안에서 어떠한 존재인지 알 수 있다. 이러한 상황 안에서 발리 섬은 국제적인 관광지로 개발되어 외국 관광객에 의해 경제적으로 윤택해진다. 인도네시아의 많은 사람들은 발리 섬을 이미 인도네시아가 아니라고 생각할 만큼 모든 면에서 격차가 생겼다. 전체적으로 발리 주민의 소득은 그다지 많지 않지만 주변 제도와 비교하면 생활 수준이 매우 높은 편이다. 그 때문에 자바 섬이나 롬복 섬으로부터 일자리를 찾아서 많은 이슬람교도가 발리 섬으로 이주해 온다. 현재 발리에서 이슬람교 신자는 인구의 15%에 지나지 않지만 발리 각지에 모스크가 눈에 띄기 시작했다. 또 종교의 차이에 의해 이주자인 이슬람교도와 발리 주민과의 사이에는 눈에 보이지 않는 미묘한 갈등이 생기고 있다. 겉으로 보기에는 서로 온화한 행동을 하고 있지만 발리 주민의 대부분은 발리 섬이 언젠가 이슬람교에 의해 삼켜지지 않을까 우려하고, 두 번의 폭탄 테러 사건으로 이주자인 이슬람교도를 곱지 않은 시선으로 보는 사람들도 많다.

낙원의 섬 발리

"자연과 사람이 이렇게까지 완벽하게 조화된 민족은 발리 주민밖에 없다"고 미겔 코바루비아스는 기록하고 있다. 남녀를 막론하고 우아하고 고상한 사람이 많고 발리 사람들은 무엇보다도 신과 자연과 인간의 조화를 중요시하고 있다. 인간과 신이 구성하는 우주 전체의 이상적 조화와 같이 신과 인간이 하나가 된 모습이라 할 수 있다. 자기를 억제하고 전체의 조화를 소중하게 생각하는 사람은 할루스halus, 고상한 인물라고 해서 칭찬을 받는다. 발리 섬 사람들의 성격은 대체로 꾸밈없이 예의 바르고 쾌활하며, 재미있는 농담을 좋아한다.

1. 인구 구성과 생업

발리 섬의 인구는 310만 명 정도로, 자연 환경의 혜택을 많이 받은 남부 바둥 현, 기안야르 현, 꿀룽꿍 현을 중심으로 인구밀도가 높다. 평균 인구밀도는 1평방킬로미터당 550명이고, 그 가운데에서도 주도州都인 덴파사르 및 바둥 현의 경우 1평방

사원제(코바루비아스 작)

킬로미터당 1,000명이 넘는다.

　1980년대까지 발리 섬 사람들의 종교는 90% 이상이 힌두교였는데, 1990년대에는 이웃의 여러 섬으로부터 이슬람교 이주자가 15%까지 늘어나서 현재 힌두교 신자의 점유율이 약 80%까지 줄어들었다. 그 밖에 불교, 개신교, 가톨릭이 5%이다. 방리 현과 기안야르 현은 90% 이상이 힌두교도이지만 자바 섬에 가까운 줍부라나 현은 이슬람교도가 차지하는 비율이 25%로 높고 덴파사르 시내에도 이주자인 이슬람교도가 급격하게 늘어나고 있다. 다신교도인 발리 주민은 기본적으로 타종교나 이교도에게 관용적이다.

　발리 섬에는 말레이계의 원주민 이외에도 자바, 롬복, 술라웨시에서 이주해 온 사람들도 살고 있다. 중국계, 아랍계, 인도계의 주민은 옛 왕조시대부터 교역을 해 온 사람들로 지금도 주로 상업에 종사하고 있다. 발리의 경제는 중국계 화교들이 주도하고 있다. 인구의 10%에 지나지 않는 화교들이 인도네시아 경제의 80%를 장악하고 있다. 자바인은 상인 외에 공무원이나 군인으로서 대다수가 도심부에 살고 있다.

뜽아난 마을의 소녀(성인식)

　현재 발리에는 많은 외국인이 살고 있는데, 그 대부분은 발리 주민과 국제결혼한 사람들 혹은 업무 관련자나 주재원, 가족 단위로 체류하는 사람들이다. 2000년대 이후 한국인 관광객이 증가함에 따라 현재 500명 이상의 한국인이 발리에 살고 있다. 요즘은 일부 제한은 있지만 55세 이상의 외국인은 장기 체류 비자가 발급되어, 앞으로 정년 퇴직자를 중심으로 발리 섬에 영주하는 외국인이 점점 늘어날 것으로 전망되고 있다.

발리 주민의 주된 생업은 농업이었다. 현재도 발리 경제는 주로 농업이 중심이고 주민의 압도적 다수가 농업에 종사하고 있으며, 농업이 총 경제 생산의 약 40%를 차지한다. 농민들은 여러 작물을 재배하고 있는데 벼농사가 주가 되고 쌀은 주식으로서 중요한 작물이다. 농업에 종사하는 농가는 1962년의 농지 개혁으로 1인당 5헥타르 이상의 수전 소유가 금지되어 대지주는 없어졌다.

인도네시아 독립 후 의학의 진보에 의해 유아의 사망률이 줄어들고 평균 수명도 길어져 급격한 인구 증가가 한정된 자원을 압박했다. 그래서 정부는 인구밀도가 많은 섬으로부터 인구가 적은 섬으로 이주 정책을 시행하여 다른 섬으로 이주하는 발리 주민의 움직임도 있었다. 인구 증가에 어느 정도 제동을 건 것은 가족계획 정책이었지만 식량 부족의 근본적인 문제 해결에는 도움이 되지 못했다. 게다가 발리 섬은 건조지대, 정글, 불모한 화산암이 많아 섬의 경작지 면적은 20%에 지나지 않는다. 인구 증가와 함께 관광화는 경작지의 새로운 감소를 초래했다. 1985년부터 2004년까지 수전 면적은 16,741ha가 감소하였고, 건축 용지는 17,985ha로 증가했다. 이러한 상황은 이미 독립 후부터 생기기 시작해 심각한 식량난이 발생했다. 개발을 국가 목표로 내세운 수하르토 정권은 쌀 증산을 도모하여 발리 섬에도 1969년에 고수확의 신품종 벼가 도입되었다. 재래품종에서 신품종으로의 전환은 새로운 농경기술의 변화를 수반하는 것으로, 기계 농업의 도입과 함께 화학 비료와 농약 사용이 증가하여 이것들이 과거에 없었던 새로운 환경문제를 만들어 냈다. 식수 공급과 하수 처리, 쓰레기 처리, 교통 체증과 배기 가스, 바다 생태계를 지키는 것이 발리 섬이 해결해야 할 가장 시급한 환경문제이다.

수전 벼농사 이외에 간작으로 밭농사도 행해져 바나나, 야자나무, 파인애플, 바

수전 풍경(뒤가 아궁 산)

닐라, 커피, 채소 등의 환금 작물을 재배하고 있다. 최근에는 관광화와 더불어 관광객의 수요가 많은 채소나 과일을 재배하는 농가도 늘어나고 있다.

가축의 이용은 고기와 계란의 공급에 한정되고, 우유와 유제품은 식용하지 않는다. 육식용으로는 염소, 양, 돼지, 개, 닭 등이 있다. 염소는 인도네시아 제도에서 널리 사육되고 있다. 돼지를 기피하는 이슬람권과는 달리 비이슬람 사회에서는 돼지는 제물로서 중요한 가축이다. 닭은 식육용뿐만 아니라 투계鬪鷄용으로 사육되는 경우가 많다. 미국의 문화인류학자 클리퍼드 기아츠가 자세하게 소개한 닭싸움은 발리의 대표적인 도박이다.

해안지역에서는 소규모로 어업이나 제염업이 행해지는데 발리의 천일염은 토산품의 하나가 되고 있다. 어업에 종사하는 사람들은 발리 원주민이 아니고 이웃 섬들로부터의 이주민이다. 최근에는 외국인 관광객뿐만 아니라 시푸드를 즐기는 발리 주민도 상당히 늘어나 수요와 공급의 체계가 무너졌다. 짐바란 해안에는 시푸드 레스토랑이 줄을 지어 영업하고 있다. 이 때문에 발리 섬 연안에서는 이미 남획에 의해 어획량이 상당히 줄어들었다. 누사 두아나 딴중 브노아의 스노클링을 즐기는 스폿에서도 열대어를 거의 볼 수 없게 되었다.

투계(앙코르 유적)

발리 주민의 생활을 근간으로부터 유지해 온 것은 벼농사였지만 당연히 발리 섬 문화나 사회는 바뀌고 있다. 최근 농업에 관한 인식도 변해 가고 있다. 특히 젊은이들 사이에서는 힘든 농사일보다는 도시나 관광지에서 일하는 것을 꿈꾼다. 발리 주정부의 산업부문의 취업률을 보면 1971년에는 농림어업이 66.7%를 차지했으나 2004년에는 35.3%까지 감소했다. 관광산업과 관련되는 상업, 음식, 호텔, 서비스업이 1971년에는 18.8%, 1980년에는 29.8%, 2004년에는 36.4%, 현재 2008년의 관광산업은 발리 정규 경제의 40%에 육박하고 있다. 이렇다 할 제조업은 없지만 의류산업이 발리 수출액의 절반을 차지하고 있다. 가구는 최근 성장하고 있는 산업의 하나로 등나무, 대나무, 열대의 목재를 가공한 민예가구가 호황을 누리고 있다. 그림을 포함하여 발리 공예품 수출은 15억 불 이상에 달한다.

2. 발리 섬과 관광

많은 관광 가이드북은 발리 섬이 마치 지상 최후의 낙원인 것처럼 인도네시아와 독립해서 취급하고 있다. 그러나 우리가 사는 지구상에 과연 낙원은 존재할까? 에이드 리어 뷔카즈의 저서 『Bali: A Pradise Created』를 나카타니 후미中谷文美는 『연출된 낙원-발리 섬의 빛과 그림자』라고 번역하고 있다. 아마도 나카타니 후미가 명명한 '연출된 낙원'이 발리를 가장 정확하게 표현한 말일 것이다.

필자는 과장된 낙원이라고 하는 발리의 이미지가 강조되는 것에는 반대하지만 그래도 발리는 세계에서 가장 매력적인 섬 중의 하나이다. 에이드 리어 뷔카즈는 19세기 네덜란드인 항해자의 기록을 인용하여 "발리인은 난폭하고 야만적이어서 신용할 수 없는 동시에 호전적인 사람들이다. 어떤 일도 싫어하고 농사일까지 싫어한다. 게다가 발리인은 지극히 가난하다"라고 소개하고 있다. 이렇게 발리 주민을 '야만스럽기 짝이 없는 민족'이라고 보는 일부 유럽인의 편견에도 찬성할 수 없다. 유럽인의 척도로서 발리 주민을 평가해서는 안 되고 문화상대주의 입장에서 우리는 있는 그대로 발리 주민을 공정하고 객관적으로 바라볼 필요가 있다.

발리 섬이 구미인 사이에 낙원이라고 하는 이미지로 정착하기 시작한 것도 1920년대부터 1930년대에 걸쳐서이다. 1924년에 식민지 종주국인 네덜란드의 선박회사가 발리에 정기선을 운항함으로써 발리 관광의 역사는 시작된다. 당시 유럽에서는 식민지로의 여행이 상당히 일반화되어 있어 1891년에 고갱이 타히티 섬 행을 결심한 계기는 길거리에서 본 여행 팸플릿이었다고 한다.

20세기 초기의 유럽 제국은 각각 지배하고 있었던 식민지 관광에 열심이었다. 당시 구미인은 열대의 섬나라에 이상할 만큼 동경을 가지고 있어 일부 부유층 젊은이들 사이에서는 실제로 그곳까지 가보고 싶어 하는 사람들이 늘어났다. 거기에 네덜란드 정부는 당시 식민지였던 발리를 관광지로서 선전하고 정부의 관광국을 바타비아현재의 자카르타에 설립했다. 네덜란드 왕립 우편선박회사가 운영하는 발리 섬 패키지 여행이 실행되어 발리의 매력이 점차 구미 사람들에게 주목받게 된다. 기독교화가 진행하여 토착 문화를 잃은 타히티 섬을 대신해서 발리 섬이 새롭게 지상 최후의 낙원으로 구미 세계에 등장한 것이다. 1924년에 관광을 위한 정기 항

무희

로가 개통되면서 구미의 상류 계층 사이에 일종의 발리 관광 붐이 일기 시작했다.

특히 발리 섬이 구미에서 관광지로서 주목받은 것은 네덜란드 식민지시대인 1930년대이다. 당시 외국인 관광객의 통계를 보면 1920년대는 1,200~3,000명 이었던 것이 1930년대 중반에는 연간 30,000명에 달하고 있다. 이 시기에 발리 섬이 관광지로서 각광을 받게 된 것은 두 가지 큰 요인이 있다. 그 하나는 아름다운 자연과 함께 주민들이 가지고 있는 화려하고 세련된 발리의 힌두 문화이다. 또하나의 요인은 외국의 예술가와 문화인과의 교류에 의해 발리가 가진 전통문화가 관광 상품화에 성공한 것이다. 여기에는 발리 섬을 관광지로서 선전한 네덜란드의 식민지 정책이 큰 역할을 했지만 발리 주민이 외국인 관광객에게 재빠르게 대응한 것도 빠뜨릴 수 없는 커다란 요인이다. 특히 기안야르 지방을 지배하고 있었던 우붓의 영주 수카와티Sukawati 부자의 역할이 컸다.

휘만 포웰의 『최후의 낙원-어떤 미국인의 1920년대 발리 발견』이 출판된 이후 책 이름인 '최후의 낙원'이 그대로 발리 관광의 캐치프레이즈가 되고 있다. 그레고리 크라우제의 사진집 『발리 섬』이나 미겔 코바루비아스의 『발리 섬』도 발리를 낙원으로 하는 이미지의 정착에 큰 공헌을 했다. 이 낙원의 이미지는 아름다운 자연과 발리 힌두교의 의례와 결부된 전통예능에 의해 새로운 세계를 형성해 갔다.

이러한 발리 문화 진흥운동의 계기를 만든 것이 기안야르 영주 수카와티 부자였다. 그들이 행한 문화진흥정책은 뒤에 국제적인 관광지 '예술의 마을 우붓'을 만들어 내는 데 큰 역할을 했다. 그들은 네덜란드 식민지정부의 최대 협력자였는데 특히 자바 섬에서 신교육을 받은 코코르다 아궁 수카와티Cokorda Agung Sukawati는 서구 문화에 강한 관심을 가지고 있었다. 그는 1920년대 후반부터 발리의 전통문화를 서구 세계에 통용되는 민족예술로 만들기 위한 활동에 열심이었다. 그 때문에 그는 서구 문화를 배우고 서구인의 기호에 관한 정보를 수집할 필요가 있었다. 그는 우붓 왕궁의 일각에 숙박시설을 정비하고 구미 예술가들을 초대하여 발리 전

사원의 신전에 안치된 제물

축제의 행렬

통문화의 발전을 위해서 지도와 조언을 촉구했다. 이때 초대된 것이 독일인 화가 월터 스피스와 네덜란드인 화가 루돌프 보네였다.

발리 섬의 이름이 구미 세계에 널리 알려지게 된 것은 1931년 파리식민지박람회였다. 당시 네덜란드관은 발리 섬을 테마로 건설되었다. 이 파리식민지박람회에 발리의 무용단이 파견되어 그 공연이 유럽 예술가들에게 깊은 감명을 주었다. 이것을 계기로 유럽에서 발리 섬은 점차로 '예술의 섬', '낙원의 섬'으로 널리 알려졌다.

1930년대에 발리 섬은 문화부흥시대를 맞이하고 발리의 전통예능이 새롭게 다시 태어난다. 월터 스피스는 1925년부터 1940년까지 우붓에 살았는데 이 새로운 문화운동의 중심적인 존재였다. 미술사가 이토 준지伊藤峻治는 "스피스는 매혹적 화

월터 스피스가 살던 집(우붓)

가이자 음악가였을 뿐만 아니라 유능한 언어학자이고, 아무도 흉내 낼 수 없는 무용가이자 연출가이며, 참신한 사진가이며, 예리한 감각을 가진 우수한 영화 제작자였다. 그는 또한 고고학과 인류학 분야에 있어서도 중요한 연구 실적을 남기고 있다"고 평가하고 있다.

　월터 스피스는 독일 국적으로 러시아에서 태어나 성장하지만 제2의 조국 러시아에서 제1차 세계대전 중에 억류 생활을 경험한다. 전쟁이 끝나고 조국인 독일에 돌아가지만 결국 적응하지 못한다. 인간 월터 스피스는 음악과 회화에 천재적인 재능을 갖고 있었으나 참된 조국을 가지지 못한 문화적인 방랑자였다. 그가 유럽을 떠나 발리에 정착한 것은 여러 가지 이유가 있었지만, 그가 동성연애자였던 것도 큰 이유였을 것이다. 그는 우붓에 정착하여 발리 회화와 무용 발전에 큰 업적을

께짝 댄스
(2006년 9월 29일, 테러로 죽은 사람들의 위령과 섬의 부활을 기원하여 따나롯에서 7,000명이 모여서 춤췄다)

남겼다. 현재 발리 섬을 찾는 사람이라면 누구나 관람하는 께짝Kecak 댄스나 바롱
Barong 댄스를 즐길 수 있도록 재연출한 것도 스피스였다.

스피스는 다방면에 걸쳐서 발리 예술 발전에 큰 영향을 끼쳤다. 스피스는 발리
가믈란Gamelan 음악을 수록한 레코드를 발매하고, 구미 잡지에 발리를 테마로 한
사진이나 회화를 발표했다. 스피스가 우붓에 정착함으로써 이후 많은 구미인 학자
나 문화인들이 그를 의지하면서 활동했다. 우붓이 현재 '예술의 마을'이라고 불리
는 것은 스피스의 공이라고 해도 과언이 아니다.

발리 섬의 사회와 문화, 특히 발리 힌두교의 독자적인 종교와 예술을 널리 알린 것은 화가이며 문화인류학자인 미겔 코바루비아스였다. 멕시코 출신의 코바루비아스는 1936년 뉴욕에서 『발리 섬』을 출판한다. 『발리 섬』에는 그의 아내 로즈의 사진과 함께 대상의 특징을 도려내는 듯한 코바루비아스의 독특한 화풍의 그림이 많이 실려 낙원의 섬 발리를 절묘하게 연출하고 있다. 그는 전문적인 문화인류학 교육을 받지는 않았지만 그의 저서 『발리 섬』은 발리 섬의 사회와 문화를 가장 체계적으로 정리한 고전적인 명저로 평가되고 있다.

미국의 음악가 콜린 맥피와 그의 아내인 문화인류학자 제인 베로는 코바루비아

사누르 해변(코바루비아스의 독특한 화풍)

스 부부로부터 발리 음악과 무용의 뛰어난 가치를 듣고 발리행을 결심한다. 콜린 맥피는 근대화 안에서 상실되어 가는 전통음악의 보존을 목표로 발리에서 활동했다. 귀국한 후 콜린 맥피는 1946년에 『열대의 나그네-발리 섬 음악기행』을 출판한다. 콜린 맥피는 UCLA의 음악 담당 교수가 되어 발리 음악인 가믈란을 미국에 소개하는 데 중요한 역할을 했다.

1930년대 발리 문화의 르네상스시대를 한마디로 말하면 근대화가 진행되는 과정에서 발리 사람들이 구미인의 자극에 재빠르게 반응하여 기존의 전통문화를 바탕으로 새로운 문화를 재창조한 것이다. 구미의 젊은 예술가들은 발리 사람들이 가진 회화, 음악, 무용의 가려진 재능을 발견하고 그것들을 발전시키는 데 정열적으로 지원했다.

그 밖에도 발리 르네상스시대에 큰 역할을 한 것이 네덜란드인 화가 루돌프 보네이다. 보네는 스피스와 함께 1930년대의 발리 예술 발전에 크게 공헌한다. 보네는 1936년에 '피타 마하pita maha, 위대한 빛' 화가협회의 설립을 강력하게 지원하고, 1956년 우붓에 있는 뿌리 루키산 미술관 설립에 힘썼다. 오늘날 발리 회화가 존재할 수 있었던 것은 보네가 있었기 때문이라고 한다. 또한 영국의 사회인류학자 그레고리 베토손과 그의 아내인 문화인류학자 마가렛 미도 또한 스피스와의 교류를 통하여 발리 섬을 조사 연구했다.

이러한 전통문화를 토대로 한 새로운 전통문화의 연출은 외국인 관광객을 유치하기 위해서였다는 것을 부정할 수 없다. 프랑스 파리식민지박람회에서 발리 무용단의 상연과 더불어 발리 문화의 매력이 세계를 향해 발신된 이후 발리의 관광지화는 급속히 진행된다. 그러나 전통문화의 재연출에는 발리 주민의 신속한 반응도 큰 역할을 했다. 구미 예술가들의 협력을 얻은 우붓은 민족예술을 관광 상품화하는 과정에서 재개발의 거점이 되어 나중에 발리 섬 전역으로 확산되었다.

이 전략적인 예술진흥운동을 추진하는 150명의 예술가들이 1936년 1월 19일

「벌 춤」(A. A. Sobrat)

에 피타 마하를 조직한다. 피타 마하는 여러 마을들에 지부를 두고 각각 테마가
다른 '1마을 1공예품 1예술'이라고 하는 방식으로 다양한 활동을 전개했다. 예를
들면 우붓 마을은 회화, 땀빠시링 마을은 대나무 공예품, 마스 마을은 목각, 쩰룩
마을은 금은세공, 바뚜 불란 마을은 돌 조각, 또파티 마을은 바틱Batik, 뻴리아딴
마을은 가믈란 음악과 무용 등 각 마을이 민족예술의 한 영역을 집중해서 개발했
다. 이러한 1마을, 1공예품, 1예술 운동은 당시 기안야르 지방의 마을 사람이 자율
적으로 선택·실천한 것이었다. 이러한 경향은 현재도 계속되고 있는데 토산품으

로 인기가 있는 등나무제 바구니는 뜬아난 마을 주변에서 집중적으로 만들어지고 있다. 우붓의 왕가가 지배하고 있었던 기안야르 지방에 산재하는 마을들은 1970년대 이후 그 입지가 사누르와 우붓 사이의 간선도로를 따라 위치하여 인기 관광지가 된다.

제2차 세계대전 후인 1950년대부터 점차로 많은 관광객이 발리 섬을 방문하게 된다. 1952년에 할리우드에서 발리 섬을 테마로 한 밥 호프와 빙 크로스비 주연의 영화와 세계적으로 크게 히트한 뮤지컬 영화 〈남태평양〉의 주제가 〈발리 하이〉도 발리가 낙원이라고 하는 이미지를 형성하는 데 일정한 역할을 했다.

1966년에 사누르 해안에 최초의 10층 건물인 오성급 발리 비치 호텔현재의 그랜드 발리 비치 호텔이 일본의 전쟁 배상금으로 건설되었다. 인도네시아 정부가 운영하는

일본의 전쟁 배상금으로 건설된 발리 비치 호텔

10층 건물인 타워 빌딩은 주변의 경관과 전혀 어울리지 않지만 초대형의 국제적인 관광호텔 출현은 매스 투어리즘시대를 예고하는 것이었다.

1969년에 책정된 인도네시아 최초의 경제개발 5개년 계획에서 발리의 관광 개발이 중시되었다. 개발 독재자라고 불리는 수하르토 대통령시대인 1969년에 응우라라이 국제공항이 개항되어 대형 제트기에 의한 매스 투어리즘시대가 시작된다. 이때부터 발리의 현관은 북부 싱아라자 항에서 꾸따의 응우라라이 국제공항으로 이동하였다.

이러한 외국인 관광객의 증가는 1980~90년대에 대규모 리조트 개발이 진행되어 발리는 세계 유수의 관광지로 성장한다. 새로운 리조트 누사 두아나 짐바란의 개발, 꾸따 러기안의 관광 시설 확대, 우붓의 숙박시설 증가, 외국인 관광객의 증가 등 관광산업은 사회나 경제에도 큰 영향을 끼쳤다. 예를 들면 관광산업의 영향에 의한 시장경제 지향으로의 전환, 선물 가게의 난립, 토지의 관광 시설 전용, 종교적 의례의 관광 상품화 등은 발리 주민 스스로 발리 사회가 거대한 바캉스 마을이 되는 것을 걱정할 만큼 크게 변했다.

이와 더불어 발리가 관광에 의해 경제적으로 풍부해지면서 자바나 롬복을 비롯한 근린 섬으로부터 많은 사람들이 이주해 왔다. 이들 대부분은 이슬람교도들이다. 그들은 반자르Banjar, 전통 마을나 데사Desa, 마을보다 큰 면와 같은 전통사회의 구성원이 될 수 없다. 즉, 발리 주민은 힌두교를 핵으로 하는 신도 집단이므로 이교도인 이슬람교의 이주자는 발리의 모든 집단힌두 사원을 소유한다의 구성원이 될 수 없기 때문에 그들 자신만의 이슬람 커뮤니티를 형성할 수밖에 없다. 관광에 의한 경제의 활성화가 일종의 도시화 현상과 함께 이슬람교화가 진행되어 덴파사르에 새로운 이슬람교도의 거주지가 형성되었다. 이주자의 일부는 생활을 위해서 노점상인이 된다. 이러한 노점상들은 20년 전에는 거의 볼 수 없었는데 최근에는 유명한 관광지의 도처에서 무리한 상행위를 하고 있다. 이주자의 증가가 이슬람교와 힌두교의 종교적인 긴장감을 증폭시킬 뿐만 아니라 발리 커뮤니티의 결속을 저해시켜 발리의 매력을 반감시키는 원인이 되고 있다.

　발리의 국제적 관광지화와 현대화가 진행되는 과정에서 낙원의 이미지—비록 그것이 연출된 낙원이라고 해도—를 파괴하지 않도록 하기 위해서는 무엇이 제일 좋은 것인지 고민한 끝에 얻은 결론이 전통적인 환경의 유지였다. 발리에는 독자적인 우주관에 의거하여 사원, 공동체 건물, 개인 주거의 순서대로 건물 높이나 규모에 관한 전통적인 규범이 있었다. 그러나 근대화의 영향과 땅값 폭등에 의해 지금까지 없었던 어울리지 않는 건물들이 증가한다. 이러한 상황에서 종래의 전통적인 환경이나 공간을 유지할 필요성이 제기되었다.

　덴파사르 중심의 가자마다 대로는 건물에 발리적인 장식을 하고, 그 높이도 야자나무보다 낮게 하는 것이 관습법으로 정해져 있었다. 이 관습법은 새로 개발하는 관광지에도 적용되어 1989년의 발리 주에서 제정된 법에 의해 모든 건축 높이는 야자나무를 기준으로 15m까지 제한하였다. 1991년 발리 주 조례에 관광 시설로서 세워지는 모든 건물은 발리의 전통적인 형태나 장식을 설비하는 것으로 정해졌다.

　과도한 관광화는 토지의 앙등을 불러일으켜 1층을 상업용 관광 시설로 사용하고 2층에 반자르의 집회소를 만든 마을도 생겼고, 옥상에 상가Sanggah, 가족사원를 만든 3층 건물도 출현했다. 발리 동부의 뜽아난 마을은 오래된 발리의 모습을 볼 수 있는 마을이었지만 최근 많은 민가가 선물 가게로 변했다. 우붓 마을은 마을 전체가 거대한 바캉스 마을로 변했다.

　발리 주정부는 관광을 "힌두교의 정신에 의거하여 인도네시아 국민문화의 일부를 구성하는 것으로 가장 큰 가능성을 가진 발리주의 지방문화를 관광과 문화가 적절하게 조화를 유지해서 향상한다"고 정의하고 있다. 이것으로 인도네시아정부가 관광정책을 어떻게 시행하고 있는지 알 수 있다. 발리의 관광은 힌두 문화에 의거하고 있는 것을 명확히 인식하고 있지만 그것은 어디까지나 다른 민족, 다른 종교가 아닌 인도네시아의 지방문화로서 문화와 관광의 조화가 강조되어 있다.

발리 주관광국의 통계에 의하면 1969년 외국인 관광객은 약 11,200명에 지나지 않았지만 1979년에는 약 12만 명, 1994년에는 100만 명이 넘게 된다. 1997년에 방문한 관광객은 123만 명, 1998년에는 118만 명, 1999년에는 120만 명이 된다. 2000년에는 관광객 수가 147만 명에 달했지만 2001년에는 142만 명으로 감소했다. 두 번의 폭탄 테러 후에도 발리 주정부는 2007년의 외국인 관광객을 160만 명으로 설정했지만 목표는 달성할 수 없었다. 2005년 10월 폭탄 테러 후 2006년 일본인 관광객은 25만6,000명으로, 2002년 10월 폭탄 테러의 영향이 컸던 2003년 이래 최저 숫자였다. 이것은 발리의 폭탄 테러가 외국인 관광객 유치에 악영향을 주었음을 여실히 보여주고 있다.

발리 관광협회에 의하면 2006년 국적별 상위 10개국은 1위 일본, 2위 대만, 3위 오스트레일리아, 4위 한국, 5위 말레이시아, 6위 영국, 7위 독일, 8위 프랑스, 9위 미국, 10위가 네덜란드였다. 2007년에 3위에서 2위로 상승한 대만은 10.8% 늘어난 약 142,000명으로 대만 경제의 안정을 보여주고 있다. 4위의 한국은 2006년도보다 약 15.1% 늘어난 약 9만 명으로 11위의 중국과 함께 크게 증가하고 있는 것이 특징이다.

특히 한국 관광객이 급격하게 늘어난 중요한 요인은 아시아 각국에 퍼진 한류 붐과 밀접한 관계가 있다. SBS방송국이 제작하여 2004년에 방영한 〈발리에서 생긴 일조인성, 하지원 주연〉이 크게 히트하면서 많은 한국인이 발리를 찾게 되는 계기를 만들었다. 이 드라마는 '일생에 단 한번 운명의 사랑, 모든 것이 발리에서 시작되었다', '지상 최후의 낙원 발리에 오세요. 불타는 태양 아래에서 남녀 네 명의 사랑과 희망, 사랑과 로맨스'라는 선전 문구로 일본에서도 소개되었다. 지금까지 동남아시아에 대하여 덥고, 더럽고, 가난한 이미지를 가지고 있었던 한국 사람들에

사누르의 아릿 비치 방갈로

게 인기 드라마가 낙원의 섬 발리의 인상을 결정적으로 부각시켰다.

2006년에 여행자가 가장 급격하게 줄어든 것은 오스트레일리아46.9% 감, 약 132,000명로 이것은 폭탄 테러로 오스트레일리아 사람의 피해자가 많았던 것이 영향을 끼쳤다. 미국이 9위로 저조한 것은 이라크전쟁 이후 이슬람 국가와 긴장 관계에 있었기 때문이다. 외국인 관광객의 발리 체류 기간은 구미인이 1~2주일, 1위의 일본인과 4위의 한국인은 4박 5일이 보통이다. 한국인과 일본인은 보는 관광 혹은 쇼핑 관광이고, 귀국도 심야 항공기라는 공통점이 있다. 관광 형태에 있어서도 일본인과 한국인은 구미인과는 아주 대조적이다. 아직은 소수이지만 가이드북을 가지고 다니며 문화체험을 중심으로 하는 한국인 관광객이 늘어가고 있다.

'빌라 타입'의 새로운 숙박시설 증가가 최근 발리 관광의 큰 특징이다. 빌라는

빌라에 숙박하고 있는 신혼부부(우측)

각 방에 수영장이 붙어 있는 독채로, 대단히 호화스러운 숙박시설이다. 이는 부유층 관광객을 대상으로 한 것으로, 특히 일본인이나 한국인의 신혼여행에 이용되고 있다. 각 실이 따로따로 세워져 낙원의 발리가 연출된 것이 빌라 타입의 호텔이다. 그 원형은 1960~70년대의 사누르의 아릿 비치 방갈로, 발리 비치 코테지, 딴중 사리였다. 발리 민가를 흉내 낸 방갈로를 널찍한 코티지로 모습을 바꾸고, 2000년대에 들어서면 완전히 외부와 격리되어 아름다운 남국의 꽃이 심어진 정원에 프라이빗 풀과 발리 궁전의 방과 같은 독채 빌라로 변신한 것이다. 한국에서는 '풀 가든 빌라'라고 하는데 이 빌라 타입의 호텔은 발리 관광의 결정판이라고도 할 수 있다.

관광업은 발리 섬에 경제적으로 윤택함을 제공하고 있지만 그 반면 아름다운 섬의 환경에 나쁜 영향을 끼치고 있다. 2000년대에 들어와서 인도네시아의 정치·경제적 위기 이후로 관광객 수는 그리 늘지 않았지만 그래도 매년 약 100만 명이 넘는 사람들이 발리에 온다. 환경에 가장 눈에 띄는 악영향은 농업용 일등지 땅이 호텔이나 골프 코스 등의 관광 시설로 전용된 것이다. 앞으로 가장 심각한 문제는 식수 사용량의 증가이다. 고급 호텔은 방 하나에 신선한 물이 하루 570리터 이상 필요하다. 이러한 물의 대부분은 중부 산악지대에서 남부 리조트지로 수도관을 통해 보내지는데 가까운 장래에 수자원이 고갈될 우려가 있다. 누사 두아에서는 대형 호텔이 우물을 깊이 파서 주변 마을의 지하수가 고갈된 곳도 있다. 또 하나의 문제는 발리 교통량의 대폭적인 증가이다. 관광업에서 얻은 수입으로 구입한 방대한 수의 오토바이와 자가용이 늘어나 현재 꾸따, 사누르, 덴파사르, 우붓은 심각한 교통 체증 문제를 안고 있다.

발리의 풍토와 지리

발리는 자바 섬과 롬복 섬 사이에 위치하는 작은 섬이다. 위도는 적도 남쪽 남위 8
도 3분부터 50분, 경도는 동위 114도 25분부터 115도 42분까지, 남북 86km, 동
서 150km이다. 면적은 약 5,621km²로 섬 북쪽에 치우쳐서 동서를 높은 산맥이
가로지르고 있다. 동부에는 발리 최고봉인 아궁 산해발 3,142m을 비롯해 표고
2,000m를 넘는 몇 개의 화산이 우뚝 솟아 있다. 서부에는 19,000ha의 면적을 차
지하는 서부 국립공원이 있다.

연간 고온다습한 기후가 계속되고 1년은 우기와 건기로 나눌 수 있다. 대체로
북서 몬순의 영향을 받는 12월부터 이듬해 3월까지가 우기, 동남 몬순이 불기 시작
하는 4월부터 11월까지가 건기이다. 5월부터 8월에 걸쳐서 오스트레일리아 대륙에
서 불어오는 건조한 바람의 영향으로 다소 온도가 낮고 맑게 갠 날이 많다. 한편,
매일 스콜이 내리는 우기는 12월부터 이듬해 2월까지인데 스콜이라고 해도 하루
종일 비가 계속 내리는 것은 아니고 20~30분 정도 내린 후 맑게 개는 경우가 대부
분이다. 우기는 남국의 과일이 많이 생산되는 계절이고 1년 중 3월이 가장 덥다.

기온은 일년 내내 그다지 변함없지만 산간지역과 평야지역은 다소의 차이가 있
다. 1년 평균 기온이 약 28°, 평균 습도는 약 78%이다. 연간 평균 강수량은 남쪽
연안지역에 가까운 덴파사르는 약 2,000mm 전후이다. 그러나 건기에는 북부와

아궁 산(사누르 해안에서 찍은 전경)

동부 지역에서는 비가 내리지 않아 물 부족이 심각하다. 건기에는 낮 기온이 30°에 이르지만 습도가 낮고 바다 쪽으로부터 항상 시원한 바람이 불어오기 때문에 한국의 여름보다 지내기 좋다.

발리 섬의 지형은 동서남북이 차이가 있다. 중앙 산맥이 북쪽으로 부풀어 오르면서 동서로 가로지르기 때문에 북쪽은 해안가에 좁은 평야지역밖에 없지만, 남쪽에는 넓은 평야지역이 펼쳐져 있다. 동부는 산이 해안선까지 직면해 있고 서부는 대부분이 밀림으로 뒤덮인 높은 구릉지대로 되어 있다. 이러한 지리적인 조건에 의해 동부와 서부 해안가는 어촌을 제외하고는 대부분 사람이 살지 않고 있다. 낭떠러지 절벽 위의 울루 와뚜 사원과 대규모 리조트지 누사 두아, 짐바란이 있는 최남단의 부킷 반도는 척박한 석회암 지질 때문에 최근까지도 사람이 살지 않았다.

활화산(브로모 산)

발리의 역사와 사람들의 생활은 이러한 지리적인 조건과 무관하지 않다. 섬 동서에 걸쳐 펼쳐져 있는 산맥에는 지금도 활동을 계속하고 있는 화산군이 발리 섬에 비옥한 토지를 제공해 왔다. 이들 화산이 일단 분화하면 주변 수십 킬로미터에 걸쳐 화산재를 내리게 하고 용암에 의해서 자주 대참사가 발생했다. 그런데 이것과는 대조적으로 화산 분화야말로 경작하기 좋은 비옥한 화산재를 제공한다. 안산암이나 현무암으로 이루어지는 비옥한 화산재의 흙이야말로 발리 섬의 놀라운 인구 밀집을 가능하게 했다. 게다가 바뚜르 호수를 비롯한 고지에 위치하는 큰 호수나 표고 2,000m를 넘는 높은 산에는 우기가 아니더라도 비가 내리는 날이 많고 이것들이 지하수가 되어 평야지역에 풍부한 물을 제공하고 있다. 지상 최후의 낙원이라고 불리는 발리 섬은 비옥한 토지와 풍부한 물의 혜택을 받은 자연 환경으

바뚜르 호수

로부터 비롯된 것이다.

발리 섬은 행정적으로는 인도네시아공화국의 푸로빈시Provinsi, 州의 하나이며, 주정부 밑에 8개의 까부빠텐Kabupaten, 현, 51개의 끄짜마딴Kecamatan, 군, 612개의 데사Desa, 면라고 하는 행정면이 있고, 그 안에 약 3,500개의 반자르마을가 있다. 덴파사르는 1992년까지는 바둥 현에 속해 있었지만 관광 개발에 따라 사누르, 단중 부아노와 함께 특별시까부빠텐 코타가 되었다. 발리 주의 8개 행정현은 그 전 시대부터 있었던 8개 소왕국에 의해 성립된 행정구역이다. 쥼부라나 현, 블렐렝 현, 타바난 현, 방리 현, 기안야르 현, 바둥 현, 카랑아슴 현, 꿀룽꿍 현이 있는데 방리 현만 바다에 접하지 않고 있다. 동남부에 있는 누사 페니다는 발리 주민들 사이에서 '악령의 섬'이라고 불리고 있는데, 행정상 꿀룽꿍 현에 속한다. 발리 주민의 대부분은

발리 지도(코바루비아스)

자연 환경의 혜택을 많이 받은 남부지역에 살고 있다.

발리 섬은 결코 바다에 의해 단절된 외딴 섬이 아니고, 발리 섬과 자바 섬 사이의 해협은 최단 폭이 약 3km, 깊이도 60m 정도밖에 안 된다. 자바 섬에서 육안으로 보이는 거리에 발리 섬이 위치하고 있다. 그러나 자바 섬과 인접한 발리 섬의 서쪽은 높은 구릉지의 황무지여서 옛날부터 사람이 살지 않았기 때문에 자바 섬에서 대량의 이민을 막은 요인의 하나로 생각된다. 그 밖에도 주변 바다는 조류가 격렬하고 바다로 흐르는 큰 강도 없다. 그리고 해안은 배를 대기에 위험한 산호초에 둘러싸여 있고 부킷 반도는 절벽으로 되어 있다.

이러한 지리적인 조건에 의해 발리 섬은 외부로부터 대규모의 침략을 받은 적이 없고 거의 순수한 발리 힌두 문화를 보유해 온 것이다. 강력한 네덜란드 군함도 발리 섬을 공격했을 때 해안으로부터 멀리 떨어진 곳에 배를 정박할 수밖에 없었고, 작은 배를 접안시키기 위해서 인공 항구를 발리 남부 단중 부아노에 건설했을 정도였다. 1849년, 네덜란드는 북부 블렐렝 현 싱아라자 항에 발리 섬 정복의 거점을 만들었지만 중앙산맥을 넘어서 남부지역을 지배하기까지는 50년 이상이 걸렸다.

1869년에 인도네시아 제도를 답사한 영국의 박물학자 A. L. 월러스는 아시아에 특징적인 동식물의 분포는 발리를 한계로 하고, 오스트레일리아에 있는 생물학적으로 원시적 형태의 것은 발리 동쪽의 롬복 섬에서 나타나는 것을 발견했다. 수마트라에서 발리까지는 호랑이나 원숭이 같은 아시아적 동물이 서식하는 것에 비해 발리에서 50km밖에 떨어지지 않은 롬복 섬과 동쪽의 많은 섬에서는 아시아적인 동물은 보이지 않고, 잉꼬 등의 오스트레일리아 동물이 번식하는 것을 발견했다. 발리 섬에는 열대 아시아의 식물이 풍부하지만 롬복 섬 동쪽의 많은 섬들은 오스트레일리아와 같이 건조한 지역이 계속된다. 월러스는 발리와 롬복 사이의 좁은 해협을 경계로 아시아와 오세아니아를 나누는 선을 그었다. 이것이 현재 말하는 월러스선이다.

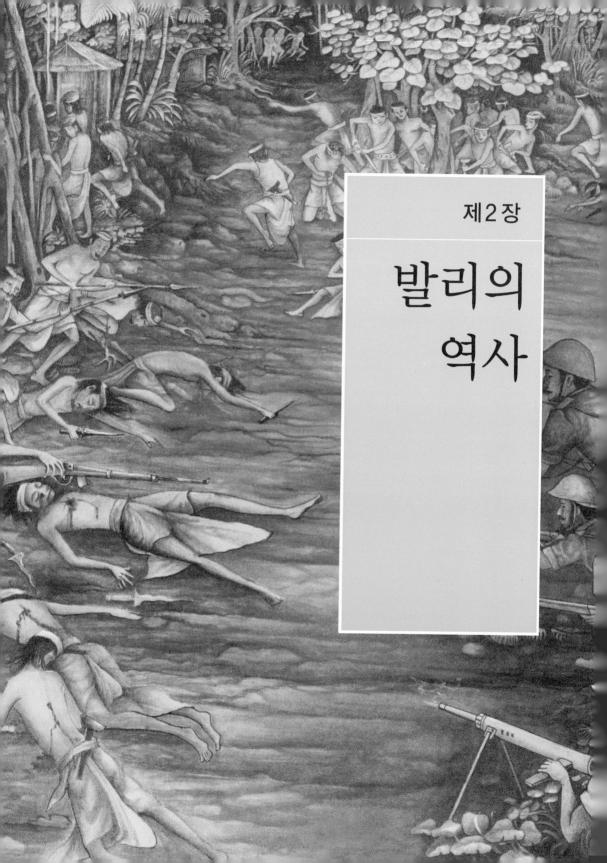

제2장

발리의
역사

선사시대

1. 석기시대

인도차이나 반도와 오스트레일리아 대륙 사이에 인도네시아의 많은 섬들이 징검다리와 같이 줄지어 있다. 발리 섬은 화산열도의 중앙 지역에 위치한 자바 섬 바로 동쪽에 위치한다. 지금부터 100~50만 년 전에 자바원인호모 에렉투스이 나타나 인류의 생활이 시작되는데, 동부 자바에서 발견된 석기는 직립원인이 남긴 구석기문화로 여겨지고 있다. 자바 섬 중부의 솔로에서 자바원인이라고 불리는 화석 인골이 발견되었고, 그 후 10~6만 년 전에 신인호모 사피엔스이 출현한다.

약 1만 년 전, 지구 온난화에 의해 해수면의 상승이 일어나 순다 대륙붕이 사라지고 인도네시아는 대륙으로부터 떨어져 열도가 된다. 그 이전의 홍적세洪積世에 발리 섬은 아시아 대륙의 일부였고, 발리 섬과 자바 섬 사이의 해협은 육지로 연결되었던 적이 몇 번 있었으므로 당시 발리 섬에도 사람이 살고 있었을 가능성이 높다. 적어도 홍적세 말기에는 발리 섬을 포함한 인도네시아 제도에 인류가 살았다고 추정되고 있는데 그 시기부터 대륙부와 도서부의 차이가 조금씩 생긴다. 현세대現世代에 이르면 인도차이나 반도를 중심으로 중국 남부에서 동남아시아 도서부에 채

집·수렵 단계의 호아빈문화기원전 10,000~5,000년가 퍼지게 된다.

지금까지 발리 섬에서 발견된 최고의 유물은 약 5만 년 전 것으로 추정되는 간단한 석기류이다. 발리 섬 서부 츄킷Cekit에서 3,000년 전의 석기와 토기가 발견되었다. 발리 북서부의 슴비란Sembilan 마을과 바뚜르 호수 동남부에서도 역핵석기礫核石器가 출토되었다. 이 석기들은 발리 섬에서 발견된 최고의 유물에 속하는 것으로 동일한 석기류가 수마트라, 자바, 칼리만탄, 플로레스에서도 발견되었다. 이 석기들의 정확한 연대는 앞으로의 연구 성과를 기다릴 수밖에 없지만 이미 석기시대부터 발리와 주변의 많은 섬들이 교류하고 있었다는 사실을 알 수 있다.

발리 섬의 역사를 바르게 이해하기 위해서는 인도네시아 선사시대의 묘제 연구가 매우 중요하다. 인도네시아 선사시대의 묘제 연구는 네덜란드 식민지시대부터 행해졌다. 선사시대의 석기와 청동기 연구는 19세기 왕립 바타비아 과학예술협회현 자카르타 국립박물관에 의해 시작되었다. 그리고 네덜란드령 동인도 고고국현 국립고고학 연구센터의 활동이 왕성한 1920~30년대에 걸쳐 석기·청동기 연구와 함께 각지의 매장유적 조사가 행해졌다. 인도네시아 독립 후 고고학적인 발굴 조사는 인도네시아 연구자들에 의해 많은 유적에서 행해졌다.

2. 금속기시대

발리 섬의 역사에서 금속기시대는 매우 중요하다. 발리 주민의 기층문화 대부분이 이 시대에 형성되었다고 여겨지고 있기 때문이다. 발리 섬의 석기시대에 대해서는 불분명한 곳이 많지만 금속기시대에 대해서는 몇 곳의 유적에서 유물이 발견되어

인도네시아 금속기시대의 주요 유적

역사의 큰 흐름은 어느 정도 파악할 수 있다. 발리 섬에 금속기 문화가 전해진 것은 기원전 3세기경일 가능성이 높다.

인도네시아의 금속기시대 문화는 최근 발굴 조사 성과와 청동기 연구에 의해 서서히 밝혀지고 있다. 발리 섬에서는 기원전 3세기부터 옹관이나 석관에 죽은 자를 매장하고 고상가옥에 살면서 동고銅鼓를 만들었고, 청동기 · 철기 · 유리 장식품을 몸에 걸치고 돼지 · 개 · 닭을 길렀으며, 해안에서는 어패류를 잡았고, 화산 기슭에서는 벼농사를 지었을 것이라고 추정되고 있다. 발리 주민의 생활을 근간으로부터 지탱해준 벼농사문화와 금속기문화가 시작되는 이 시기에 생활문화의 대부분이 형성된다. 여러 유적에서 출토되는 유물인 청동, 철, 유리제 장식품이나 비즈 등을 통하여 이 시기에 동남아시아의 연안부를 묶는 공통의 해양문화가 널리 퍼져 있었다고 추정되고 있다.

발리 섬의 금속기시대를 대표하는 유적은 길리마눅Gilimanuk 유적으로, 1962년 소요노Soejono에 의하여 100개체에 가까운 인골이 발굴되었다. 유적 안에서는 옹관을 팔과 다리로 안은 상태로 검출된 1차장 토광묘가 확인되었다. 이것은 2차장의 옹관이 매장될 때 순장시킨 사람의 1차장 묘라고 추정되고 있다. 또한 이 조사에서 1차장, 2차장 토광묘와 2차장 옹관묘가 공존하는 예도 검출되었다. 즉, 토제의 옹관을 매장에 사용한 묘지 유적에서 그것과는 다른 작은 토제 항아리가 부장품으로 사체 머리나 발밑에 묻혀 있고, 이 토제 항아리를 납골용으로 사용한 예도 있다. 길리마눅에서는 제사용의 청동 도끼를 부장한 1차장 인골의 바로 위로 2차장 인골이 적재되어 있는 사례와 개와 함께 매장된 1차장도 발견되었다.

발리 섬과 같은 옹관이 서자바, 남수마트라, 중부 술라웨시, 남부 술라웨시, 렘바타, 동숨바 해안지역에서 발견되었다. 토기 모양이나 제작 기법은 중부 베트남이나 필리핀에서 기원전 1500년부터 기원후 1000년에 걸쳐서 이어진 토기문화와 연결되는 것이다. 유적에서 출토한 금속제 장식품이나 비즈 또는 조가비나 물고기 뼈 등의 생활 폐기물에서 이 시기의 동남아시아 연안부와 내륙부를 잇는 공통의 해양문화가 널리 퍼져 있었음을 알 수 있다.

한편, 발리 섬 내륙부 각지에서는 큰 돌을 가공해서 만든 석관이 발견되었다. 석관은 상하 2개로 나누어져 내부를 파내서 시체를 넣은 것으로 이것들을 주형舟形 석관이라고 부른다. 발리 섬에서 처음으로 석관의 존재가 보고된 것은 1921년 방리 현 탕가한Tangghan 마을로, 1925년에는 기안야르 현 마누아바Manuaba 마을 수전에서 2기의 대형 주형 석관이 발견되었다. 그 후 새로운 발견이 계속되는 가운데 1931년에는 덴파사르 근처의 앙안타카Angantaka 마을 석관 발굴조사에서 굴장 인골屈葬人骨과 함께 각종 청동 유물이 출토되었다. 1954년 반 헤케렌은 꿀룽꿍 현 농안Nongan 마을에서 2기의 석관을 발굴조사하여 석관무덤은 힌두 발리 문화에 앞서는 청동기시대의 것이라고 추정하였다.

반 헤케렌은 마누아바 마을에서 '뻬젱형쁘나타랑 사시' 동고銅鼓의 주형鑄型이 석관과 같이 발견된 것으로부터 석관묘와 동손문화와의 관련을 지적하고 있다. 뻬젱Pejeng

형 동고 자체의 연대는 명확
하지 않지만 석관묘가 초기
금속기문화에 속하는 것은 틀
림없다. 1960년에 방리 현 짜
창Cacang 마을에서 석관이 조
사되어 성인 남성의 유골과
부장품비즈제의 장식품, 팔찌, 청동유물
이 발견되었다.

그 후에도 각지의 발굴조
사로 새로운 석관이 많이 발
견되어 1973년에는 37곳의
유적에서 약 90기가 확인되
었는데, 유골이 남아 있던 것

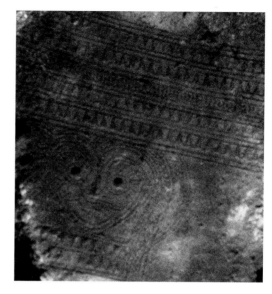

마누아바 마을에서 출토된 '빼젱형' 동고의 주형

도 2기가 있었다. 2001년 기안야르 현 삼삐앙Sampiang 마을에서 출토된 2중의 석
관 안에서 대량의 인골과 옹관 파편이 발견되었다. 2009년 4월에도 기안야르 현
의 크라마스Keramas 마을에 있는 4기의 석관 안에서 인골이 발견되었는데, 석관 내
부에 청동제 장식품도 부장되어 있어, 이러한 묘제는 기원전·후에 널리 퍼진 풍
습으로 추정되고 있다.

발리 섬의 석관 형태는 다양한데 평면이 장방형으로 양끝이 가늘어지는 배 모
양을 하고 있다. 게다가 석관묘는 한 곳에서 밀집해서 발견되지 않고 각지에서 발
견되는 것으로부터 일부 유력자만의 무덤이었을 가능성이 높고, 일반 시민들은 주
형舟形 목관을 사용해서 매장했다고 추정되고 있다. 그러나 기안야르 현 삼삐앙 마
을 석관 안에서는 옹관이 발견되어 2차장인 옹관 안에 인골을 넣어 석관 안에 안
치했던 것을 알 수 있다.

삼삐앙 마을에서 출토된 2중 석관(고고학박물관)

방리 현 타만발리 마을에서 출토된 석관(고고학박물관)

발리 각지에서 출토된 석관은 현재 덴파사르 발리박물관과 기안야르 현 뻬젱 마을의 고고학박물관에 전시되어 있다. 그 가운데 매우 흥미 깊은 것은 기안야르 현 반땅 꾸닝Bintang Kuning, 벙Beng, 멀라양Melayang에서 출토된 석관으로, 전면에 사람 얼굴을 조각한 것이다. 방리 현 타만발리Tamanbali 마을에서 출토된 석관에는 개석 표면에 사지를 펴고 있는 사람의 모습이 새겨져 있다. 죽은 자를 거북 형태를 한 석관에 안치해서 대지에 매장하는 행위는 다시 대지의 태내에서 재생을 기원하고, 교미하는 거북 형태의 석관도 죽은 자의 재생과 관련하는 주술적인 의미가 있다고 한다.

발리 섬과 같은 주형 석관舟形石棺은 동자바, 중부 술라웨시, 수마트라 파세마, 숨바와, 티모르 그리고 동칼리만탄에서 발견되어 인도네시아 다른 지역 거석유물과의 관련이 추정되고 있다. 동자바 부스키 지방에서는 발리와 기본적으로 같은 형태를 하고 있는 주형 석관이 여섯 곳의 유적에서 발견되었다. 발리 섬의 석관은 금속

발리의 아웃 리가 카누

동고가 안치된 사당(쁘나타랑 사시 사원)

시대의 묘제인 것은 틀림없다고 생각되지만 그 연대에는 여러 가지 가설이 있다. 예를 들면 발리박물관에서는 기원전 600년~기원후 800년이라고 설명하고 있다.

주형 석관은 칼리만탄, 필리핀, 베트남, 중국 푸젠 성과 쓰촨 성에서도 발견되었다. 주형 석관은 동손동고의 측면에 주조해놓은 배 그림과 매우 흡사하다. 이러한 관은 사자가 배를 타고 영혼의 나라에 돌아간다고 하는 사상을 표현한 것이다. 동손문화시대에 통킹의 동고가 중국 남부에서 동남아시아 여러 섬에 전파하여 그것이 주관장舟棺葬이라고 하는 독특한 매장 양식을 수반해서 펼쳐진다. 동손문화는 동남아시아에서 독특하게 발달한 문화인데 생업이나 물질문화의 근본은 중국 남부와 공통점이 많다. 이 동손문화가 기원전 5~6세기부터 기원후 1세기 동안 말레이반도에서 인도네시아의 많은 섬에 강한 영향을 주었는데, 이 시기에 발리 섬에

쁘나타랑 사시 사원의 동고 세부

도 동손문화가 전해진 것으로 보인다.

발리 섬 금속시대의 대표적인 유물은 동손동고인데, 중부의 뻬젱 마을 쁘나타랑 사시Penatarang Sasih 사원의 신전에 모셔진 것은 높이 1.8m, 지름 1.6m로 아시아 최대의 크기를 자랑한다. 동고는 제기祭器로 조상숭배나 농경의례와 같은 특별한 종교적인 의례에 사용된 것으로, 동남아시아 금속문화를 대표하는 특징적인 유물이다.

동손문화는 중국 윈난 성 근처와 북베트남을 발상지로 하고 기원전 1000년에서 기원후 1~2세기에 걸쳐서 번성한 청동기·철기문화로, 인도네시아의 많은 섬에 영향을 끼쳤다. 대륙에서 만들어진 동고는 말레이 반도나 수마트라, 자바, 술라웨시 남동부 슬라야르Selayar 섬에서 발견되었다. 동손 청동기에는 동남아시아와

헤겔 제1형식 동고(베트남)

중국과의 교류가 명백히 나타나고 있다.

　헤겔 제1형식 동고는 장례의례와 농경 수확축제의 용도로 사용되었다고 추정되고 있는데, 상황에 따라서 여러 가지 의미와 기능을 가지고 있었다고 생각된다. 헤겔 제1형식 동고 안에 다소 새로운 양상을 가지는 것은 중국이나 베트남을 중심으로 타이, 말레이시아, 수마트라, 자바, 뉴기니 서남의 쩨람Seram 섬과 카이Kai 섬에서 발견되고 있다. 수마트라의 파세마 고원에서는 헤겔 제1형식의 동손동고는 석상이나 암각화에도 새겨져 있다.

　특히 유명한 것은 1937년 숨바와 섬 동북의 쌍간Sanggan 섬에서 네덜란드 부변무관 S. 콜토레펜이 발견한 다섯 개의 동고이다. 그중 세 개는 폐촌의 옛 무덤 안에 있었던 것이다. 마을 사람들은 동고를 기우제로 사용하고 적진에 화재를 일으킬 수 있다고 믿고 동고를 숭배하고 있었다고 한다. 그중 한 개의 동손동고 북면에는 발리 섬 금속기시대의 생활과 문화를 알 수 있는 중요한 단서가 되는 문양이 새겨져 있다. 고상가옥 앞에는 절구로 쌀을 찧고 있는 사람, 가옥 출입구에 걸쳐 있는 사다리를 오르는 사람, 마루 밑의 공간에는 돼지·닭·개가 그려져 있다. 가옥 안에는 여섯 명의 인물이 있고, 입구 가까이에 가장家長이라고 생각되는 인물에게 인사하는 손님, 한복판에는 기도를 하는 사람들이 있으며, 가옥 오른쪽에는 관통의와 같은 의복을 입은 여성이 제단 위에 제물을 두고 기원하는 풍경이 그려져 있다. 인도네시아 제도의 원주민은 대부분 지금도 고상가옥에 살고 있으며, 마루 밑에 가축을 사육하는 풍경은 자주 볼 수 있다.

따라서 현재 주민의 생활 대부분은 인도에서의 종교적인 영향 이외는 중국 남서부 혹은 동남아시아 반도부에서 영향을 받은 것을 알 수 있다. 같은 동고 측면에는 말이나 코끼리를 다루는 인물, 배를 젓고 있는 인물, 검을 들고 호랑이와 싸우는 인물, 물고기 등이 그려져 금속기시대의 생활을 보여준다. 이 청동동고에 그려진 풍경은 지금도 발리 아가라는 원주민 마을에서 볼 수 있다.

쌍간 섬에서 발견된 동고 문양은 중국이나 말레이 반도의 동손 청동기와 동일한 것이다. 그런데 인도네시아에서 발견된 동고에는 동손 동고에서 보이지 않는 문양과 형태가 존재하고 있다. 즉, 동고 문양과 형태에 지역

파세마 고원의 암각화

적인 특색이 강하게 표현되어 있다. 알로르Alor 섬의 소형 동고는 중앙부가 잘록한 높은 원통형이며, 목제 북에서 보이는 큰 도마뱀 장식이 있다. 쁘나타랑 사시 사원에서 제사 지내지고 있는 동고 문양에는 목상, 석상, 석관의 인면상과도 상통하는 인면 마스크가 표현되어 있다. 헤겔 제1형식 동고와는 다소 형태와 문양이 다른 것이 있어, 발리 섬에서 독자적으로 주조해서 만들어진 것이 확실하다. 방리 현에서 출토되어 현재 덴파사르 발리박물관에 소장되어 있는 동고는 뻬젱 형식의 동고보다는 소형으로 모코Moko라고 불리는 가늘고 긴 인도네시아만의 독특한 동고이다. 발리 섬 마누아바 유적에서 뻬젱식 동고의 주형鑄型이 발견되어, 이들 동고가

모코(방리 현 출토)

발리 섬에서 주조된 것임을 보여주고 있다. 동부 자바 라몽안Lamongan 유적에서도 헤겔 제1형식 동고와 뻬젱 형식의 동고가 같이 발견되어 양자는 연대가 겹쳐진다. 모코는 동인도네시아 알로르 섬에서 최근까지 종교적인 제기로 사용되고 있었다.

습비란 마을 유적에서는 서기 1세기경의 인도제로 추정되는 토기 파편과 비즈가 발견되었다. 표면에 회전 무늬가 그려진 토기는 지금까지 발리 섬에서 출토된 옹관과는 전혀 다른 이질적인 존재이다. 토기의

모코의 얼굴 문양(방리 현 출토)

분석 조사에 의하면 남인도와 스리랑카의 것과 같은 것으로 밝혀졌다. 블렐렝 현에서 기원전 1세기경의 인도제 비즈가 발견되어 인도와 교역이 있었던 것을 알 수 있다. 자바 섬은 기원전·후경부터 인도와의 교섭을 가졌고, 그 후 인도 종교인 불교와 힌두교를 수용해 왔다. 인도네시아에서 가장 오래된 불상은 술라웨시에서 발견된 5~6세기의 남부 인도제 석가여래상뿐으로, 현재 슴비란 마을에서 출토된 토기와 비즈가 동남아시아와 인도의 교류 관계를 나타내는 가장 오래된 유물이다.

3. 고대

현재 인도네시아에서 동손 청동기의 출토 분포를 통해서 보면 벼농사의 전파는 말레이 반도에서 수마트라, 자바를 경유하여 기원전 4~3세기에 발리에 들어왔을 가능성이 높다. 발리에서 벼농사가 행해지고 있었던 것을 나타내는 문헌 자료는 9세기의 비문까지 기다리지 않으면 안 되지만 그보다 더 오래전에 벼농사문화가 전해졌을 가능성은 충분히 예상된다. 발리의 재래종 쌀은 「불벼Sub-japonica」라고 불리는 단립 형이었는데 1969년 이후부터 고수확의 신품종이 재배되고 있다. 또 발리의 쌀 수확은 지금도 일부 지역에서는 벼 이삭만 잘라 수확하고 수확한 벼 이삭은 고상건물인 쌀 창고에 보관하고 있는데, 이는 동손문화 파급과 함께 널리 퍼진 문화이다.

이러한 벼농사 문화의 전래에 의해 적어도 3~4세기경 발리에 농경문화와 토속 종교를 기반으로 하는 마을 공동체가 성립했다고 추정된다. 벼의 상징인 데위 쓰리숭배, 조상숭배, 거석신앙, 닭싸움, 고상건축 양식, 친족조직, 우주관 등은 힌두교 전래 이

벼 이삭을 이고 가는 여성(코바루비아스)

전부터 있었던 것이다.

4~5세기경 이후가 되면 자바 섬과 함께 발리에도 인도 문화가 서서히 영향을 끼치기 시작한다. 동남아시아 대륙이나 인도네시아 제도에 힌두교가 전파한 것은 인도 문화의 전체적인 확장에 의한 것이었다. 그 과정에서 신학 교리나 신화체계, 산스크리트어나 사회조직 등과 함께 힌두교와 불교가 인도의 테두리를 넘어 널리 전파되었다. 인도와 동남아시아 지역과의 접촉은 기원전까지 거슬러 올라갈 수 있지만

선사시대의 스톤 시트(발리박물관)

현재도 사용되고 있는 스톤 시트(사부)

발레이 건축(뜨루난 마을)

동남아시아 일부 지역에서는 4~5세기경에 인도 문화권이 성립한다.

중국 사서에 동남아시아에 관한 기록이 나오는 것도 5세기 이후이다. 자바에 관한 가장 오랜 기록은 414년에 스리랑카를 출발해서 중국에 돌아가는 도중에 야파제국耶婆提国에 표착한 법현法顯의 기록이다. 법현은 자바 섬耶婆提国에 대해서 "그 나라는 바라문교가 융성하다"라고 기록하고 있어, 5세기 초기의 자바에 인도 굽타 Gupta문화의 영향이 미치고 있었던 것을 알 수 있다. 굽타문화의 전래에 의해 자바와 발리에 성립한 것이 『송서宋書』에서 보이는 사라단詞羅單 등의 여러 나라들로 추정되고 있다.

발리 섬은 자바 섬과 인접하고 있으므로 힌두교와 불교가 자바 섬과 거의 같은 시기에 들어왔을 가능성이 높다. 단, 발리에 인도 힌두교가 직접 들어왔는지 혹은

발레이 건축(찬디 빠나타란)

자바 섬을 경유했는지에 관해서는 아직도 논의되고 있다. 그러나 동남아시아의 전체적인 역사를 고려하면 5세기 후반 이후부터 불교와 힌두교가 발리 섬에 들어와 뿌리를 내리기 시작했다고 추정된다.

　인도 문화의 자바 섬 전파는 자카르타, 반튼, 보고르에서 발견된 5세기의 비문을 통해서 알 수 있다. 당시 왕은 힌두교도로, 비문은 남인도 빳라빠 문자로 적혀 있다. 자바에서 가장 오래된 비문을 통해 5세기경부터 힌두교가 자바에 전해진 것은 확실하다. 인도에서 힌두교 전래와 함께 사원도 건립되었다고 여겨지지만 아직 자바 섬에서 5세기경까지 거슬러 올라갈 수 있는 사원유적은 발견되지 않고 있다. 그 후 7세기 말이 되어 세워진 사원 터가 자바 섬에 남아 있다. 발리 섬의 불교 관련 유물로는 북부 블렐렝 현 로비나Robina 해안 가까이에서 6세기경으로 추정되는

보고르에서 발견된 5세기경의 비문

소형 불탑이 그려진 유물이 발견되었다.

수나라589~618의 『수서隋書』에는 '임읍林邑, 적토赤土, 진강真强, 파리婆利'라는 나라 이름과 "사람들은 불법을 섬기고 바라문을 가장 소중히 여긴다"라고 하는 기록이 있다. 이것이 발리婆利 섬에서 불교와 관련한 가장 오래된 기록으로, 발리 섬도 자바 섬과 같이 쌀을 수출하고 그것과 교환해서 인도, 중국의 산물을 입수하고 있었던 것이라고 생각된다. 『양서梁書, 629』婆里國현재의 발리 조에 "그 나라 왕은 얼룩실 천斑絲布을 휘감고 있다"는 기록이 있다.

역사시대

1. 왕국의 탄생

발리에 인도 문명이 언제 들어왔는지는 학자에 따라 견해가 다르나, 기원후에 동남아시아에 인도 문명의 영향이 미치기 시작해서 그로부터 인도 문자 사용이 시작되었다고 보는 견해가 일반적이다. 발리에 힌두교가 언제 들어왔는지 정확하게 알 수는 없지만 8세기경에 시바신Sakti을 숭배하는 탄트라교힌두교의 일파가 발리에 전래했다.

9세기가 되면 발리에서 복잡한 관개 시스템을 이용해서 벼농사를 했던 것이 비문에 씌어 있다. 그 가운데에서 판독할 수 있는 가장 오래된 연대는 서기 882년을 나타내고, 이 비문을 기준으로 발리의 역사시대가 시작되었다고 본다.

비문은 인도계의 문자로 씌어져 있는데 이러한 문화는 당시 말루쿠Maluku 해협을 중심으로 하는 동남아시아의 해역을 무대로 중국·인도와 교역을 하고 있었던 수마트라의 스리위자야Sriwijaya 왕국이나 중부 자바의 샤일렌드라Sailendra 왕국에서 전래된 것이다. 발리 섬에서 비문이 발견된 8~9세기에 걸쳐서 중부 자바에서는 세계 최대의 불교유적 보로부드르Borubudor를 만든 샤일렌드라 왕조와 세계에서 가

보로부드르(전경)

장 아름다운 힌두 사원인 프람바난Prambanan을 남긴 마타람Mataram 왕조가 번성했
다. 중부 자바의 샤일렌드라 왕조는 수마트라 팔렘방Palembang 주변을 근거지로 하
여 말루쿠 해협을 지배한 중계 무역국 스리위자야 왕국의 자극을 받아서 성립한
다. 샤일렌드라의 역대 왕들은 중부 자바 내륙부의 평야를 개척해서 쌀을 증산하
고 있었다는 사실이 비문에 의해 밝혀졌다. 자바 섬의 비문에는 수전이 개발되어
쌀의 증산이 행하여지고 있었던 사실이 적혀 있다. 이 비문들은 수전 개척을 비롯
한 수출용 쌀의 생산이 왕권 성립의 기반이 되었던 것을 보여주고 있다. 그것을 배
경으로 중부 자바의 내륙부에 세계문화유산으로 지정된 보로부드르와 프람바난이
태어난 것이다.

이와 같이 활발한 움직임을 보여주고 있었던 중부 자바 왕조가 어떠한 형태로든
발리 섬에 영향을 미치고 있었던 것은 추정하기 어렵지 않고, 쌀이 중요한 수출품
이었다고 하면 벼농사가 적합한 지역에서 쌀농사를 했다는 것은 당연하다. 게다가

보로부드르의 부조(색계를 초월한 석가)

프람바난

쌀농사의 발달을 알려주는 부조(보로부드르)

발리 섬과 자바 섬은 가까운 거리에 위치하고 사람들의 왕래도 용이하다. 따라서 발리 섬은 자바 섬의 샤일렌드라 왕조로부터 영향을 받았을 가능성이 매우 높다.

발리에서는 882~942년에 걸쳐 기록된 16개의 비문이 발견되었다. 882년의 비문에는 농사에 종사하는 사람에 관한 기록이 있다. 896년의 비문에는 터널 수로의 장인, 수리 시설 석공에 관한 기록이 보인다. 915~942년의 아홉 개 비문에는 우구라 세나Ugrasena라고 하는 수장의 이름이 적혀 있다. 비문은 남인도 빳라빠 구란따 문자를 바탕으로 사용된 발리 고어古語로 그 내용은 힌두교 시바파의 신앙, 특히 성인 아가스티야Agastya에 대한 찬미가 많다. 이들 비문은 발리 북부 및 바뚜르 호수 주변에서 발견되고 있다. 또 발리 섬 초기 비문이 고대 자바어가 아니고 오래된 발리어로 적혀 있는 것으로 보아 발리의 힌두 문화는 자바 섬 경유가 아니라 인도에서 직접 전해졌을 가능성이 높다.

발리 섬 남부 사누르 해안에서 917년의 연호가 산스크리트 문장으로 씌어진 비문이 발견되었다. 비문에는 와루마데와Warumadewa라고 하는 왕의 이름이 적혀 있다. 발리 중남부 뻬젱 마을에서는 919~953년의 연호를 가진 비문이 발견되었고, 955년 이후의 와루마데와라고 하는 이름이 쓰인 왕들의 비문이 띠르타 엄뿔Tirta Empul에서 발견되었다.

발리 섬 초기의 비문은 당시 발리 역사가 동남아시아의 많은 지역과 같이 섬을 둘러싼 여러 세력의 움직임과 깊이 관련되어 있는 것을 말해준다. 6~8세기에 걸쳐서 수마트라에서는 중국 당나라와의 국제무역을 유지하며 말루쿠 해협을 지배한 중계 무역국 스리위자야 왕국이 세력을 가진다. 자바 중부의 샤일렌드라 왕조는 내륙부에서 쌀 생산을 기반으로 한 국가였다. 쌀 생산은 왕권의 기반과 함께 중요한 수출 상품의 가치가 있어, 이러한 의미로 지극히 동남아시아적 왕권이 대두하였다고 할 수 있는데, 발리 왕국의 역사시대도 이 시기에 시작되었다고 여겨지고 있다.

중부 자바에 있었던 샤일렌드라 왕국은 832년경을 마지막으로 중국 사료에서 종적을 감추지만 그 후 현재의 족자카르타를 중심으로 하는 평야에는 마타람Mataram 왕국이 등장하여 927년경까지 존속했다. 그러나 이 시기를 경계로 해서 마타람 왕국도 종적을 감춘다. 이것은 화산 활동에 의해 중부 자바 일대가 일시적으로 사람이 살 수 없는 상태가 되었기 때문일 것이다.

한편, 동부 자바에는 이미 샤일렌드라 왕국시대부터 그 문화의 영향이 미치고 있었는데, 929년에 마타람 왕국의 권신 엄푸 센독Eump Sendok이 이주해 와서 왕조를 만들었고 그때부터 동부 자바가 인도네시아 제도의 중심지가 된다. 센독 왕재위 929~947의 근거지는 뻬낭궁안 산의 기슭으로 추정되고 있다. 그는 이곳을 거점으로 해서 스리위자야 왕국에서 내항하는 상선과 무역을 했던 것으로 추정되고 있다.

몸을 깨끗이 정화하는 욕탕(띠르타 엄뿔 사원)

센독 왕으로부터 시작되는 동자바시대(커디리Kediri) 왕조 문화의 특징은 대승불교, 시바교와 함께 토착적인 요소가 확실하게 인정된다. 이것은 『라마야나나 마하바라타』 등 인도의 고전이 자바어로 번역되면서 소위 '힌두·자바문화'의 형성이 시작되었다. 동자바 사원의 석상과 부조에서 자바화한 양식을 감지할 수 있다. 불교와 힌두교가 융합한 것도 이 시대이다. 발리에서 8세기부터 인도문화가 널리 퍼지고 있었던 것이 비문에 의해 알려져 있지만 본격적인 힌두교화자바 힌두교는 10세기 말의 커디리 왕조 지배하에 들어간 시대 이후부터라고 추정된다.

땀빡시링 북쪽에 있는 성스러운 샘이 솟는 띠르타 엄뿔 사원Pura Tirtha Empul이 있다. 매년 네 번째 보름날 밤 땀빡시링 근교의 마눅카야Manukkaya 마을에서는 1,000년 이상 제사 지내지고 있는 성스러운 비석을 이 용천수 샘에 가져와서 씻는 관습이 있다. 비문에 의하면 샘이 발견된 것은 962년이라고 전해지고 있다. 또한 갈룽안제 날에는 샘물을 사용해서 바롱의 가면을 깨끗이 정화하는 의식도 행해진다. 전설에 의하면 마왕 마야 더나와Maya Denawa와 싸운 인드라Indra 신이 대지를 지팡이로 쳐 불사의 나무 아멜타를 솟아 나오게 한 장소로 여겨지고 있다. 사원 밖에도 성스러운 샘물을 끌어들인 목욕장이 있다.

현재 발리에는 국립 우다야나대학이 있는데, 이 대학의 이름은 우다야나Udayana, ?~1022라고 하는 고대 발리 왕의 이름으로부터 유래하고 그와 관련되는 약 10개의 비문이 발견되었다. 우다야나는 988~1011년 커디리 왕조 출신의 여왕 구나푸리야달마빳니Gunapryadarmapatni의 남편으로, 여왕 사후1017? 발리를 통치하고 1022년에 타계했다. 이 시대에 발리 문화의 자바화특히 밀교적 요소의 도입가 시작되고 비문도 발리어를 대신하여 자바어가 많아진다.

당시의 또 하나의 특징은 발리 섬 지배자와 동부 자바 지배자 사이에 통혼 관계가 맺어져 관계 깊어진다. 11세기에 들어가면 발리 왕조는 커디리 왕조에를랑가Airangga 왕 시대, 1019~1042의 강한 영향을 받게 된다. 에를랑가는 16세 때에 백부가 왕위를 잃었기 때문에 자바 서부로 달아나 서서히 세력을 키워 이전에 백부가 다스린 왕국을 되찾아 자바의 가장 위대한 왕이 되었다. 에를랑가 왕의 생모는 그를 출산한 후 발리 섬 와루마데와 왕조의 4대째 왕 달마우다야나Darmaudayana와 결혼했다. 그 때문에 자바 커디리 왕조와 발리 와루마데와 왕조 사이에 깊은 관계가 생기

청동제 힌두 신상(발리박물관)

고 발리에 동자바 왕조문화의 영향이 더욱 강해진다. 발리 왕족 사이에 자바의 궁중어인 카위Kawi어가 사용되기 시작한 것도 이때로 전해지고 있다. 발리 박물관이나 고고학박물관에는 자바 힌두의 강한 영향을 받은 11세기경의 청동제 힌두 신상이 남아 있다.

이 시대에는 힌두교 신앙이 강화되고 발리 힌두교의 총본산인 브사끼Besaki 사원이 건립되었다고 한다. 현재 발리 섬의 각 마을에서 볼 수 있는 힌두교의 3대 신을 모시는 기원의 사원Pura Puseh, 마을의 사원Pura Desa, 죽은 자의 사원Pura Dalem은 달마우다야나 왕 시대의 923년에 자바에서 건너온 승려 엄푸 꾸투란Empu Kuturan이 전파했다고 한다. 와루마데와 왕조의 수도로 보이는 곳이 현재의 뻬젱 마을로 그 주변에 많은 유적이 남아 있다.

10~11세기의 비문에는 오늘날의 수리 조직 수박Subak에 해당하는 명칭, 수박 대표, 보좌관, 분수 시설의 기록이 보인다. 또 론따르Lontar 야자수에 쓰인 고문서에 "논에서 일하는 사람들은 수박의 회원으로 농업용수의 배분을 통괄하는 사람은 뿌카세Pukaseh라고 불려 그들은 각 수전에 물을 공평하게 분배하기 위해서 공동 작업을 한다"고 하는 기록이 있다. 9세기 비문에 터널 수로의 장인에 관한 기록이 적혀 있고 9세기에 사용된 토목, 측량기기가 발리 수리박물관에 전시되어 있다.

늦어도 9~10세기에는 현재의 수박과 같은 수리 시스템이 거의 완전하게 성립되었다고 보여진다.

방리 마을 중심의 방리 산 중턱에는 끄헨Kehen 사원이 있는데 발리의 오래된 사원 중의 하나이다. 1204년에 이 사원에서 대규모 종교의식이 거행되었다고 전하

고아 가자(목욕장)

끄헨 사원

는 비문이 있다. 사원의 명칭은 창고를 가리키는 말이지만, 이것은 본전本殿 앞의 작은 사원에서 유래한다. 사원은 산의 경사를 이용해서 조영한 것으로 3층의 테라스를 계단이 잇고 있다. 이러한 경사지를 이용해서 만든 테라스형 사원은 자바 섬의 영향으로 성립된 것이다.

에를랑가 왕의 사후에 발리는 반독립 상태를 유지하고 있었지만 13세기가 되면서 자바 섬에서 큰 변동이 생긴다. 켄 아록Ken Arok이라고 하는 인물이 투마풀 Tumapel 왕을 죽여서 그 아내를 빼앗고 1222년에는 커디리 왕국을 멸망시키는 사건이 일어난다. 그는 싱아사리Singosari에 수도를 정해 왕위에 오르지만 그 후에 그가 죽인 투마풀 왕의 아들에게 살해당한다. 이 아들이 아노사파티Anosapati, 1227~1248 왕으로 그 영묘靈廟가 현재의 찬디 키달Candi Kidal이다.

1284년에는 싱아사리의 컬타 느가라Kerta Negara 왕이 발리 섬을 공격한 것이 자바의 고문서에 적혀 있다. 그런데 권력의 절정기는 8년밖에 계속되지 않고 왕의 암

살과 함께 왕국은 멸망했다. 1292년 내란에 의해 싱아사리 왕조가 멸망하고, 1293년 중국의 원나라 침공 후 힌두 왕국인 강력한 마자파힛Majapahit 왕국을 일으킨 것은 싱아사리 왕조 컬타 느가라 왕의 아들 라덴 위자야Raden Wijaya였다. 자바가 혼란 상태에 빠지면서 발리는 자치권을 되찾아 현재의 우붓 가까이에 뻬젱 왕조가 대두하게 된다.

마자파힛 왕국은 4대째의 하얌 우룩Hayam Wuruk 왕재위 1350~89 치세에 전성기를 맞이한다. 왕은 재상 가자 마다 Gajah Madah의 보좌를 받아 발리 섬과 동인도네시아 각지를 지배하에 둔다.

찬디 키달Candi Kidal

그 후 자바 섬에 이슬람교가 융성함에 따라 마자파힛 왕국은 말루쿠를 중심으로 하는 이슬람 세력에 밀려서 16세기 초에 멸망하였다.

그런데 1343년에 발리는 마자파힛 왕국에 의해 다시 침략을 받아서 중남부의 뻬젱 마을 부근에 수도를 두었던 뻬젱 왕조가 멸망하여 마자파힛 왕조에서 파견된 자바 귀족 쿠파키산Kupakisan이 지배하게 된다. 14세기 중반 이후가 되면 수도를 발리 동부 꿀룽꿍에서 가까운 겔겔Gelgel로 옮긴다. 발리의 겔겔 왕조는 다렘 와뚜 렝공Dalem Watur Rengong 왕 시대에 롬복과 동자바에 세력을 확대한다.

이 시기를 끝으로 와루마데와 왕조에 연결되는 이름을 가진 비문이 나타나지 않게 된다. 1384년의 비문에는 마자파힛이 파견한 총독 이름이 적혀 있다. 이 마자파힛 왕조가 발리 섬을 지배하는 것에 의해 발리 문화의 자바화가 진행된다. 이

찬디 빠나타란^{Candi Panataran}(마자파힛 왕국이 세운 대표적인 사원)

것을 최후로 그 전까지의 돌에 적혀진 비문은 종적을 감추고 그 대신 야자 잎에 새겨진 왕가의 연대기가 쓰이는 시대로 들어간다. 왕족이나 귀족이 자신의 가계 계보를 쓴 연대기를 '론따르'라고 한다. 론따르는 시대를 거슬러 올라가면 갈수록 선조들의 전설적인 서술이 많아지고 지금도 많은 왕족이나 귀족은 자신들이 마자파힛 왕조의 후손이라고 믿고 있다.

13~14세기로 추정되는 석상이 고고학박물관 가까이의 커보 에단^{Kebo Edan} 사원에 남아 있다. 커보 에단은 발리어로 '미치광이 물소'라는 의미이다. 대승불교 탄도라파의 일파인 바이라와 비마^{Bairawa Bima}파 사원이었다. 사원의 상징은 '뻬쟁의 거인'이라고 불리는 춤추는 비마상이다. 발리 최대의 석상으로 높이가 3.6m인

춤추는 비마상

데 13~14세기 것으로 추정되고 있다. 힘이 있는 인체 조각에 의해 위압감이 있고 그 모습은 죽음의 무용을 구현하고 있다. 비마상은 사자를 밟고 올라 발목과 손목에는 뱀을 휘감고 얼굴에 가면을 쓴 모습은 인도 서사시 『마하바라타』의 유명한 장면이다. 비마는 『라마야나』에 버금가는 인도의 2대 서정시 『마하바라타』의 등장인물로 빤다와Pendawa 일족의 강력한 마법을 사용하는 전사이다. 비마는 강력한 흑마술을 쓰는 사람으로 표현되고 있다.

2. 중세

15세기경이 되면 수마트라나 자바 섬의 지배적 종교가 힌두교에서 이슬람교로 교체된다. 동아시아와 서아시아의 해상교역에서 활약한 아랍인 무슬림이 8세기에 말루쿠 해협에 거주하게 된다. 이슬람교는 수마트라 서부 아체에서 9세기에 시작되었다고 하지만 확실한 역사자료는 13세기 말경이다. 항구 도시 뿌라쿠^{아체} 주민의 이슬람교화를 전하는 마르코 폴로의 『동방견문록』이 있다.

이후 15세기에 들어서면서 주변 지역의 이슬람교화가 서서히 진행되어 말루쿠 왕국의 5대 왕인 무자 팔샤(Muja Parsha, 재위 1445~59 이후 본격화되었다. 정화鄭和의 남해원정(1405~33 종료에 따르는 중국 세력의 후퇴에 의해서 인도 무슬림 상인의 진출이 시작된다. 아라비아어를 공통어로 하는 국제 교역망이 동남아시아에서 세력을 확장하여 그물망 같은 이슬람교 사회의 네트워크가 형성되었다. 수마트라와 말루쿠로부터 자바에 진출한 이슬람교는 교역 루트와 밀접하게 관련된다. 자바가 본격적으로 이슬람화가 되는 것은 16세기 이후이다. 16세기 전반에는 수마트라와 자바에서 칼리만탄, 동인도네시아, 술라웨시에 이슬람교의 물결이 밀어닥쳤다. 포르투갈, 스페인에 의한 강제적인 상업 활동과 가톨릭 포교 활동에 대한 반발이 이슬람교를 촉진시킨다.

이렇게 자바 섬에서 세력을 넓힌 이슬람교 세력으로부터 전란을 벗어나 발리 섬으로 도망친 것이 동부 자바에 있었던 마자파힛 왕국이었다. 마자파힛 왕국이 붕괴되면서 왕족이나 승려층은 발리로 도주한다. 그리하여 15세기 후반에 힌두교 승려, 왕족, 귀족, 학자, 예술가 등이 발리 섬에 대량으로 이주하여 마자파힛 왕국 멸망과 함께 발리 섬 역사는 큰 전환기를 맞이하였다.

16세기 중반에 즉위한 다렘 와뚜 렝공 왕 시대에 겔겔 왕조는 최성기를 맞이했다. 왕은 롬복과 숨바와를 지배하고 동자바에도 괴뢰정권을 세울 만큼 세력을 자랑했다. 당시 발리 궁중은 자바 힌두교 궁중문화의 영향을 받아 '카위'라고 불리는 고전문학, 가면극, 음악, 무용, 그림자극 등 예능이 꽃을 피운다. 또한 자바에서 도래한 승려들에 의해서 종교개혁이 이루어진다. 특히 와뚜 렝공 왕을 보좌한 고승 당향 니라타Danghyang Nirata는 발리에 본격적인 힌두교를 도입하고 울루 와뚜와 따나 롯 등 일련의 뿌라 수가라Pura Segara, 해신의 사원를 건립한다. 더욱이 니라타는 발리 섬의 카스트제도를 강화했다. 이렇게 해서 자바 힌두 문화가 발리 섬 전역에 보급되어 고전적인 발리 힌두 문화가 완성된다.

발리 왕조와 유럽 각국과의 접촉도 이 시기에 행하여지고 마침내 유럽에서 온 새로운 세력의 간섭과 침략이 시작된다. 이탈리아의 탐험가 마르코 폴로는 1292년에 인도네시아 제도에 들렀다. 그러나 인도네시아 제도에 최초로 정주한 유럽인은 포르투갈인이며 그들은 향신료 무역의 독점을 획책하여 1512년에 말루쿠 제도에 진출한다. 그 후 스페인과 영국이 포르투갈로부터 이들 지역의 지배권을 빼앗지만 결국 현재의 인도네시아에 지배 거점을 구축한 것은 네덜란드였다. 1597년에 네덜란드 동인도회사의 순양함 3척이 발리 섬에 왔다. 당시 발리 섬은 겔겔 왕조의 최성기로, 선단을 인솔한 콜네리스 데 하우토만은 겔겔 왕조의 다렘 와뚜 렝공 왕에 의해 우호적인 대접을 받았다. 당시 네덜란드 동인도회사는 독점적 무역회사로 발리 섬을 식민지로 지배하려는 의지도 능력도 없는 일종의 무장한 무역 상인에 불과했다.

17세기 중반의 사원으로는 울은 다누 브라탄 사원Pura Ulun Danu Buratan이 있다. 발리 섬 중부 쨔툴Catur 산2,096m의 크레이터 내에 생긴 화산 호수가 브라탄 호수이다. 풍부한 수량을 가진 농업용의 귀중한 수원이 되고 있다. 또한 주변은 고원 피서지로서 발리 사람들의 휴식 장소로, 찬디 쿠닝Candi Kuning 공원으로 지정되어 있다. 울은 다누 브라탄 사원은 표고 약 2,000m의 브라탄 호수 근처에 세워져 있는

울은 다누 브라탄 사원

데, 따나 롯 사원과 같이 발리에서 가장 아름다운 사원의 하나로 꼽히고 있다. 이 사원은 1630년경 등위 왕에 의해 건립되어 호수의 신 데위 다누Dewi Danu를 제사 지낸다. 호수 위에 서 있는 11층의 아름다운 메루Meru는 호수에 떠 있는 것 같고 안개에 싸인 호상의 사원은 신비한 분위기를 빚어내고 있다. 덴파사르를 경유해서 북부 싱아라자로 향하는 고원지대에 있어 주변에는 평안한 풍경이 펼쳐 있다. 사원 입구에는 고인돌의 개석으로 보이는 돌을 모시고 있는 사당이 있고 불상을 안치한 석탑도 있다.

3. 근세

17세기 말에 겔겔 왕조는 수도를 동쪽 꿀룽꿍에 천도하여 꿀룽꿍 왕조로 이름을 바꾸어 왕국의 존속을 도모하지만 권력은 이미 유력한 귀족들에게 빼앗겨버린다. 겔겔 왕조는 발리 정통 왕조로서의 권위는 유지되었지만 실권은 각지에 거점을 둔 귀족들의 손에 넘어간다. 17~18세기에 걸쳐서 발리 섬은 꿀룽꿍 왕조 이외에 8개의 소왕국으로 분열되고, 이 9개의 소왕국이 세력을 서로 경합하는 시대가 이어진다. 18세기 말에 나타난 유력한 신흥왕국은 기안야르와 방리로, 특히 기안야르 왕국은 꿀룽꿍 왕족과 혈연 관계를 권력 기반으로 해서 20세기 초기까지 발리문화의 발전에 크게 공헌하였다.

　이 시기에 성립한 소왕국이 현재 발리 섬의 8개 행정현으로 되었는데, 이들 8개의 신흥 왕족은 모두 마자파힛 정복 시에 도래했다고 하는 전설적인 자바 귀족 출신이라고 주장하여 각 지방에 세력을 뻗치면서 패권을 경합했다. 한편 각 왕국들은 자기 영토 안에 겔겔 왕조의 궁중문화 이식에 노력한다. 공교롭게도 이것이 왕조문화의 파급에 큰 효과를 발휘했다. 이러한 소왕국의 경쟁에 의해 화려한 겔겔 왕조의 궁중문화는 섬 전체로 보급된다. 몰려드는 이슬람 세력을 막으면서 발리 왕들이 왕국의 유지에 고심하고 있던 시기에 유럽에서 새로운 세력이 발리에 개입해 왔다.

　1597년의 네덜란드 하우토만 이후 약 2세기 동안 네덜란드 동인도회사는 향신료를 비롯한 열대 특산물의 무역 독점에 부심하고 있었는데, 이렇다 할 특산물이 없는 발리 섬의 지배에는 관심이 없었다. 네덜란드와 발리 섬의 교역은 극히 일부 개인적인 상인에 의해 행해지고 있었다. 발리 섬의 무역은 중국, 아랍, 부기스의 상인들 손에 장악되어 주로 쌀이나 노예, 아편이 거래되었다. 18세기가 되면서 네

딜란드 동인도회사는 자바 섬에서 쌀, 커피, 후추를 획득하기 위해서 직접적인 영토지배 정책으로 전환하지만, 발리 섬은 노예 무역 외에는 관심 밖에 있었다. 1799년 동인도회사가 붕괴되면서 네덜란드 정부가 그 영토를 식민지로 이어받는다. 19세기 초기 이후 발리 섬은 동남아시아라고 하는 지역 틀을 뛰어넘은 세계 정세 안에 점차로 휘말려 들어가게 되었다.

19세기가 되면서 네덜란드는 발리에 적극적으로 개입하기 시작한다. 당시 네덜란드의 개입은 발리를 식민자화하려는 목적이 아니라 프랑스혁명 후의 나폴레옹 전쟁을 둘러싼 유럽 정세 때문이었다. 나폴레옹이 인솔하는 프랑스의 아시아 진출을 두려워한 영국은 1811년에 자바 섬을 장악한다. 1814년 네덜란드령 동인도에 파견된 영국의 식민지 통치관 T. S. 래플즈는 자바 섬에 남겨진 많은 힌두 사원 유적을 답사하고 방치되어 있었던 보로부드르 사원을 발견하는 등, 동남아시아 근세사에 큰 업적을 남긴 인물이다. 그의 저서 『자바의 역사』에서는 당시의 보로부드르의 전경을 그린 그림을 소개하고 있다. 그는 발리 섬을 방문해 아직도 힌두의 풍습이 살아 있는 것을 목격하고, 자바에서는 이미 사라진 힌두 문화가 잔존하고 있다고 해석했다. 이러한 래플즈의 발리관은 그 후의 발리 연구자에게 큰 영향을 끼쳤다.

영국의 자바 진출이 네덜란드를 발리로 눈을 돌리게 하는 직접적인 계기가 되었다. 유럽에서의 전쟁은 결국 프랑스가 패전하여 영국은 동인도 제도현재의 인도네시아를 1816년에 네덜란드에 내주고 싱가포르 경영에 전념한다. 1850년에 영국과 조약을 체결한 후 네덜란드는 동인도 제도의 지배에 주력하게 되었다. 네덜란드는 1825~1830년의 자바 전쟁, 1873년의 아체 전쟁 등을 통하여 1910년대에 '네덜란드령 동인도'라고 하는 식민지 영역을 확정하였다.

1830년대 이후는 발리 주민과는 관계 없이 네덜란드의 상업적인 이유로 발리 섬이 주목받는다. 싱가포르를 거점으로 하는 영국이 네덜란드 지배하에 있는 바타비아Batavia, 지금의 자카르타나 수라바야와 같은 항구를 경유하지 않고 당시 식민지 오스트레일리아 대륙으로 직접 갈 수 있는 중계지가 필요하게 되었다. 그 중계지를 찾은 결과 발리 섬과 롬복 섬 사이의 해협이 부상한 것이다. 결국 중계지로서 붐빈 것은 롬복 섬 서해안이었지만 당시 그 지역을 지배한 것은 발리 섬 동부 카랑아슴 왕가의 피를 이어 받는 발리인 왕조로서 롬복 섬 왕가는 발리 왕가와는 혈연적으로 깊은 관계가 있었다.

이러한 상황에서 네덜란드인이 회유와 무력이라고 하는 고전적인 전략을 사용해서 발리를 침략하기 시작했다. 네덜란드는 어떻게 해서든 발리 왕가와 조약을 맺어 네덜란드의 주권을 인정시키려 했다. 그러나 그에 대해 발리 왕들의 거부는 당연한 것이었다. 결국 네덜란드는 무력을 사용하지 않으면 안 되는 상황이 되지만 발리를 간단히 지배하에 둘 수는 없었다. 그 이유는 발리의 자연 환경과 깊은 관계가 있다. 발리의 주변 바다는 산호초에 둘러싸여 군함이 들어갈 수 없고, 절벽으로 된 해안도 많아 강력한 네덜란드 해군도 간단히 손을 댈 수 없었다.

네덜란드군은 전략을 다듬은 결과 발리 섬을 공격하는 데는 북쪽 해안밖에 없다고 판단한다. 네덜란드군은 1846년에 발리 측이 난파선 약탈 금지 조약을 어겼다는 억지 구실을 붙여서 발리 북부 블렐렝 왕을 상대로 원정에 착수했다. 전투는 3년이나 계속되어 마침내 네덜란드군은 1849년에 블렐렝 왕국과 서부 즘부라나 왕국을 무력제압하는 데 성공한다. 이 전쟁으로 네덜란드가 손에 넣은 것은 발리 북부 일부와 싱아라자 항구로, 발리 섬 남부의 왕국들은 높은 산맥에 가로막혀서 아직도 건재했다. 그런데 남부의 제 왕국은 네덜란드가 발리 북부에 침략 거점을 만들었음에도 불구하고 세력 다툼의 격화로 대단히 불안정하고 혼란한 사회 정세가 계속되었다. 1894년에 네덜란드는 싸삭Sasak족의 반란을 도와서 롬복 서부의 발리 왕조를 멸망시켰다.

발리 북부와 롬복 섬이 네덜란드 지배에 들어가면서 발리 남부 왕국들은 이미 네덜란드군을 물리칠 여력이 없었다. 1904년에 중국 배가 사누르 앞 바다에서 난

명예의 죽음 행진

파하자 바둥 왕에 대하여 이것을 약탈했다고 하는 전쟁 명분을 만들어 네덜란드는
대군을 보내어 1906년에는 중앙 산맥을 넘어 남부 바둥 왕가와 타바난 왕가를 무
력으로 제압했다. 그리고 1908년에는 발리의 명목적인 지배자이었던 꿀룽꿍 왕가
를 전멸시키면서 나머지 왕가와도 강화를 맺어 발리 섬을 지배하게 된다. 네덜란
드와의 전쟁에서 이길 능력이 없다는 것을 깨달은 발리 왕족과 귀족들은 네덜란드
군에 대항하여 단검keris을 뽑아들고 죽음의 행진을 한다. 이것을 '명예의 죽음 행
진puputan, 옥쇄'이라고 부르고, 그 죽음의 행진에는 여성과 아이들도 참가하여
4,000명 이상이 목숨을 잃었다. 바둥 왕가의 사람들이 죽음의 행진을 한 곳이 현
재 덴파사르 시내의 발리박물관 앞에 있는 뿌뿌탄 광장이다.

　　네덜란드군은 북서의 타바난에 진군하고 타바난 왕을 포로로 잡았지만 왕은 추방되는 불명예보다 자살을 택했다. 카랑아슴 왕국과 기안야르 왕국은 네덜란드군에 항복하여 명색뿐인 왕가의 명맥을 유지했다. 결국 발리는 네덜란드의 지배하에 들어가 '네덜란드령 동인도'의 일부에 포함되었다.

네덜란드는 1846년 이후의 약 60년간 세력 다툼에 의해 여러 왕국이 약화된 틈을 이용하여 발리의 각 왕국을 차례로 지배해 갔다. 당시 발리 섬의 현관은 발리 북부 싱아라자 항이었다. 19세기 후반 싱아라자는 식민지 무역항으로 번성했다. 1861년에 싱아라자는 자유무역항이 되어 이후 발리 섬 주변의 많은 섬으로부터 물자 집하 항구로 발전했다. 더욱 싱가포르에서 대량의 아편이 수입되어 싱아라자에서 정제된 후 자바 섬에 보내졌다. 아편 무역은 거대한 부를 낳았기 때문에 많은 중국인이 싱가포르에서 싱아라자에 이주해 살았고, 아직도 차이나타운과 불교사원이 남아 있다. 당시 싱아라자는 발리 무역의 중심 항구로 발전한 국제적인 도시였다.

타만 아윤 사원

4. 근대

1908~1945년 동안 발리 섬은 본격적인 식민지시대를 맞게 된다. 19세기에 동남 아시아 무대에 벌어진 식민지 쟁탈전에서 1908년 발리 전역이 완전히 네덜란드군 의 지배하에 들어간다. 네덜란드의 본격적 발리 지배로부터 1942년 3월 일본의 발리 지배가 중세에서 근대로의 변동기이다.

네덜란드의 지배는 아편 무역의 장악과 농업과 상업에 대한 세의 징수에 목적 이 있었다. 세금 징수와 치안 유지를 위해서 식민지정부는 종래의 왕가나 귀족들 에게 그 업무를 대행시키는 간접적인 통치 기구를 만들었다.

네덜란드의 지배에 의해 발리 사회는 여러 가지 변화가 일어난다. 식민지정부 는 노예제도를 폐지하고, 왕족의 화장에 즈음한 왕비들의 순사를 금지하고, 커피 등 환금 작물의 재배를 장려했다. 네덜란드 지배가 초래한 것은 발리 사회의 위계 를 카스트승려, 왕족, 귀족, 평민 이름 아래서 강화시킨 것이다. 네덜란드는 발리인을 힌 두교도로 믿고 발리 사회를 인도와 같은 카스트 사회로 인식하였다. 물론 발리 사 회는 인도의 카스트 사회와는 매우 다르지만 네덜란드는 식민지를 효율적으로 통 치하기 위해서 발리의 전통 지배 체제를 이용할 수밖에 없었다. 그 때문에 상류 계 층의 승려, 왕족, 귀족이라고 하는 지배 계급, 그 이외의 평민이라고 하는 피지배 계급을 분명히 구별하여 상류계층에 여러 가지 특권을 주었다. 하급 귀족들도 마 을 면장이나 식민지 정부의 하급 관리직에 임명하였다. 이렇게 해서 귀족들이 식 민지 정부의 현지 관리직을 독점함으로써 귀족과 평민이 명확히 나누어져 지위와 빈부의 차이가 급속히 확대되어 갔다.

귀족과 평민의 차이가 강조되는 것과는 반대로 그때까지 있었던 평민 간의 격 차는 없어졌다. 또 콘크리트 등의 근대 공법을 사용한 관개 용수가 정비되고 수리조합의 자립성이 확립되었다. 이렇게 현재 발리 사회의 특징이라고 할 수 있는 것은 식민지 통치 아래에서 정비·강화된 것이다.

소왕국의 세력 다툼을 이용해서 힘으로 지배하는 식민지 통치는 발리에 오래간만의 안정을 가져왔다. 네덜란드는 무력에 의해 발리를 완전히 장악하면서 식민지 지배를 안정적으로 지배하기 위해 사회와 문화를 연구할 필요가 생겼다. 영국의 사회인류학이나 독일의 민족학은 과거 식민지 지배에 이용당한 경우가 있었는데 네덜란드도 발리의 전통제도나 관습에 대해서 치밀한 조사 연구를 한다. 종래 유럽 제국에 있어서의 식민지 경영은 주로 식민지에서 물산을 착취하는 것이 목적이었지만, 네덜란드는 발리 섬을 폴리네시아의 타히티 섬과 같이 관광지로 유럽 사람들에게 선전하여 상품화할 것을 생각해 낸다. 공교롭게도 네덜란드 지배에 의해 발리 섬은 구미 세계에 널리 알려지게 되고 1920~1930년대에는 구미의 예술가

일본군이 판 방공호

와 발리 예술가들의 교류에 의해 발리 문화의 르네상스시대를 맞게 된다. 당시 발리 섬은 이미 구미에 널리 알려진 관광지가 되어 발리 사회나 생활, 예술 등에 큰 변화가 있었던 시대였다.

1939년 제2차 세계대전이 발발하면서 네덜란드는 인도네시아 식민지 경영으로부터 손을 떼지 않으면 안 되었다. 1941년 진주만 공격으로 참전한 일본은 같은 해에 싱가포르를 점령하고, 1942년에는 발리 사누르에 침공하여 항구 도시인 싱아라자와 중심 도시인 덴파사르에 군사령부를 두었다. 태평양 전쟁 중 일본군에 의한 점령1943~1945은 직접적인 전투에 의한 피해는 없었지만 과도한 물자 징수에 의해 주민들은 극도로 빈곤한 생활을 강요당했다. 일본 군정 3년 반 동안 일본은 발리에서 태평양 전쟁을 위해 석유와 쌀을 비롯한 군수 물자와 노동자 등을 수탈하였다. 일본 군정의 발리 지배는 비협력적인 종교 지도자, 왕족, 귀족을 엄격하게 탄압하였으나 친일적인 승려나 왕족을 우대하여 전쟁에 협력을 강화했다.

5. 독립으로부터 현대로

1945년 8월 15일, 일본군이 제2차 세계대전에 패망하여 발리에서 철수했을 때 발리는 극한 빈곤 상태에 빠져 있었다. 일본의 패전에 의해 네덜란드는 다시 인도네시아의 식민지 지배를 획책했다. 1946년에 발리 통치권을 되찾기 위해서 네덜란드군이 상륙하는데, 발리 섬은 네덜란드파와 독립파로 나뉘어서 심각한 분열이 일어났다. 그 후 네덜란드는 발리를 포함하는 동인도네시아에서 동인도네시아국Negara Indonesia Timor이라고 하는 괴뢰정권을 수립한다. 네덜란드 괴뢰정권의 중심적인 협력자가 기안야르 왕가였다. 네덜란드의 재지배에 대한 저항은 발리에서도 일어나는데 특히 게릴라 부대를 인솔해서 장렬히 전사한 이 구스티 응우라 라이Gusti Ngurah Rai 중좌는 독립전쟁 영웅으로서 그 이름이 발리 국제공항의 이름이 되었다.

한편, 지금까지 네덜란드 식민지정부에 협력적이었던 발리 왕족들은 자바 중심의 친이슬람교 세력인 수카르노가 인솔하는 독립파에 대하여 회의적이었다. 발리 왕족 대부분은 오히려 네덜란드가 후원하는 동인도네시아 정부에 협력적이어서 괴뢰정권의 중심적인 역할을 하게 된다. 네덜란드는 인도네시아 각지에서 네덜란드 괴뢰정권의 건설을 획책했지만 동인도네시아국이 가장 성공한 예였다. 네덜란드는 발리를 모델 케이스로 하기 위해서 적극적으로 원조하여 발리 주민의 생활은 급속히 개선된다. 또 1948년 12월에 개시된 네덜란드의 제2차 군사행동은 인도네시아의 저항을 일거에 분쇄했다.

그러나 네덜란드의 무력행위는 세계 여론을 인도네시아 독립 지지로 집결시켰다. 국제연합의 개입은 깊어지고 미국의 태도도 인도네시아 독립에 유리한 방향으로 작용했다. 이러한 여러 가지 압력에 의해 네덜란드는 인도네시아의 독립을 인정하지 않을 수 없게 되고, 1949년 8월부터 12월까지 헤이그 협정에 의해 초대 대통령 수카르노가 거느리는 공화국 정부는 독립을 획득한다. 1950년에는 발리 섬을 포함하는 동인도네시아 정부도 공화국 정부에 참가하여 현재의 인도네시아공화국이 탄생하였다. 현재의 인도네시아공화국은 원래부터 있었던 나라가 아니고 우연히 네덜란드 식민지에서 태어난 신생 국가이다.

인도네시아에서는 매년 8월 17일을 독립기념일로 정해 국가적인 경축 행사를 하고 있는데 독립국가로서의 시작에는 많은 어려움이 있었다. 독립 후 수카르노 대통령시대를 맞이하는데 독립국가로서의 시작은 독립 투쟁 이상의 어려움이 극에 달했다. 네덜란드와의 항쟁으로 국민의 사기를 높인 수카르노 대통령은 자기 세력을 억제하는 데는 실패했다. 그 외에도 자바에서 파견된 관리들의 악정과 인플레이

선에 의해 발리 주민들은 많은 고통을 받았다. 1956년에는 인도네시아공화국의 27주 안에 족자카르타 주, 아체 주와 함께 발리 주가 특별 주州로 인정받게 되었다.

발리 주 탄생 후 봉건 세력과 반봉건 세력의 대립은 인도네시아의 정당 간의 투쟁으로 바뀌어 국민당 지지자와 공산당 지지자와의 사이에서 엄청난 충돌이 일어난다. 1960년대 공산당 세력의 대두와 함께 국민당과 공산당에 간의 투쟁은 섬을 양분했다. 식민지정부에 의해 억제되었던 발리인의 권력 다툼이 정당이라고 하는 이름을 빌려서 재연된 것이다.

양당의 싸움은 1965년에 정점에 달하여 이 해 9월 30일의 쿠데타 실패 사건을 계기로 새로운 권력자로 등장한 육군참모장 수하르토에 의해 피의 대학살이 발리 섬에서 자행되었다. 발리에서의 살육은 1965년 10월부터 좌익 세력이 강했던 북부와 서부에서 시작되어 1966년 2월에는 전 섬이 초토화되고 묘지에는 시체를 수용할 수 없을 정도였다고 한다. 이 학살은 세계사에서 가장 처참한 학살의 하나로 손꼽아지고 있고, 일설에 의하면 발리에서 10만 명 이상이 학살되었다고 한다. 이 사건을 계기로 발리 주민의 정치적인 에너지는 인도네시아 국군을 통솔하는 수하르토 정권에 의해 완전히 봉쇄되었다.

1967년 대통령이 된 수하르토시대에 인도네시아는 친서방 외교정책을 하여 국가 경제의 발전을 위해서 해외 투자 유치를 시작했다. 전략상 수하르토는 인도네시아 국군의 강한 지지를 얻고 있는 골 칼Gol Kal당에 독점적인 정치권력을 주고 독재정치를 했다.

개발을 슬로건으로 나라의 재건을 목표로 하는 수하르토 군사독재 정권 아래 발리 섬은 인도네시아 제일의 국제적 관광지로 자리매김되어 1970년대 이후 외국관광객 수가 비약적으로 증가했다. 특히 응우라라이 국제공항 완성 후 발리 섬은 국제적인 리조트지로 급성장을 이루어 1980년대에 누사 두아 리조트, 1990년대에는 짐바란 리조트가 개발되었다.

1997년에 동남아시아는 심한 경제 위기에 빠지는데, 인도네시아의 경제도 파탄 직전이었다. 1998년에 국제통화기금에 자원을 요청했고 전기와 가솔린 가격을 인상한 결과 폭동이 일어났다. 폭동의 공격 대상은 인도네시아 경제를 쥐고 있는 중국계 화인華人이 소유하는 상점으로 자바, 수마트라, 칼리만탄에서 그 피해가 컸다. 1998년 5월 21일 32년간 권력의 자리에 앉아 있었던 수하르토 대통령이 사임하고 1999년 6월의 선거로 인도네시아는 민주주의를 향해서 한걸음을 내딛는다. 그러나 이 기간에 동티모르가 유엔 협력에 의한 주민투표에서 인도네시아로부터 독립에 압도적인 표를 모았다. 인도네시아는 미리 이 투표 결과를 존중한다고 약속했지만 인도네시아 육군은 스스로 무장시킨 군에 의한 초토화 작전을 개시하였다. 너무도 비참한 학살 행위에 국제적인 비난이 집중되자 인도네시아 정부는 국제연합군을 동티모르에 받아들여 티모르 레스테Timor Leste는 2002년 5월에 독립국가가 되었다.

1999년 인도네시아 국민의회는 새로운 대통령을 선출하게 되었다. 우세 후보는 메가와트 수카르노 뿌뜨리Megawati Sukarno Putri로 그녀가 인솔하는 P.D.I.투쟁민주당는 선거로 가장 많은 표34%를 얻었다. 메가와트의 조모초대 대통령 수카르노의 어머니가 발리인이기 때문에 발리에서 압도적인 지지를 받았다. 그러나 인도네시아 최대의 이슬람 조직을 거느리는 압둘 라흐만 와히드Abdul Rahman Wahid가 대통령에 당선되었다. 메가와티의 지지자들이 분노하여 자바와 발리에서 가두데모가 일어났으나 메가와티가 부대통령에 뽑히면서 이 사태는 급속히 해소되었다. 대통령 와히드는 온건파로 카리스마가 없는 지도자였지만 인도네시아의 심각한 국가 문제였던 경제 위기를 극복하고 군부의 힘을 억제하면서 수하르토와 심복들에게 책임을 물었다. 그러나 인도네시아를 끊임없이 괴롭혀 온 민족, 종교, 지역 간의 갈등에는 정면으로 대응하지 못했다.

순풍에 돛을 걸고 달리는 것 같이 보였던 발리 관광은 2000년대에 들어서면서 중대한 국면을 맞이하게 된다. 국제적인 관광지 발리가 인도네시아의 일부 이슬람 교도들에게는 타락한 이교도의 섬으로 인식되어 이슬람교 과격파에 의한 국제 테러리즘의 표적이 되었다. 2002년 10월 12일 꾸따의 인기 디스코 싸리클럽을 노린 폭탄 테러가 발생해 외국인을 중심으로 180명이 사망하고, 300명 이상이 부상당하는 사건이 일어났다. 또, 2005년 10월 1일 짐바란과 꾸따의 레스토랑에서의 자폭 테러 사건으로 20명이 희생되었다. 두 차례의 폭탄 테러는 그때까지 발리가 정치적인 테러나 폭동과는 상관없다고 믿고 있었던 주민의 마음에 깊은 상처를 남겼으며 테러는 섬의 경제에 헤아릴 수 없는 타격을 주었다.

국민의 다수를 차지하는 이슬람교도가 좋아하든 좋아하지 않든 발리는 국가전략의 일환으로서 국제적인 관광지의 길을 걸어왔다. 이러한 과정에서 관광 정책은 발리인의 이익에도 영향을 미쳤지만 스스로 관광화로 인한 자연과 풍습에 미치는 나쁜 영향을 최소화하기 위해 노력을 거듭해 왔다. 관광 개발과 더불어 화학물질 등의 대량 쓰레기 문제가 심각한 상황이 되었다. 특히 개발에 따르는 환경 파괴가 대표적인데 공항 확장공사나 써링안 섬 리조트 개발 등으로 넓은 범위의 산호초가 파괴되었다. 써링안 섬의 개발 결과 일어난 침식은 찬디다사 해안을 파괴하고 사누르 해안에도 나쁜 영향을 주고 있다. 또 자카르타에서의 거대 자본의 참여에 의한 부동산 투기는 현지 발리인을 말려들게 해서 각지에서 문제를 일으키고 있다.

현대적인 집과 자가용은 발리 사람들이 가지고 싶어 하는 동경의 대상인데, 좁은 도로에는 자동차와 오토바이가 넘쳐흐르게 달리고 있다. 이러한 가운데에서 발리 주정부는 종교적인 의례에 플라스틱 제품을 사용하지 말 것을 제안하기도 했다. 대형 리조트지로 개발된 주변은 너저분하게 도시화가 진행되고 있다. 근대화가 진행되면 될수록 낙원의 섬을 찾아오는 관광객은 실망할 것이다. 컴퓨터나 휴대폰 등의 현대문명이 발리 섬의 젊은 세대에 어떠한 영향을 끼칠지를 둘러싸고 심각하게 논의되고 있다.

제3장

발리의
사회와
문화

01

발리 섬의 사회

발리 섬의 사회에서 모든 집단은 발리 힌두교를 핵으로 하는 신도집단이다. 또 모든 집단은 각각의 사당 또는 사원을 가지고 있는 것이 발리 사회의 큰 특징이다. 발리에서 집단을 가리키는 서카Seka는 친족집단, 마을, 면, 수리조합, 공동 작업단, 청년단, 소녀단, 무용단, 가믈란 악단 등 여러 종류가 있다. 대개의 발리인은 이러한 복수의 집단에 소속하고 같은 부락 안에서도 몇 개의 집단이 중복되어 구성될 뿐만 아니라 서카는 마을을 넘어서 서로 교차하여 복잡한 사회를 구성하고 있다.

1. 신분제도

발리 섬에서 신분제도의 성립은 벼농사와 깊은 관계가 있었다고 생각되지만 전제적인 왕권의 출현은 16세기 이후로 간주되고 그동안의 신분제도는 발리 섬의 아가 마을에서 보이는 것처럼 비교적 완만한 것이었을 가능성이 높다. 발리 섬의 역사적인 정치 체계로 말하면 16세기 겔겔 왕조 탄생 이전까지는 국가를 가진 사회가 아니라 작은 부족사회가 난립하고 있었던 소위 수장사회였다. 발리 섬의 고대 국가 정치체제에 대해서는 명확히 알 수는 없지만 단지 인도 힌두교 영향으로 왕국이 성립하고 사회의 계층화가 갑자기 진척되었다고는 생각할 수 없다. 아마 발리 섬에는 인도 문화의 영향 이전부터도 신분제도가 존재하고 있었을 가능성이 높다.

현재 발리 주민에게는 브라마나Brahmana, 승려, 크사트리아Kesatria, 왕족, 웨시아 Wesia, 귀족, 수드라Sudra, 평민라는 신분제도가 있다. 이것은 인도 힌두교 와루나Waruna 체계의 4성 제도에 근거하고 있다. 이 신분제도는 약 1350년경까지 거슬러 올라가 자바 힌두교로부터 파생했다. 인도의 카스트는 계층 본연의 규범이 있으며 계층 간의 구별이 엄격하다.

그러나 발리의 카스트는 형식만 인도를 닮아 있다. 발리의 신분제도에는 최고위 사제인 브라마나를 제외하면 특정한 직업과는 결부되지 않는다. 또 인도와 같은 카스트에 의한 분업이 없고 소위 불가촉천민不可觸賤民도 존재하지 않는다. 다른 카스트와 같이 식사를 하며 혼인의 터부도 없다. 발리는 인도 힌두교의 영향을 강하게 받았지만 인도 힌두교가 그대로 받아들여진 것은 아니고 토착 문화와 종교가 혼합하여 독특한 발리 힌두 문화를 만든 것이다.

16세기 이후 동자바에 있었던 마자파힛 왕국이 붕괴되어 왕족, 귀족, 학자, 예술가 등이 발리에 대량으로 이주하게 되면서 발리 전체에 자바 힌두교화가 단숨에 진행되어 간다. 현재 발리의 신분제도는 이 시기에 형성되었다고 추정되고 있다. 그와 함께 발리어도 사회 계층화에 따라 신분 차이에 의해 어휘, 어법에 상당한 차이가 있다. 발리어에는 브라마나 계급의 승려 뻐단다에 대한 최상위어, 왕족이나 귀족에 대한 상위어, 가족 내에서 사용되는 일상어가 있다. 예를 들면 평민층은 자신보다 상위 카스트와 대화할 경우는 반드시 상대 카스트에 맞춰서 이야기하지 않으면 안 되지만 반대로 상위 카스트는 일상어로 이야기한다.

주민의 90%는 수드라의 평민층이 차지한다. 평민층의 혼인은 같은 마을 안에서 이루어지는 경우가 많고 귀족층은 다른 지역과의 결혼이 일반적이다. 그리고 혼인은 같은 카스트끼리 하는 것이 바람직하다고 여겨지고 있다. 종래는 상위 카스트 여성이 하위 카스트 남성과의 결혼은 금지되어 지금도 많은 부모는 딸이 하위 카스트 남성과 결혼하는 것은 바람직하지 않다고 생각하고 있다. 반대로 귀족층 남성과 평민층 여성과의 '상승 혼'은 관습적으로 허용되고 있다. 이 경우 여성은 남편의 카스트에 소속하게 된다.

상위의 브라마나, 크사트리아, 웨시아의 카스트를 트리왕사Triwangsa, 3개의 귀인라고 부른다. 이들은 인구의 약 10%에 지나지 않지만 수드라와는 엄격히 구별되고 있다. 각각의 계층 분포는 똑같지 않지만 보통 마을은 수드라층이 살고 예전의 소왕국 시대의 수도가 있었던 도시에는 트리왕사가 많이 살고 있다.

발리 카스트 최고위 사제인 뻬단다Pedanda는 반드시 브라마나 출신이 아니면 안 된다. 발리 힌두교 대부분의 의례는 뻬단다의 티르타Tirta, 성수에 의한 정화의례이다. 단, 브라마나층의 모두가 뻬단다가 되는 것은 아니고 공립학교에서 종교와 윤리를 가르치는 교직에 종사하거나 의례 때 뻬단다의 조수로 근무한다. 실제로 사제로 활동하는 뻬단다는 현재 200~300명에 지나지 않고 그들은 사회적으로 대단히 존경받고 있다. 이에 대하여 비브라마나 출신의 종교적 직무를 행하는 뻬망꾸Pemangku는 단순한 사원 관리인과 같은 존재이다. 대부분의 뻬망꾸들은 발리 힌두교의 교리적 지식을 가지고 있지만 브라마나 출신 뻬단다와는 엄격히 구별되고 있다.

발리 왕국시대라고 하면 우리는 절대적인 권력을 가진 왕이 지배하는 왕국의 이미지를 갖지만 발리의 경우는 그 사정이 다소 다르다. 왕은 크사트리아층 출신으로 몇 개의 친족집단과 개인적인 유대에 의한 세력의 정점에 있는 대단히 불안정한 피라미드 형태였다. 다시 말해 확고한 국가라기보다 수장사회에 가까운 것이며, 전통적인 마을은 왕에 대하여 상당한 자율성을 유지해 왔다. 왕은 군사적·법적인 힘에 의해 소왕국 내의 사람들을 천재지변이나 외적의 위협으로부터 지키는 역할에 충실했다. 이러한 왕의 직무는 동인도네시아 여러 섬들과 매우 흡사하고 전제적인 왕의 등장은 네덜란드 식민지지배 이후라고 생각된다. 왕은 브라마나층 승려 뻐단다에 대하여 경의를 표하고 있었다. 브라마나는 종교적인 의례를 담당하고 왕은 법적·행정적인 면에서의 통치를 행하고 있었던 점에서 발리 왕국은 일종의 이중 통치 형태를 취하고 있었다. 그리고 뻐단다와 왕과의 관계는 형과 아우의 관계이며 정치적인 권위가 종교적인 권위 아래에 있었다.

대부분의 발리인은 지위가 정해진 칭호집단Wangsa을 형성하고 있다. 브라마나층의 남자는 '이다 바구스Ida Bagus', 여자는 '이다 아유Ida Ayu'라는 칭호가 주어진다. 일반적인 경칭은 남자의 이름에 쓰는 '이I', 여자의 이름에는 '니Ni'라는 것으로, '~씨'의 의미이지만 Ida는 I이나 Ni의 존경어이며 Bagus는 '훌륭하다', Ayu는 '아름답다'는 의미다. 왕족, 귀족인 크사트리아층의 경우는 쵸콜다, 아낙 아궁이 있다. 이것들은 과거 왕조시대의 역사를 반영한 것으로 왕족이나 귀족의 이름에는 칭호가 붙고 그 칭호는 부계 혈연에 의해 결정된다. 그에 비해 발리인의 대부분을 차지하는 평민인 수드라층은 이름에 붙이는 칭호를 가지지 않고, 남자는 'I ~ 누구', 여자는 'Ni~ 누구'라고 불린다.

발리인의 이름은 성과 개인명으로부터 구성되는 것이 아니며, 귀족의 경우는 칭호가 붙고 다음에 출생순의 이름이 이어지고 가장 끝에 개인명이 온다. 경칭이나 칭호는 태어난 집안에 의해 결정되고, 또 출생순 이름은 몇 번째의 아이인가에 의해 기계적으로 정해진다. 와양Wayang, 장남, 마데Made, 둘째, 뇨만Nyoman, 셋째, 끄뚯Kutut, 막내 등 출생순을 나타내는 말을 이름에 붙인다. 제5자는 와양으로 되돌아오고 이하는 이 순서대로 되풀이해 가는데, 출생순 이름은 남녀의 구별 없이 사용되고 있다. 이것은 평민의 이름이지만 브라마나층이나 크사트리아층이 되면 다소 다르고 출생순으로 이름이 붙지 않는 사람도 많다. 장남은 뿌투Putu, 손자라는 의미라는 이름을 가진다. 부모가 자식의 이름을 짓는 것은 가장 끝의 개인 이름이다. 이 이름은 태어난 갓난아기의 생후 3개월105일의 초혼식에 부모가 생각해서 정한다.

카스트제도는 네덜란드 식민지시대 이전까지만 해도 주민의 생활에 그다지 영향을 미치는 것이 아니었다. 네덜란드 식민지정부는 카스트야말로 발리 사회의 기반으로 간주하고 현지 관리직에 귀족들을 독점적으로 임명했다. 이렇게 형성된 권력층은 인도네시아 독립 후에도 계승되어 오늘날에 이르고 있다. 발리의 카스트제도는 현재까지도 발리 주민에게 어느 정도의 영향을 남기고 있지만 실제로는 개인에 있어서 카스트의 중요성은 줄어들고 있다. 현재 사회적 지위는 상위 카스트가 아니고 경제력이 기준이 되고 있다.

2. 데사와 반자르

데사는 원래 산스크리트어에서 유래하여 '농촌이나 농민'을 의미하는 말이다. 현재 발리의 행정 기구는 인도네시아 독립 후에도 네덜란드 식민지정부에 의한 행정 구분을 그대로 답습하고 있다. 그 결과 행정면Desa Dinas과 전통면Desa Adat과의 관계가 모호해져 있다. 예를 들면 네덜란드 식민지정부는 종래 마을의 경계를 무시하여 멋대로 행정구역을 만들었다. 1개의 행정면에는 몇 개의 전통적인 면이 포함되거나 때로는 하나의 전통적인 면이 몇 개의 행정면으로 분리되거나 했다.

발리의 전통적인 면은 행정면과 구별해서 '데사 아닷'이라고 하지만 아닷은 아라비아어를 어원으로 하는 말로 관습, 관행, 관습법을 의미한다. 아닷은 지금도 인도네시아의 넓은 지역에 뿌리 깊게 남아 있다. 원래 인도네시아의 아닷에는 조상 숭배나 초자연적인 힘에 대한 외경과 신앙이 그 기반에 있다. '다른 연못에는 다른 물고기가, 다른 들에는 다른 메뚜기가 있다'라는 격언이 나타내는 것처럼 지역적으로 아닷은 다양한 양상을 보인다. 네덜란드 식민지시대 이후 표면적으로 사법권을 빼앗긴 아닷은 다른 동인도네시아와 같이 발리 사회에 뿌리 깊게 남아 있다.

발리의 전통면은 그 아래로 몇 개의 반자르로 나누어져 있다. 행정적으로 가장 작은 단위가 반자르이고 이것은 지리적으로 명확히 구획이 정해져 있다. 행정마을 Banjar Dinas인 반자르의 대표는 크리안 디나스Klian Dinas라고 부르고, 반자르 내의 주민등록 이동을 관리하고 행정면과의 연락 등 주로 관청과 관계되는 일을 한다. 일반적으로 크리안 디나스는 마을에서 선출되어 행정면장인 뻐러버컬Perebekel에 의해 임명된다. 전통적인 마을의 반자르에는 관습법이 준하는 크리안 아닷Klian adat라고 불리는 대표가 있어 반자르 내의 전통행사와 공동 작업 등의 책임을 진다. 지역 행사나 공동 작업을 결정하기 위한 공공의 집회소 발레이 반자르Bale Banjar가 있다. 이렇게 반자르는 행정마을로서의 반자르와 전통마을에 속하는 단위로서의 반자르가 있다.

발리에는 친족집단이 있어 같은 친족집단의 성원은 대개 같은 반자르에 산다. 청년단, 가믈란 연주단, 작업을 위한 집단은 각각 반자르와는 독립적으로 조직되어 있다. 예를 들면 한국 마을은 많은 집단이 마을을 단위로 하여 집단의 중층성이 현저한 데 비해 발리의 마을 조직은 서로 교차 분단하고 서로 얽혀 있다. 발리어로 끄라마Krama는 원래 유파의 의식이나 방법이라는 의미이지만 끄라마 반자르, 끄라마 수박과 같이 사용된다. 이 경우 끄라마는 반자르나 수박 구성원을 의미한다. 이러한 자치적인 조직은 소유지나 재산의 유무에 관계없이 모두 같은 차원의 권리와 의무를 소유한다.

전통마을은 지금도 기능하고 있고 전 반자르 구성원이 참가하여 화려한 의례를 비롯해 여러 가지 행사가 행하여지고 있다. 전통마을 구성원은 마을 사원을 공동으로 관리하고 마을 영역이 부정 타지 않도록 청정하게 유지하려고 노력한다. 또 반자르 구성원은 일상의 상호부조Gotong Royong, 공동 작업을 하고, 반자르 사원의 제사는 반자르를 단위로 해서 행해진다.

반자르에 사는 마을 사람은 여러 가지 관습법이나 규칙을 따르지 않으면 안 된다. 외부 사람들이 발리 섬을 '지상 최후의 낙원'이라고 부르고 있지만 반자르 내부 구성원은 관습에 준하여 여러 가지 의무와 규제에 매여서 살고 있다. 그 내용은 데사나 반자르에 따라 상당히 다르지만 공동 의례에 관한 규칙이 엄격하게 정해져 있다는 점은 다름이 없다. 이것은 '상황과 때에 어울리게 한다'라는 의미Desa Kala Patra로 이 안에 상속, 결혼도 포함되어 있다.

관습법 위반자의 처벌은 분데사Bendesa, 면장가 행하는 것이 아니고 위반자가 속하는 하부 단위의 반자르 대표인 크리안 아닷이 행한다. 크리안 아닷은 반자르 성원을 모아서 집회를 열고 이 처벌을 모두와 상의하여 위반자에게 통고를 한다. 죄를 범하고 자기 죄를 인정하지 않을 경우는 6개월간 반자르 성원권을 박탈하고 그 후에도 마음을 바꾸지 않으면 영구히 성원권을 박탈하여 추방한다.

관습법 위반자에 대하여 반자르 성원권을 박탈하여 마을에서 추방하는 것은 일견 가벼운 처벌이라고 생각되지만 실제로 이것은 발리에서는 사형과 다름없는 무거운 처벌이다. 반자르 성원으로 인정받지 못하게 되면 발리인으로 가장 중요한 정화를 행하기 위한 '성수'를 받을 수 없다. 갓난아기의 탄생, 성인식, 장례식 등 의례를 일절 할 수 없고 발리인으로 생존하는 것이 사실상 불가능하게 된다. 이슬람교를 발리인이 완고하게 거부한 원인도 여기에 있다.

반자르 성원은 마을의 사회적·종교적 질서 유지에 반드시 공헌해야 한다. 반자르 성원인 것은 마을에 대하여 일정한 의무를 지는 것이다. 반자르 내의 공공시설의 건축, 유지, 관리, 공동 작업, 의례, 장례식 때의 노동력이나 금전 등의 제공이 주된 것이다. 반자르 내에 브라마나층의 사제가 있으면 공동 노동으로부터 제외되지만 평민층은 공동 노동 참가가 의무화되어 있다.

반자르 대표인 크리안 아닷은 필요에 응해서 반자르 성원을 소집한다. 보통 마을의 중심에 위치하는 집회소에서 회의를 연다. 반자르의 정기적인 회의는 발리 달력 우쿠력에 의해 매달 열린다. 반자르 성원은 남자가 결혼함으로써 정식 멤버가 된다. 반자르 성원은 부부가 기본 단위이지만 일반적으로 반자르 집회에 출석하는 것은 남편이다. 반자르의 주된 역할은 구성원의 가정의례와 장례식에 부부 동반하여 참가하는 것이다. 제물을 만드는 장소나 초대 손님을 위한 임시 오두막집, 제단을 만드는 것은 남자의 역할이다. 여성들은 제물을 만든다. 이혼이나 사별로 인해서 아내가 없으면 정식 구성원에서 제외되지만 자매나 어머니 혹은 딸이 성인이 되어 제물을 만들 수 있다면 성원으로 인정받을 수 있다. 또 아들이 성장해서 결혼하면 부모는 반자르 성원에서 은퇴한다.

반자르에서는 전 구성원으로부터 균등하게 돈을 모아 마을, 마을사원, 집회소의 유지나 제례 경비에 사용한다. 또 반자르는 장례식을 치르기 위한 집단이며 특히 많은 비용이 드는 화장火葬을 하기 위한 상호부조 조직이 있다.

3. 수리조합

발리의 지형은 거의 중앙에서 북쪽으로 치우쳐 2,000~3,000m 화산군의 산맥이 동서로 펼쳐져 섬 전체가 복잡하게 기복이 심하고 경사진 경작지가 많다. 지리적인 조건으로 말하면 발리 섬은 결코 벼농사에 적합한 곳은 아니다. 이러한 농경사회에서는 뛰어난 수리시설을 갖추어서 급·배수를 둘러싼 갈등을 효과적으로 해결하지 못하면 심각한 물싸움이 일어난다. 그런데 발리 주민은 예부터 세계에서 유수한 수로를 만들어 합리적으로 적절한 물의 관리 분배를 실현했다. 낙원의 섬 발리를 지탱해준 것은 마치 사람의 혈관과 같은 훌륭한 수로 시설과 수박 덕분이었다.

수리조합인 수박의 목적은 농민이 농작지에 물을 안정적으로 공급하고 타관 사람에게 물을 빼앗기지 않도록 제방의 망을 보고 물싸움을 다스리고 공동으로 벼의 수확제를 개최하는 데 있다. 마을에서는 이 수리조합이 관개와 농업에 관한 모든 사항에 대해서 사회적·행정적으로 절대적인 권한을 가지고 있다. 수박 대표는 선거로 뽑혀 그 대표는 회의를 소집해서 결정 사항이나 규칙이 지켜지도록 감시하며 벌금과 벌칙을 부과하고 공동 자금의 관리도 맡는다. 모든 서류는 수박 대표 뻬카세Pekaseh가 관리하고 수전 소유자는 전원 의무적으로 수박에 가입하여 대표의 지시에 따르지 않으면 안 된다.

같은 벼농사를 영위해 온 한국 마을에서는 일반적으로 수리조합은 마을을 단위로 하지만 발리의 수박은 반자르와는 관계없이 조직되어 독립해서 존재한다. 다시 말해 반자르 성원들은 각각이 경작하는 수전의 위치에 따라 각기 다른 수박에 소속하고 사원을 중심으로 활동하고 있다. 요컨대 수전에 인접한 사람들이 모여 관개 농업을 위해 구성된 조합 수박이 구성되고 각각 사원을 가지고 있는 것이 최대의 특징이다. 수박을 더욱 엄밀히 말하면 물의 공급원을 같이하는 수전을 가진 사람들의 조합을 가리킨다. 수박 집단은 각각이 경작하는 수전의 위치에 따라서 자동적으로 결정되어 한 사람이 몇 개의 다른 수박에 소속하는 예도 많다. 수박의 멤버가 되는 것은 자신의 경작지에 물을 넣는 권리가 있는 동시에 거기에 따르는 여러 가지 의무가 생긴다. 또 수리조합은 각각 사원이나 사당을 가진 일종의 신도집단이며 매일 제물을 바치며 참배를 한다. 조합원은 그 사원에서 행하여지는 여러

아름다운 계단식 논

의례에 참가하고 그 비용을 부담해야 한다.

　수박 회원이 물의 분배를 받는 권리인 아야한Ayahan은 수박의 활동에 있어서 공동 노동 봉사에 의해서 주어진다. 이에 대해서 같은 수원의 물을 사용하는 수박끼리의 물 배분은 봉사에 대응하는 완전한 평등주의의 원칙에 의거하고 있다. 현재 발리 주정부의 주법에 의해 수박의 규칙은 법적으로 인정되고 있다.

　발리 섬의 수원은 산 정상 부근에 화산 분화로 생긴 분화구로 대개 거대한 호수들이다. 이들 호수에는 아래로 흐르는 강이 없고 모두 지하수가 되어 산기슭으로부터 솟아 나오고 있다. 전통적으로 인도네시아 제도는 이러한 용천수를 능숙하게 이용하여 수로를 건설하여 관리하고 산 중턱이나 경사면에 논을 만들어 왔다. 발리 수리시설의 기본 구조는 수원에서 간선수로에 물을 끌어들이는 시설, 끌어들인

수박의 사당

시설에서 수전까지 물을 나르는 간선수로, 각 수전에 분배하는 배수로 시설 등이 있다.

수로는 지상뿐만 아니라 산속 터널과 지하수로를 만들어 사용해 왔다. 발리의 계단식 논의 아름다운 풍경은 주민들 땀의 결집이다. 수박에서 가장 중요한 역할을 하는 것이 각 수리시설에 세워지는 사당이나 사원이다. 이것들은 힌두교 전래 이전부터의 신앙에 의거하는 수신水神이나 벼의 신들을 모시는 발리 특유의 사원으로 수박에 의해서 유지·관리되어 제례가 행하여지고 있다.

4. 발리 아가

발리 섬을 떠올리면 화려한 힌두 문화 일색을 상상하지만 최근까지 힌두 문화의 영향을 받지 않은 마을도 있다. 발리의 전통 마을을 크게 두 개의 타입으로 나누면 인도 힌두교의 영향을 강하게 받은 일반적 발리 마을과 힌두교 수용 이전의 문화를 보유한 마을이 있다. 힌두 문화 이전 시대의 전통문화를 강하게 남기는 마을을 '발리 아가Aga는 순수, 진실'라고 불리는 발리 소수민족을 가리킨다. 발리 아가는 동인도네시아의 플로레스나 숨바의 원주민과 공통되는 문화를 가지고 있다.

주로 평야지역에 위치하는 힌두교의 영향을 받은 마을은 역사적으로 16세기 이후 겔겔 왕조의 영향을 강하게 받은 소위 일반적인 발리 마을과 마을 사람들을 가리킨다. 발리 아가 마을의 대부분은 산간벽지에 위치하여 일종의 독특한 폐쇄 사회를 유지하고 있다.

힌두교의 영향을 받은 일반적인 마을 사람과 힌두교 이전 문화를 보유하는 발리 아가의 마을 사람들 사이에는 공통되는 문화 요소도 있지만 현저하게 다른 점도 있다. 예를 들면 일반적인 마을은 힌두교의 영향을 받아 카스트가 있어 신분적인 계층에 의한 칭호가 있고 화장火葬을 행한다. 발리 아가에서는 장로회의가 지배하는 작은 공동체로 가부장적인 연공서열이 사회 원리가 되고 있다. 장로들은 사제 역을 맡고 그들의 종교는 자연계의 힘 있는 정령들을 숭배하고, 특히 선조의 영령을 공경하는 것이다. 게다가 평등 원리가 강하여 연령에 의한 서열제가 현저하며 죽은 자는 토장이나 풍장을 하고 있다.

발리 힌두교 마을에서는 친족집단을 비롯해 마을, 면, 수리조합, 청년단, 소녀단 등 모든 집단은 신도집단이며 각각 사원을 중심으로 해서 마을을 넘어 네트워크를 만들고 있다. 그런데 발리 아가에서 모든 집단의 네트워크는 마을 안에서 이루어지는 것이 특징이다. 결혼마저 마을 밖 사람과는 금지되어 이것을 위반하면 마을에서 추방된다. 소녀단 서카 다하Seka Daha와 청년단 서카 터루나 Seka Teruna는 힌두교도의 발리 사회에서는 볼 수 없는 것으로 발리 아가만의 특징이다.

발리 아가에서는 화전경작과 수전경작이 행하여지고 있는데 모든 경작지는 공유지이다. 예를 들면 발리 아가의 뜽아난 마을에서는 가부장적 공유제를 취하고 있어 부동산의 개인 소유는 인정받지 못하고 가옥 형태나 크기가 모두 같다. 힌두교 사회의 반자

화장 행렬

르에서는 각 집의 남성 세대주가 참가하여 마을회의가 열린다. 거기에서는 모든 면에서 카스트제도의 원리로 지배된다. 그런데 발리 아가 마을에서는 연령이 사회의 주요 원리가 되고 있다.

발리 섬만을 보면 발리 아가 마을은 매우 특이한 마을로 보이지만 인도 문화의 영향을 전혀 받지 않은 동인도네시아 제도, 특히 플로레스나 숨바의 원주민과 비교하면 공통되는 문화 요소가 많다.

뜽아난 마을에서는 미혼 청년의 조직과 미혼 여자의 조직이 있어 남자는 13~16세에 청년단, 여자는 첫 월경이 시작되면 소녀단에 가입한다. 성인이 되어 결혼하면 마을에서 경작지가 주어지며 토지를 보유한 마을 성원이 된다. 토지는 마을이 소유하고 각 개인은 사용권만 인정된다. 독신자는 토지를 배당받지 못하고 소작인

바뚜르 호수의 뜨루냔 마을

으로 일한다. 아내를 잃은 남자는 보유하고 있던 토지를 마을에 반환해야 한다. 이렇게 뜽아난 마을은 관습적으로서 토지를 공유하고 수확한 작물을 분배한다.

바뚜르 산 중턱의 슴비란은 과거에는 언어도 발리의 다른 지역과는 달랐다. 슴비란 마을에서는 마을의 중요 사항을 정하는 최고 기관인 크라마 반자르Krama Banjar, 마을 의회가 있다. 이 의회에는 각 집의 부부가 속하고 회합 때는 산 쪽을 향해서 오른쪽이 남자, 왼쪽에 여자가 각각 연령순으로 앉고 이러한 자리 순번은 다른 발리 아가에서도 볼 수 있다.

이렇게 우위로 여겨지는 산 쪽에 연장자 부부의례의 지도자가 오른쪽과 왼쪽으로 갈라져서 앉고, 최연소의 부부가 하위로 여겨지는 바다 쪽에 앉는다. 크라마 데사에 가입하면 마을 소유의 농지 일부가 배당된다. 따라서 발리 아가에서는 '산 쪽 :

바다 쪽', '왼쪽 : 오른쪽', '연장 : 연소', '남자 : 여자'라고 하는 쌍분제가 명백하게 나타난다. 이러한 쌍분제는 동인도네시아 제도 원주민의 마을에서도 현저히 볼 수 있는 것이다.

일반 마을에서는 사람이 죽으면 매장하고 경제적으로 여유가 생기면 화장을 한다. 슴비란 마을은 죽은 사람을 천에 싸서 계곡 속의 대나무로 만든 제단 위에 안치하여 풍장을 한다. 이러한 풍장은 플로레스 산악지대에 사는 리오족에서도 보인다. 대체로 발리 아가 마을에서는 토장이나 풍장만 하고 화장은 하지 않는다. 그러므로 화장이 힌두교에서 유래하는 것은 명확하다.

현재 발리 아가는 슴비란 마을, 쩜파가 마을, 시다타파 마을, 뜨루냔 마을, 뚱아난 마을, 써루룽 마을, 타로 마을 등이 알려져 있다. 이 마을들은 오지에 위치하여 외부와의 교류 없이 고립되어 있었는데 최근 현저한 근대화와 발리 힌두화가 진행하고 있다. 특히 발리 아가의 사원은 필자가 조사한 지난 20년간 일반적인 마을에서 보이는 힌두 사원으로 현저하게 모습을 바꾸고 있다. 발리 아가 사원의 원형이 가장 잘 남아 있는 곳은 뚱아난 마을인데 그 뚱아난 마을마저 힌두 풍의 사원이 세워져 있다.

02

발리의 의식주

1. 발리의 전통의상

인도네시아에서는 민족에 따라 각각의 역사와 문화를 반영한 전통의상이 있다. 대부분의 민족의상은 카인 빤장Kain Panjang, 긴 천을 허리에 둘러서 입는 옷, 사롱Salong, 원통형으로 만든 의상, 슬렌당Selendang, 어깨에 두르는 천 등으로 재단이나 봉제를 필요로 하지 않는 단순한 형태였다. 발리의 남녀 민족의상은 카인 빤장이다. 하반신을 둘러싸는 의복의 대표적인 것이 카인 빤장이며 윗도리인 바쥬Baju, 슬렌당을 입는 것이 발리 섬의 남녀 정장이다.

과거 발리에서는 각 가정의 여성들에 의해 다양한 염직물이 만들어졌다. 수직기手織機를 사용해서 짜낸 목면이나 비단 염색 직물이 사용되어 송켓Songket, 금박이 든 비단천, 이캇Ikat, 비백 염색, 바틱납 염색 등 다양한 기법에 의해 특색이 있는 전통적 문양이 만들어지는데, 인도네시아를 대표하는 직물은 이캇과 바틱이다.

특히 이캇은 병絣 직물을 의미하는 국제적인 용어로 사용되고 있는데 본래 인도네시아어로 이캇은 '묶는다'는 의미로, 인도네시아의 비백 염색 직물을 가리킨다. 이캇이 국제적 용어가 된 것은 식물성 섬유로 실을 묶어 방염한 상태로 염색해 문

양의 아웃라인을 바탕색으로 남기는
독특한 염색 기법을 말하는 것으로,
인도네시아가 세계 유수의 전통 이캇
의 보고인 것에서 기인하고 있다. 인
도네시아의 이캇에는 날실무늬経絣, 씨
실무늬縦絣, 경위무늬2중 비백의 세 종류
가 있다. 날실무늬는 인도네시아의 광
범위한 지역에서 짜이고 있지만 씨실
무늬는 주로 힌두교나 불교를 수용한
지역에서 짜여진다. 한편 그링싱
Gringsing, 경위무늬은 발리 아가 마을의 뜽
아난 마을만에서만 짜여지고 있다. 날
실무늬와 경위무늬에서는 목면실, 비
단실 사용이 일반적이다. 문양이나 색

발리 스타일의 옷을 입고
절로 향하는 소녀와 소년

채에는 각각의 독자적인 양식이 있고 문양 일부는 그들의 역사나 신화, 신앙, 신분
을 나타낸다.

바틱은 원래 자바 섬의 납염기법으로, 보통 전통적인 의류 혹은 장식을 목적으
로 사용해 왔다. 발리가 국제적인 관광지가 되면서 토산품의 수요가 늘어나 바틱
은 옷감이나 장식용 천으로도 많이 만들어지고 있다. 바틱은 천에 납으로 모양을
그려 납을 둔 부분에 염료가 침투하는 것을 막고, 납을 둔 부분과 두지 않는 부분
을 물들이는 기법이며, 납은 염색한 후에 뜨거운 물에 담아 제거한다. 천에 납을
사용해서 문양을 만드는 짠띵Canting과 짭Cap이라고 하는 두 종류의 청동제 도구가
있다. 이 중 짠띵은 작은 점 문양이나 유려하고 아름다운 선 문양을 가능하게 하는
손 그림용 도구이다. 한편 짭은 19세기에 바틱이 산업으로 발전해 가는 과정에서

소규모 가내공장에서 양산을 목적으로 해서 사용되기 시작한 문양을 판으로 찍는 도구이다. 자바 섬 북쪽 해안의 찌레본Cirebon 지역과 쁘깔롱안Pekalongan 지역에서는 19세기 화교에 의해 중국산 비단을 사용한 바틱도 만들어졌다. 바틱의 전통적인 문양이나 색채에는 각 지역에 따라 특징적인 양식이 있다.

발리의 의복문화는 20세기 이후 여러 가지 변용을 이루어 왔지만, 지금의 발리 전통의상은 19세기 이전의 의상을 계승하고 있다. 의생활의 급격한 변화는 네덜란드 식민지 지배와 깊은 관계가 있다. 역사적으로 네덜란드 식민지시대부터 남성의 양장화가 진행되었다. 독립 후 현대적 양장이 군인과 공무원, 학생의 제복으로 채용되어 양장화가 급속히 진행되었다.

20세기 후반부터 블라우스나 재킷과 비슷한 봉제된 윗도리를 착용하게 된다. 20세기 초기까지 남녀의 일상 의상은 카인 빤장뿐이었고 상반신은 알몸이었다. 이 관습은 서민 사이에서는 20세기 전반까지도 존속하여 풍만한 가슴을 한 젊은 여성들의 모습이 유럽인들에게 깊은 인상을 주어 낙원의 섬 발리의 이미지로 정착했다.

남성은 의례적으로 카인 빤장의 바깥쪽에 사뿟Saput이라고 불리는 장식용 허리 천을 착용했다. 평민 계층 남성은 사뿟을 허리에서부터 무릎에 착용하고 상반신은 알몸이었다. 현재도 남성은 전통적인 정장으로 카인 빤장에 사뿟을 겹쳐서 착용한다. 정장은 소매가 긴 흰 재킷을 입는 것이 일반적이다. 지배자 계층 남성은 네덜란드 식민지정부의 행정관 지위에 오르면 목깃이 있는 긴 소매의 흰색 재킷을 입는 것이 유행하게 된다. 이것은 네덜란드 행정관의 정장 재킷을 발리의 독특한 윗도리 스타일로 변형시킨 것이다. 19세기 이전에는 재킷이나 셔츠 같은 의상은 일반적으로 착용되지 않았다. 1920년대에 서양식 셔츠나 재킷이 평민 계층의 남성에게도 보급되고 의례적인 상의로 착용하게 되었다. 여성의 경우는 19세기 말경부터 가슴 천 안쪽에 자바 풍의 긴 소매 블라우스를 착용하는 스타일이 유행한다.

혼례의상은 신분에 따라서 각각 다르다. 발리에서 최상급으로 여겨지는 혼례의상은 빠야스 아궁Payas Agung, 신부 의상으로, 왕족만이 착용할 수 있다. 이는 금박이 섞인 염직물로 많은 장식품으로 치장된다. 신랑이 쓰는 거룽안 아궁Gelungan Agung이라고 불리는 머리띠도 다른 계층 사람들이 사용해서는 안 된다. 빠야스 마데아는 중류계급의 혼례의상이다. 금과 명주실로 짠 송켓에 각양각색의 자수는 그림 같이 아름답고 가장 발리다운 직물이다. 남성은 우덩 송켓Udeng Songket이라고 불리는 머리띠를 맨다. 니

정장한 신혼부부(왕족)

스타Nista는 평민층의 혼례의상으로, 평소 사원에 참배하러 갈 때 입는 것과 같은 의상이다. 천은 금박이나 명주실이 들어 있지 않은 '쯔뿍Cepuk'이라고 하는 의식용 직물이 사용된다.

발리의 역사나 문화가 그런 것 같이 전통의상도 자바 섬과 밀접한 관계가 있다. 발리 문화의 기층에는 자바 동부의 마자파힛을 비롯한 힌두 왕조가 번성한 13~15세기경의 전통을 계승하고 있다. 의상에 관해서도 역사적으로 남아 있는 몇 개의 부조와 석상에 힌두 시대 자바 동부 의상과는 관계가 명확하게 나타난다. 자바 동부 찬디 자위Candi Jawi, 14세기의 부조에 나타난 여성은 가슴부터 발목까지 덮는 카인

여성과 고상가옥(찬디 수꾸)

빠장을 착용하고 있다. 마자파힛시대의 여성 석상도 카인 빠장을 착용하고 있다. 허리띠에는 20세기 발리 염직물에 보이는 톱니 모양의 문양이 나타난다. 찬디 수꾸Candi Suku, 15세기 부조의 여성상은 폭이 짧은 띠를 허리에서 가슴까지 나선상으로 감아올리고 있다. 같은 가슴 천 스타일은 지금도 발리에서 무용 의상이나 혼례 의상에서 흔히 볼 수 있다. 또 찬디 티가왕이Candi Tigawangi, 14세기 부조 여성상의 의상 스타일은 1930년대 발리 여성의 평복 스타일과 같다.

남성 의상인 사룻 의상 양식은 13~15세기의 자바 동부에서 만들어진 석상에서 볼 수 있다. 발리에서는 13~14세기로 여겨지는 석상에도 같은 형태의 의상이 보이고 이렇게 천을 하반신에 두르는 관습은 19~20세기에 그려진 발리의 전통적 양식인 까마산Kamasan 회화의 신상神像 표현에도 계승되어 있다. 이상의 자료를 고려하면 1920년대까지 발리 섬의 전통적인 의상은 13~15세기경의 자바 동부의 의상 양식을 기본적으로 계승하고 있는 것을 알 수 있다.

19세기 의상으로서 사용했던 염직물의 종류는 현재와는 달라서 그 대부분은 발리의 전통적인 베틀로 짜여진 것이었다. 일상의 카인 빤장에는 검정색이나 감색 혹은 흙색의 단색 면포가 주로 사용되었다. 또 목면이나 비단의 여러 가지 격자문양 직물도 남녀 의상으로 널리 사용한다. 지금도 특정한 마을에서는 승려의 의례 의상으로 격자문 직물을 사용하도록 정해져 있다. 목면 격자문 직물에 금실이나 비단실로 짠 씨실무늬 천은 남성용 사뻿으로 사용했다. 비실무늬 천은 사원의 신상을 감싸는 의례용 천으로서 중요시했다.

현재는 도시나 농어촌을 막론하고 양장이 일반적으로 착용되고 있다. 남성의 양장은 셔츠와 바지 스타일이 일반적이다. 공무원이나 회사원의 의상에는 반소매 셔츠 스타일의 재킷을 많이 입는다. 고온다습한 기후 때문에 젊은 남녀는 청바지에 티셔츠 그리고 운동화 스타일이 일반적이다. 여성의 양장은 셔츠와 스커트 혹은 원피스에 샌들을 신고 있다.

1970년대부터 양장 스타일에 대한 관심이 높아졌다. 1980년대부터는 덴파사르 시의 대형 쇼핑센터에 저렴한 인도네시아제 양복에서 유럽의 고급 명품에 이르기까지 다양한 기성복이 판매되고 있다. 또 바틱 이외에 각지의 염직물을 소재로 양장과 전통적 의상을 절충한 현대 의상이 만들어지고 있다.

그런데 힌두교 사원에서의 의례, 혼례, 장례식에는 대부분 현재도 전통의상을 착용한다. 남성은 카인 빤장 위에 사뻿을 감고 허리끈으로 묶는다. 머리띠를 매고 상의로 셔츠나 재킷을 착용한다. 여성은 사롱 위에 커바야Kebaya, 망으로 된 여성용 상의를 입는 것이 정장이다.

발리의 전통적인 염직물은 의상뿐만 아니라 종교 의례에도 중요한 역할을 하고 사원이나 의례 공간을 장식하는 천으로 사용되었다. 성스러운 동물인 바롱과 함께

커바야를 입고 사원에 가는 여성

봉안 무용에 등장하는 마녀 랑다가 허리에 감는 빨간 천은 쯔뿍이라고 불러 악마를 쫓는 힘을 가지고 있다고 한다. 쯔뿍은 씨실무늬 기법에 의해 빨강색, 흰색, 황색, 흑색, 파랑색 등으로 무늬를 물들여 수직으로 짠 이캇으로 몸에 감는 사람은 재앙이나 악령으로부터 지켜준다고 믿고, 힌두 발리의 여러 종교의례에 이용되어 왔다. 갓난아이의 생후 105일째의 초혼식, 성인식, 혼례식, 장례식과 같은 통과의례 이외에도 집을 수호하는 천, 마녀 랑다, 상향 드다리Sanghyang Dedari 무희의 카인 빤장으로도 사용된다.

그 밖에도 인도제 파톨라Patola와 그링싱이라고 하는 천이 있어 의례용 의상이나 제단 장식용·주술용 천으로 사용되어 왔다. 그링싱은 뜽아난 마을에서만 제작되는 의례용 천이다. 경위무늬더블 이캇인 그링싱 제작에는 정확한 실 묶음 작업과 반복해서 행해지는 염색 작업, 더욱이 비실과 씨실을 정확하게 서로 짜맞추는 제직 작업 등 고도로 숙련된 기술이 요구된다. 하나의 카인 빤장을 완성하는 데는 5~10년이 걸린다고 한다. 양식화한 꽃이나 과일, 별, 그림자극 인형 등을 주된 문양으로 하고 있다. 문양에 의해 16종류로 분류되고, 인도 파톨라의 영향이 강하게 보이는 것도 있다.

뜽아난 마을의 여성은 특별한 의례 때에는 그링싱 의상을 입고 미혼 여성은 머리에 금장식을 한다. 남성 평복은 카인 빤장이며 특별한 의례 때에는 그링싱을 입

축일에 정장한 소녀(뜽아난)

그링싱을 입은 뜽아난 마을의 소녀

발리식 방직기(코바루비아스)

고 커리스를 등에 꽂는다. 그링싱은 뚱아난 마을에서는 주로 의례용 의상으로 사용되지만 힌두 발리의 마을에서는 성인식의 송곳니를 가는 정치 의례나 그 밖의 의례 및 주술적인 치료에 사용된다. 또 그링싱에 특히 그림자극 인형 문양을 짠 와양 그링싱Wayang Gringsing이라고 불리는 천은 발리에서 귀중하게 여겨지는 것으로, 발리안Balian이라고 하는 무당이 그링싱 와양의 힘을 이용해서 병자를 치료한다.

2. 발리의 요리

인도네시아의 식문화는 자연 환경과 생업, 종교나 민족 집단의 관습으로부터 영향을 받아 실로 다양하다. 자바 요리는 달콤하고, 미낭까바우Minagkabau족이 만드는 파당요리는 맵고, 서부 자바에 사는 순다인은 생채소를 좋아한다. 매콤한 볶음밥 나시 고렝Nasi Goreng, 채소와 두부를 땅콩 소스로 버무린 가도 가도gado gado, 고기 꼬치구이 사테Sate, 고기나 채소를 매운 소스로 버무린 삼발 고렝Sambal Goreng이 인도네시아의 대표적인 요리라고 할 수 있다.

수마트라, 자바, 롬복, 숨바와, 칼리만탄, 술라웨시에서는 이슬람교도가 압도적 다수를 차지한다. 무슬림이 잘 먹는 고기는 닭, 염소, 양, 소, 물소, 오리, 토끼이다. 도살을 하는 사람은 전문가가 아니어도 괜찮지만 피를 먹어서는 안 된다. 이슬람교도는 용서되는 행위를 하랄Halal, 용서되지 않는 행위를 하람Haram이라고 부르는데, 돼지고기와 개고기, 음주 이외에도 금기가 있어 엄격한 신도는 돼지고기를 요리한 적이 있는 조리 기구나 알코올을 넣은 향수도 사용하지 않는다.

이슬람교도를 제외하고 기독교도나 토착 민족에게는 대체로 돼지가 중요시된다. 특히 의례 시에는 돼지고기가 없어서는 안 된다. 수마트라, 숨바, 플로레스, 사부, 라이쥬아, 로떼, 술라웨시의 산악지대에 사는 사람들은 개고기를 좋아한다.

발리는 물론 인도네시아공화국에 속한 섬이므로 인도네시아 요리와 순수 발리 요리로 나눌 수 있다. 바비 굴링통돼지구이은 발리 섬에서만 먹을 수 있는 고유 음식이다. 인도 힌두교도의 대부분은 돼지고기를 부정한 것으로 여기지만 발리 주민은 돼지고기 요리를 매우 좋아한다. 바비 굴링Babi Gueling이나 라왈Lawar, 돼지고기와 피를 사용한 채소요리은 의례에 없어서는 안 되는 중요한 요리이다. 나시 고렝이나 미 고렝은 인도네시아 각지에서 먹는다.

오리 요리(관광지의 레스토랑)

전통적인 발리 요리는 자극이 강한 향신료가 많이 사용되고 있다. 향기가 강한 뿌리나 잎, 매운 고추로 강한 맛을 낸다. 그 매운맛은 김치를 먹고 자란 한국인들마저 눈물과 땀을 흘리게 만든다. 일본인이나 서양인이 발리 요리를 멀리하는 주된 이유는 그 매운맛에 있다. 그러나 발리 맛에 익숙해지면 외국인도 발리 요리에서 헤어날 수 없게 된다. 우리가 어릴 때부터 김치를 먹고 자랐듯이 발리 사람들도 어릴 때부터 매운 음식을 먹어 성인이 된 후에도 향신료나 고추가 들어 있지 않은 음식은 좋아하지 않는다. 매운 요리에 익숙하지 않은 일본인이나 서양인은 대개 발리 음식을 좋아하지 않는다. 반대로 일본 요리나 서양 요리를 좋아하는 발리인

포장마차의 풍경(와룽)

은 극히 드물다. 한편, 매운맛에 익숙해진 한국인들은 현지사람들이 이용하는 포장마차Warung나 식당Rumah Makan의 매운 요리를 좋아하며, 김치를 좋아하는 발리 사람들도 많다.

발리인의 일상 식사는 간소하며 외식을 매우 좋아한다. 시장이나 길가의 까리리마이동식 식당에서 자주 음식을 사 먹는다. 또 국물이 없는 음식은 붕쿠산Bungkusan, 바나나의 잎이나 종이로 싼다이라고 하여 포장해 가지고 가는 사람도 많다. 원래 발리 섬을 포함해서 인도네시아 제도에서는 전 가족이 모두 모여 식사를 하는 습관이 없다. 주부가 아침에 넉넉하게 요리를 해두면 가족은 각각 자신이 좋아하는 시간에 먹는 것이 일반적이다. 최근 학생과 직장에 근무하는 사람이 늘어나면서 도시에서는 식사 시간이 어느 정도 정해져 있다. 평소 음식을 만드는 것은 여성이지만 축제날 음

식당(루마 마칸)

식을 준비하는 것은 남자들이다.

발리 주민의 주식은 쌀이다. 나시 고렝이나 나시 짬뿌르Nasi Campur, 밥과 반찬을 접시
에 담은 요리가 인도네시아의 대표적인 요리이다. 또 아침 식사로 자주 먹는 부부르
Bubur, 죽가 있다.

면 종류는 발리 사람들도 많이 먹는데 이것은 발리의 전통음식이 아니고 중국
사람들이 전한 음식이다. 닭고기나 채소를 사용한 채소라면Mie Ayam과 볶음국수Mie
Goreng가 대표적인 밀가루 요리이다. 도시에서는 이러한 면 요리를 먹을 수 있는
식당이나 포장마차가 있고, 가장 많이 보급돼 있는 밀가루 요리는 인스턴트 라면

이다. 가격이 조금 비싸지만 한국의 매운 라면이 인기가 있다. 반찬은 채소, 생선, 고기를 조리하여 만든다. 짭 짜이Cap Cay, 채소볶음나 사유르 깡꿍Sayur Kankung, 채소요리 이 있다.

생선이나 고기 요리에는 바까르Bakar, 매운맛의 숯불구이와 사테Sate, 꼬치구이가 있다. 특히 아얌 바까르닭고기 숯불구이, 아얌 사테닭고기 꼬치구이, 사테 바비돼지고기 꼬치구이, 박소Bakso, 미트볼 등이 발리 섬의 일반적인 고기 요리이다. 짐바란 해변에서 일몰을 바라보며 시원한 바닷바람 속에서 신선한 이칸 바까르생선구이를 즐기는 여행객도 많다. 또 인도네시아 제도에서 가장 널리 먹을 수 있는 고기 요리는 소토 깜빙염소고기 수프과 사테 깜빙염소고기 꼬치구이이다. 사테는 고추와 마늘을 섞어 만든 땅콩 소스를 찍어 먹는다.

예전에는 바다거북 사테가 발리인의 좋아하는 요리였지만 현재는 바다거북 포획이 법에 의해 금지되어 있다. 이슬람교도는 돼지고기를 먹지 않지만 힌두교도는 쇠고기에 대한 터부는 없다. 단백질은 생선이나 계란 그 밖에 대두 제품이 주가 된다. 두부와 튀긴 두부도 있고, 튀긴 두부는 간식으로도 먹는다. 그리고 건강식품으로서 주목받고 있는 뗌뻬Tempe는 일종의 청국장으로, 보통 튀겨서 먹는다.

짠맛을 내는 데 사용하는 조미료는 소금이 일반적이다. 소금 이외에 작은 새우를 으깨어 만든 '토라시'라는 조미료가 있다. 인도네시아에서 가장 널리 사용되고 있는 조미료는 한국의 미원이다. 발리인이 식사에 빠뜨리지 않고 넣는 것이 만능 조미료인 삼발Sambal이다. 삼발은 각 가정에서 만들어지고 시장이나 슈퍼에는 시판 제품이 있다. 삼발의 내용도 가정에 따라 다르지만 보통 빨간 고추, 토마토, 라임, 마늘, 콩, 소금 등을 절구에 넣어서 갈아 먹는다. 또 야자 기름으로 볶아서 조미료로 만든 것도 있다.

요리를 먹는 방법은 면 종류를 제외하고는 손으로 먹는다. 특히 오른손만을 사용하는 것이 매너이다. 남에게 돈이나 물건을 건네줄 때도 오른손을 사용한다. 상

바비 굴링

류계급이나 레스토랑에서는 오른손에 스푼, 왼손에 포크를 쥐고 먹는다. 라면은 포크나 젓가락을 사용하고, 볶음국수는 스푼과 포크를 사용한다.

발리 요리의 극치라고 할 수 있는 것은 통돼지구이로, 배 안에 향신료를 가득 넣어서 구운 바비 굴링통돼지구이이 있다. 바비 굴링 조리법은 콜린 맥피와 미겔 코바루비아스가 자세하게 소개하고 있다. 같은 돼지고기 조리법이지만 두 사람의 묘사에는 미묘한 차이가 보인다. 맥피의 바비 굴링 조리법은 미국 출신의 백인 여행자의 눈으로 객관적이고 담담하게 쓰여 있다. 아마 그는 매운 요리가 익숙하지 않아 바비 굴링을 그다지 좋아하지 않았을 것으로 생각된다. 한편 코바루비아스는 바비 굴링을 발리 요리의 극치라고 적고 애정을 담아서 생생하게 기록하고 있다. 코바루비아스는 매운 요리에 익숙한 멕시코 출신이었기 때문에 그 자신이 바비 굴링을

파당 요리

매우 좋아했던 것 같다.

바비 굴링 조리법은 고추, 마늘, 생강, 마늘, 양파, 후추, 향초를 잘게 썰어서 코코넛 기름과 섞어 돼지의 배 안에 채운 후 꿰맨다. 나무 틀에 통돼지를 걸어놓고 마른 야자나무 껍질로 만든 숯불 곁에 놓아두어 끊임없이 회전시킨다. 천천히 몇 시간 구우면 발리의 절미인 바비 굴링이 완성된다. 매운 고추와 마늘을 섞어서 먹는 바비 굴링은 제례나 축연에 없어서는 안 되는 요리이다. 바삭바삭하게 구워진 껍질, 부드러운 고기, 마늘과 고추 등의 향신료를 곁들인 바비 굴링은 발리 절품요리의 하나이다.

최근 발리 섬에서는 커다란 유리 케이스의 쇼윈도 안으로 큰 그릇에 요리가 산더미 같이 진열된 식당이 눈에 많이 띈다. 이것은 인도네시아에서 가장 일반적인 고급 요리점 와룽 파당Warung Padang이다. 원래 서수마트라에 사는 미낭까바우족이 널리 퍼뜨린 요리파당이라는 지명에서 유래로, 감칠맛이 있는 독특한 카레 맛이 특색이다. 와룽 파당에는 메뉴가 없고 식당에 들어가면 쇼윈도에 전시된 모든 요리15~20품가 한 접시씩 테이블 위에 가득 놓여진다. 손님은 마음에 드는 요리만 먹고 먹은 만큼 요금을 지불하는 시스템이다. 식당에는 스푼과 포크를 구비하고 있지만 손으로 먹는 것이 일반적이고 입맛에 맞는 요리는 추가 주문이 가능하다. 파당 레스토랑은 이슬람교의 확산과 함께 인도네시아 제도의 각지에서 영업을 하고 있다.

3. 발리의 주거

우리가 일반적으로 생각하는 집은 부부와 아이들을 중심으로 하는 단독주택이나 아파트일 것이다. 그런데 전통적인 발리 주민의 집은 담장으로 둘러싼 부지 내에 다세대多世帶가 사는 주택이다. 부계 혈연을 중심으로 하는 수세대의 가족이 같은 마을에 사는 것이 일반적이다. 발리의 전통적인 집을 카랑Karang이라고 하는데 건물 한 채만으로 완성되는 경우는 거의 없고 여러 부속 건물이나 공용 건물이 추가되고, 이것들이 모여서 반자르마을를 구성하게 된다. 몇 채의 단독 건물이 모여 있는 것이 발리 주거의 전형이다.

가옥이 세워진 사각 혹은 직사각형의 구획을 퍼카랑안Pekarangan이라고 하는데 전통가옥은 흙벽 위에 초가지붕을 하고 있다. 경제적으로 유복한 집의 문은 벽돌과 돌 조각으로 장식한 구조로 대문 앞 양측에도 돌로 만든 제단이 있다. 대문으로 들어가면 정면에 작은 칸막이와 같은 알링 알링Aling Aling이라는 벽이 있다. 알링 알링은 집안이 들여다보이는 것을 막고 악령이 안으로 들어오는 것을 막기 위해서 설치한 것이다. 주민들은 악마가 모서리를 잘 돌 수 없다고 믿고 있어 일부러 벽을 만든다. 저택 안에는 가족 세대 수에 맞춰서 몇 채의 건물이 있다. 안뜰에는 관상용 꽃나무를 심은 집이 많다.

이러한 주거 모습은 사회적·경제적인 차이는 있어도 저택의 기본 구조는 대부분 같다. 평민의 집은 퍼카랑안, 귀족의 집은 제로Jero, 승려 브라마나의 집은 거리아Geria라고 불리지만 명칭, 규모, 장식이 다를 뿐 기본 설계는 모두 같다.

발리의 경우 마을, 대지, 건물의 구조, 의미, 기능은 그들 신앙의 기본원리에 따라 만들어지고 있다. 즉, 조상숭배와 결부된 혈연관계, 사회적 지위의 고저, 산과 바다, 오른쪽과 왼쪽이라고 하는 기본 원리가 지켜지고 있다. 전통마을에는 까양안 티가Kayanggan Tiga라고 불리는 세 개의 사원이 있어 뿌라 뿌세는 산 쪽, 뿌라 데사는 마을의 중심, 뿌라 달엄은 바다 쪽에 배치되는데 각각 머리, 몸체, 발을 의미한다. 저택은 전통적인 방향관에 의거해서 각각 건물의 배열이 결정되는데 카자Kaja, 성스러운 산 방향, 끄롯Kelod, 부정한 바다 방향, 캉인Kangin, 해가 뜨는 동쪽, 카우Kauh, 해가 지는 서쪽로 방향이 결정되어 있다.

발리의 전형적인 주택은 산 방향에 선조를 모시는 상가가족 사원가 있다. 상가는 힌두 사원을 상징적으로 간소화한 것으로, 울타리 안에 제물을 바치기 위한 작은 사당이 몇 채 있다. 부유한 귀족 저택의 경우 가족 사원이 정식 사원과 같은 규모와 장식을 하고 있다. 선조를 모시는 가족 사원은 평민층은 상가 또는 뿌라 이부Pura Ibu, 트리왕사층승려, 왕족, 귀족은 므라잔Merajan이라고 부른다.

이러한 가족 사원은 발리 남부에서는 집안의 북동쪽, 발리 북부에서는 서남쪽에 세워진다. 또 선조를 모시는 가족 사원은 성스러운 아궁 산을 향하도록 배치되어 있다. 즉, 발리 섬의 방향은 아궁 산을 기준으로 결정되는데 산 쪽은 신성하여 상위 방향, 바다 쪽은 부정하다고 하여 하위에 해당한다. 아궁 산을 기준으로 동서남북

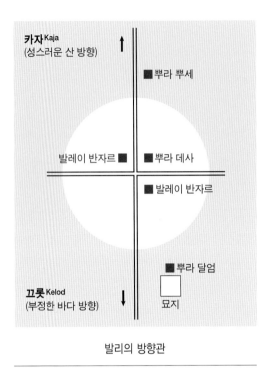

카자Kaja
(성스러운 산 방향)

■ 뿌라 뿌세

발레이 반자르 ■ ■ 뿌라 데사

■ 발레이 반자르

■ 뿌라 달엄

묘지

끄롯Kelod
(부정한 바다 방향)

발리의 방향관

을 막론하고 산 쪽을 상위, 바다 쪽을 하위로 간주한다.

주택 중 산 쪽을 향해 세워져 있는 것이 가족 사원이고, 그 다음이 가장의 침실용 가옥인 우마 므텐Umah Meten, 평민층이다. 므텐은 벽돌로 사방에 벽을 쌓아 올려 8개의 기둥 위에 초가지붕을 한 작은 건물이다. 집 안에는 가구나 침대가 있고 부유한 집에서는 므텐과 연결되어 베란다가 설치되어 있다. 므텐은 집안의 성역으로 가보를 두는 곳이며 보통은 집안의 가장이 이곳에서 잔다. 아들이 성장하여 결혼하면 같은 부지 내에 다른 건물을 만들어 살게 한다. 발리인은 부계 혈통의 혈연과 연결되는 다세대가 함께 사는 것이 일반적이다. 잠자는 것 이외의 가정생활은 모두 밖의 베란다4개의 기둥에 지붕이 있고 벽이 없는 건물에서 행해진다.

발리 건축의 기본은 '발레이'라는 직사각형의 벽이 없는 고상가옥정자으로 초가지붕이다. 부지는 물론 사원도 많은 발레이로 구성되어 있다. 발레이의 규모, 면적, 기둥 수, 위치 등은 전통 관습과 집 주인의 카스트에 의해 결정된다.

일반적으로 민가의 안뜰에는 벽이 없는 3채의 건물이 있다. 왼쪽에는 응접용 건물Bale Tiang Sanga이 있고, 그 외에 2채의 작은 건물이 오른쪽어린이용 침실과 뒤쪽에 있는데 뒤쪽은 작업용 정자Bale Sakenem이다. 부지 안에서 제일 바다 쪽으로 부엌

Paon과 고상의 곡식창고Lumbung가 있다.

부엌은 예외 없이 바다 쪽에 있고, 돼지우리는 그보다 더 바다 쪽 가까이에 있다. 신랑 신부가 함께 살게 되면 가족 사원 안에 부부의 선조를 모시는 '기원起源의 사당'을 새로 세운다. 몇 가구가 함께 살고 있을 경우는 몇 개의 사당고상식 건물이 세워진다. 세월이 지남에 따라 새로운 건물이 늘어나 부지가 가득해지면 다른 곳에 부지를 구입해서 새집을 짓는다.

이것이 보통 전통주택의 일반적인 구조이다. 좀 더 부유한 집에서는 각 건물을 더욱더 화려하게 장식한다. 부유한 집의 응접실은 화려하게 조각한 12개의 기둥으로 떠받친 고상식의 큰 건물Bale Gede이 있다. 발레이는 발리식 건축의 전형으로,

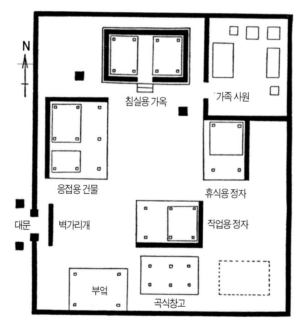

민가의 평면도

곡식창고(코바루비아스)

간소한 고상 건물이었다.

발리 가옥에 전통적으로 사용되는 건축 재료는 대체로 동남아시아의 제 민족과
도 비슷하다. 건축 재료는 환경 조건에 의해 대체로 결정되지만 목조 주거의 전통
이 지배적이다. 집의 골격은 야자나무이고, 내부는 대나무가 많이 사용되고 있다.
대나무는 집의 벽, 바닥, 가구 등 많은 용도에 사용되고 있다.

현재 발리에는 여러 가지 형태의 가옥이 있지만 전통적인 건물은 크게 두 가지
형태로 나눌 수 있다. 하나는 지상식 건물과 또 하나는 고상 건물이다. 힌두 문화를
가지고 있는 일반적인 마을에서도 양자는 혼재하고 있다. 예를 들면 우마 므텐침실
은 지상식 건물이고, 발레이와 룸붕곡식창고은 고상 건물이다. 힌두교 이전의 문화를
가지고 있는 발리 아가 마을에서도 지상식 건물과 고상 건물이 혼재하고 있다.

발리 북동부 바뚜르 호수 가까이에 발리 아가 사람들이 사는 뜨루냔 마을이 있
다. 뜨루냔 가옥Uma은 평지의 발리 주택양식과는 다른 목조건축이다. 옥내 넓이는
4평 정도밖에 안 되지만 내부는 알차게 꾸며져 있다. 문 앞에 있는 작은 토방 공간
을 끼고 왼쪽에 부엌인 파온이 있다. 가옥의 가장 중요한 공간은 지붕 밑에 있다.
이 공간은 뜨루냔에서는 토쿳부Tokutbu라고 부르는 곳으로, 본래는 선조 전래의 재
보나 귀중한 재산을 보관하는 신성한 공간이며, 가장家長 이외에는 이 다락방에 오
를 수 없다. 뜨루냔 마을에는 지금도 마을 내에 곡식창고가 없는데 옛날에는 각 집
의 토쿳부에 쌀을 보관했다. 가옥의 지붕 밑에 쌀을 보관하는 것은 곡식창고 밑에
사람이 살고 있는 셈이고, 고상 곡식창고 밑에 테라스를 마련하여 그곳을 집회장
이나 작업장으로서 사용하는 것은 넓게 보면 곡식창고의 용도이다. 뜨루냔의 가옥
이 본래 지상식이었던가 아닌가를 불문하고 사원의 일부에는 발레이라고 불리는
고상 목조건축이 존재하고 있다.

뜽아난 마을 전체는 남북 약 500m, 동서 약 250m의 직사각형으로, 마을 주위
에는 돌담이 둘러쳐져 있다. 동쪽 입구를 통해 마을에 들어가면 거기에는 마을 광

뜽아난 마을의 전경

장을 겸한 중앙 통로가 있고, 길 양쪽에 집들이 정연하게 늘어서 있다.

광장 중앙부에는 남북 방향으로 집회소, 창고와 같은 고식의 야자 섬유로 지붕을 이은 고상 건축이 일렬로 배치되어 있다. 중앙의 긴 고상 가옥형의 집회소를 발레이 아궁Bale Agung이라고 한다. 발레이 아궁은 가늘고 긴 고상 건물을 가리키며, 아궁은 '크다'는 뜻으로 마을이나 궁전의 대형 집회소를 가리킨다. 뜽아난의 발레이 아궁은 길이가 약 50m나 된다. 집회소 앞에는 광장이 있어 여러 가지 의례가 행해진다.

마을의 주택은 이 광장을 사이에 두고 동쪽과 서쪽에 각각 처마를 대고 줄지어서 있는데, 이들 민가는 모두 지상식 건물이다. 민가는 집과 집 사이에 담으로 칸막이되어 있는데 담은 옆집과 겸용이다. 모든 가옥은 계층이나 경제적인 차이에

뜽아난 마을의 발레이 아궁

의한 구별이 없고, 어느 집이나 같은 크기폭 15m, 길이 20m이다.

　뜽아난 마을의 곡식창고는 사삭인롬복의 게렌Geren을 닮은 뱃집지붕형이다. 광장에 따라 늘어선 가옥들은 뜨루냔과 같이 독채가 아니라 대지를 담으로 둘러싸고 그 안에 복수의 건물이 세워져 있다. 이러한 뜽아난 마을이 16세기 이후 힌두 문화의 영향을 받고 주택건축에도 그 문화의 영향을 받았다는 지적이 있다. 그렇지만 안채에 해당하는 발레이 텡아Bale Tengah의 지붕 밑 다락방은 쌀 창고로 사용되고 있다. 뜽아난 마을의 민가에 사는 사람들은 이러한 곡식창고 아래의 고상 공간에서 생활하고 있는 셈이다.

　발리 아가 사람들의 주거양식, 즉 힌두 시대 이전의 주거양식은 지붕 밑에 곡식창고를 갖고 있다. 사토 히로시佐藤浩司는 동남아시아 도서부의 많은 지역에서 곡식

뜽아난 마을의 곡식창고

창고의 마루 밑이 주거로 전용되어, 후에 곡식창고로서의 기능이 상실되었다고 추정하고 있다. 지붕 밑에 가보를 안치하여 의례를 행하는 풍습도 이것을 뒷받침하고 있다. 사토 히로시가 지적한 전형적인 고상 주거양식은 동인도네시아의 숨바, 플로레스, 사부, 라이쥬아, 티모르에서도 찾아볼 수 있다. 숨바 섬의 전통가옥은 초가의 뾰족지붕이 특징이며, 네 개의 기둥이 주 기둥이 되고 있다. 기둥 목재는 야자나무가 사용되고, 마루 밑, 벽, 지붕은 모두 대나무가 사용되고 있다. 가옥의 수직적 배치는 마라푸Marapu 신이 사는 지붕 밑예부터의 가보가 놓여 있다, 마루 위사람들의 생활공간, 마루 밑가축의 공간으로 이루어져 있다. 또 평면도로 보았을 경우 주거의 내부는 오른쪽은 '남자의 영역=성', 왼쪽은 '여자의 영역=속'이라고 하는 명확한 이원적 영역 구분이 보인다. 숨바와 매우 흡사한 가옥은 플로레스의 산악지대와 사부에도 산재하며, 돌멘을 비롯한 거석유구가 있어 이들 섬은 민족적 · 문화적으로 강한 관계를 보이고 발리와도 공통되는 문화요소가 많다.

발리 아가의 주거양식이 본래 고상식 곡식창고로부터 발생했는지 혹은 16세기

발리 섬의 곡식창고

롬복 섬 사삭족의 곡식창고

이후 힌두교의 영향인지는 판단하기 어렵지만, 지상식 건물과 고상 건물이 혼재하고 있는 것은 사실이다. 고상식 목조 건축은 인도네시아를 포함하는 동남아시아 민가의 특징인데, 폴리네시아나 미크로네시아의 토방생활을 위한 지상식 주거지대와는 현저한 대조를 이루고 있다. 형태는 여러 가지이지만 수마트라에서 티모르까지 고상 주거는 지금도 여전히 넓은 지역에서 볼 수 있다. 그러나 동남아시아의 고상 주거지대 안에도 토방을 생활공간으로 하는 지역이 점재하고 있다. 그중에서도 발리, 자바, 롬복과 같은 정치·문화적인 중심지대의 주거가 지상식인 것은 이 지역의 주거사를 살펴보는 데 큰 수수께끼로 남아 있다.

그러나 자바, 발리, 롬복은 역사적으로 고상식 주거가 일반적이었다고 하는 지적도 있다. 원래 고상식 주거는 수상이나 습지 등에서 오는 습기를 막고, 맹수나 해충으로부터 몸을 지키기 위해서 생겨난 가옥이다. 또한 통풍을 좋게 하며 마루 밑을 이용하기 위한 목적 등 여러 가지 이유로 성립했다고 생각되는데, 바닥 높이나 마루 밑의 이용 형태는 지역에 따라서 다양하다.

역사적으로 고상식 주거는 선사시대부터 인도네시아를 포함하는 동남아시아 각지에 존재했고, 또한 일본의 동탁銅鐸, 전(傳) 가가와 출토이나 동경銅鏡에도 고상 건축이 나타나며, 제주도 삼양동 유적의 고상 건축 터, 고구려의 덕흥리 고분의 벽화, 가야의 옥전玉田 유적에서도 고상식 건축 토제품이 출토되고 있다. 이것들은 중국 원

고상 가옥(보로부드르)

난 성 석세산石寨山에서 출토된 저패기貯貝器에 보이는 가옥 모형과도 같은 구조로, 일본과 한국의 고상 가옥 원류를 생각하는 데 있어서 흥미롭다. 또 현존하는 사례로서는 미낭까바우, 사당 또라자, 바딱 토바의 주거와 매우 닮아 있다. 특히 숨바와 쌍간에서 발견된 동손동고에 새겨진 가옥 문양을 보면 예부터 미낭까바우, 바딱 토바, 또라자와 같은 주거가 존재하고 있었던 것은 틀림없다. 보로부드르나 프람바난 등의 중부 자바 유적, 동부 자바 사원Candi의 부조에 새겨진 주거는 모두가 고상 가옥이다. 보로부드르에는 초석을 사용한 2층 고상 가옥 부조로부터 당시의 고도로 발달한 건축기술의 일면을 엿볼 수 있다.

초석을 사용한 2층 고상 가옥(보로부드르)

고상 가옥(사당 또라자)

현재 발리 건축을 특징짓는 것은 발레이와 쌀 창고의 고상 목조건축이다. 특히 벼농사문화의 건축적인 표현이 쌀 창고이다. 인도네시아 각지에는 다양한 형태의 쌀 창고를 볼 수 있고, 그것이 고상 가옥의 원형으로 추정된다. 필자는 동부 자바에서 발리 섬으로 대량 이민이 있었던 16세기까지는 지상식 주거가 일반적이지 않았던 것이 아닐까 추측한다. 고상 주거의 확산은 벼농사 전파와 밀접한 관계가 있고, 그 열쇠가 쌀 창고이며, 이것은 중국 윈난 성으로부터 동남아시아 각지로 전파되었을 가능성이 높다.

곡식창고(사당 또라자)

제4장

발리의
종교와
의례

발리 주민의 종교

발리인에 있어서 종교는 생활에 없어서 안 되는 것이다. 발리의 어원은 산스크리트어로 '바친다Wali'라고 하는 의미에서 유래한다. 발리 주민의 종교는 '아가마 힌두 다르마'라고 불리는 섬 특유의 힌두교를 믿고 있다. 발리의 힌두교는 주민의 모든 일상생활을 지배하고 있는데 인도의 시바파 힌두교에 불교, 애니미즘, 조상숭배가 융합한 것이다.

현재 발리 주민의 종교인 아가마 힌두 다르마는 독립 후 인도네시아 정부의 종교 정책에 의해 새롭게 정비된 것이다. 원래는 신들의 섬이라고 불린 것처럼 무수한 신들이 섬의 도처에 모셔져 있다. 뿌라Pura라는 이름이 붙은 힌두 사원이 발리에 수만 개 이상 존재하고 게다가 발리의 신들은 힌두 사원뿐만 아니라 산, 바위, 수목, 길, 강, 샘 등 도처에 셀 수 없을 만큼 존재하고

성수를 뿌려서 기원하는 승려(브사끼 사원)

있다.

발리 사람들의 집 안에는 상가라고 하는 가족 사원이 있어 사람들은 꽃과 향을 세트로 해서 동이 틈과 동시에 신들에게 짜낭 사리Canang Sari라는 제물을 바친다. 발리 여성들의 일과는 이렇게 시작되고 제물을 바치는 행위가 하루에도 몇 번이고 되풀이된다. 그뿐만 아니라 탄생에서 죽음에 이르는 통과의례는 물론 친족 단위, 마을 단위, 지역 단위, 섬 전체 단위, 기타 여러 가지 이유로 인해서 제례 때마다 화려한 의례가 전개된다. 발리 주민은 자신이 책임져야 할 사원이 적어도 두 개 이상 있고, 그중에는 열 개 이상 제사 지내야 할 사원을 가진 사람도 적지 않다.

1. 발리의 신

발리의 신神들은 일반적으로 힌두교와 관련된 신들을 연상할지도 모르지만 그것은 어디까지나 표면적으로 보이는 것뿐이며, 발리 사회를 깊이 관찰하면 인구에 필적할 만큼의 다양한 신들이 존재한다. 발리의 모든 문화는 이러한 신들과 주민과의 교류 위에 성립해 왔고, 지금도 그것이 주민의 생활 속에 깊숙이 정착해 있다. 지구상에는 3,000개 이상의 민족 또는 민족 집단이 존재하고 있지만, 세계의 여러 민족 중에서 발리 주민처럼 빈번하게 정성들여 의례를 행하고 일상생활에서 신들과 밀착해서 사는 사람들은 없을 것이다.

발리의 신들은 대단히 복잡해서 잡다한 인상을 주지만 크게 두 개로 분류할 수 있다. 하나는 원시 이래의 애니미즘적인 신앙에 유래하는 자연신조상신과 악령도 포함이다. 발리 주민의 기층 문화는 대체로 금속기시대에 성립했다고 추정되고 있다. 적

이른 아침에 차낭 사리를 머리에 얹고 사원에 가는 여성

어도 애니미즘적인 신앙이나 조상숭배는 기원전 3세기경에 형성되었다고 보는 것이 타당하다. 발리 섬의 애니미즘적인 신앙은 후에 인도에서 전파된 외래 종교와 융합하여 거의 본래 모습을 잃고 있지만 그래도 여전히 발리 아가라고 불리는 선주민 마을에서 뿌리 깊게 전통적인 모습을 간직한 채 오늘에 이르고 있다.

또 하나는 인도의 힌두교에 의해 전래된 신들불교신도 포함이다. 발리에 힌두교가 언제 들어왔는지는 학자들의 견해에 따라 다르다. 인도 문화 전래의 가능성만을 생각하면 4~5세기까지 거슬러 올라갈 수 있지만 본격적인 힌두교의 전래는 10~11세기에 동부 자바를 통일한 에를랑가 왕 시대로 여겨지고 있다. 물론 그 이전의

저녁 무렵, 사원에서 기도를 드리는 여성

오달란의 사원 참배 행렬

8세기경에도 시바신의 성력Sakti을 숭배하는 탄트라Tantra교가 존재했다고 하는 지적이 있다. 자바 섬 중부의 디엔Dieng 고원에 본격적인 힌두교 성지가 조영된 8세기 초에 발리에 민간신앙으로 힌두교나 불교가 전해졌을 가능성이 높다. 일본에 불교가 백제에서 전래6세기 중엽되어 그것이 민중 사이에 퍼지는 것8세기 이후은 상당한 시간이 경과한 것과 같이 발리의 힌두교도 일반 민중까지 퍼지는 것은 16세기 이후이다.

　인도의 힌두교라는 개념은 종교라는 말로 이해하는 것보다 인도 문화의 넓은 부분을 감싸고 있어 여러 가지 교의나 관습, 다양한 사고방식을 종합한 문화로서의 의미이다. 힌두교의 기원은 토착 인도 문화와 잇따르는 침입자의 문화를 융합해서 성립된 것이다. 다른 언어나 신앙, 사회조직을 통합하여 힌두교로 융합된 것이다. 인도 힌두교의 기원은 기원전 1000년이라고 하지만 신들에게 귀의하는 새로운 종교로서 힌두교의 시작은 기원전 2~3세기로 추정되고 있다. 힌두교의 특징은 어떤 특정한 신이나 신의 모습을 하는 인격신시바와 비쉬누의 숭배이다. 이러한 신을 예배하는 것은 예배자의 모든 소원을 이루어준다는 믿음이 있다. 이 새로운 종교가 의존하는 신들은 근본적으로는 그 이전 베다의 800만 신들과 여러 토착신앙의 신들과 같은 잡다한 기원을 가지는 혼성적인 산물이었다. 힌두교의 제례는 기원전에 나타나 신들의 예배를 위해서 의례가 급속히 정비되어 기원전 2~3세기에는 성전의 체계가 성립된다.

발리의 종교를 일반적으로 힌두교라고 하지만 인도의 힌두교와는 상당히 다르다. 발리의 신분제도가 인도 카스트 제도와는 다른 요소가 있듯이 발리의 종교는 힌두교 이전의 발리 고유의 요소를 기반으로 하고 있다. 인도에서는 모습이 눈에 보이는 신상이 숭배의 중심인 것에 비해서 발리의 경우는 신이 강림하는 파드마사나Padmasana, 신이 강림해 앉은 의자가 있어 신은 보이지 않는 존재로 여겨지고 있다. 보통 신들은 천상계나 산상에 있고 제삿날에만 사원에 강림한다고 여겨지고 있다. 인도의 사원은 밀폐된 건물에 신들이 항상 모셔져 있는 것에 비해 발리의 사원은 많은 사당으로 둘러싸여 제삿날 이외에는 신들이 존재하지 않는다고 생각한다. 화장火葬도 인도에서 유래했지만 발리에서는 바데Bade, 화장 탑를 운반하는 행사가 극히 중요하다. 인도의 화장이 검소하게 행해지는 것에 비해 발리의 화장은 화려하고 성대하게 행해져 신분과 부를 과시한다. 신과 조상신에게 바쳐지는 호화스러운 제물은 인도에서는 볼 수 없는 것이다. 사람이 죽어 일정한 의례를 행하면 그 자손으로 다시 태어난다는 재생 관념도 인도 힌두교와는 다르다.

이와 같이 발리 주민 스스로 힌두교도라고 하는데도 불구하고 주민의 종교는 인도 힌두교와는 상당히 다르다. 거기에는 발리의 토착 문화를 토대로 인도 문화가 중층적으로 겹치는 소위 발리 고유의 신앙 위에 힌두교와 불교의 요소가 불가분의 형태로 받아들여져서 서로 혼합하여 발리 섬의 독자적인 종교체계가 형성된 것이다. 어떤 의미에서는 한국의 민간신앙과 불교의 융합과 유사한 현상이며 중층重層문화의 전형적인 유형이라고 보아도 좋을 것이다.

특히 주민 사이에 가장 현저히 볼 수 있는 것은 조상숭배와 힌두교 이전의 토착신앙이다. 이른바 조상숭배는 정령숭배와 함께 주민 신앙의 중핵을 이루는 것으로, 이것은 동인도네시아 제도와 매우 유사하다. 주민이 왜 빈번하게 정성들여 의례를 행하는가는 여러 이유가 있지만 대부분의 이유는 선

파드마사나(神座, 자갓나타 사원)

조가 내리는 벌을 두려워하고 있기 때문이다. 현재도 발리에서는 발리안과 두쿤 Dukun이라고 하는 무당이 모든 고민의 상담역으로서 중요한 역할을 하고 있다. 발리의 샤먼은 한국의 무당과 공통되는 점이 많고 주술적인 세계가 아직도 살아 숨쉬고 있다. 병이나 그 밖의 좋지 않은 일, 심지어는 남편의 바람기까지 무당에게 해결책을 구하는데, 그 모든 화나 재앙의 원인은 선조 제사를 잘 지내지 않았기 때문이라고 한다. 이 때문에 발리 사람들은 선조를 정성스럽게 모신다. 이렇게 발리 주민의 조상숭배는 힌두교에 숨겨진 가장 중요한 신앙적인 요소이다.

발리에서는 선조의 영령은 항상 천상계에 머물고 정해진 제삿날만 선조를 모신

가족 사원에 강림해 와서 자손에게 대접을 받고 의례가 끝나면 다시 천상계에 돌아간다고 믿고 있다. 발리어로 조상을 피라타Pirata, 의례를 받은 조상, 카위탄Kawitan, 정화된 천상계의 조상신이라고 한다. 이에 대하여 사후로부터 화장할 때까지의 영령을 피타라Pitara라고 하여 정화된 조상 피라타, 카위탄과는 구별하고 있다. 피타라는 하계에 속하고 사람들에게 화를 초래하는 부정不淨하고 위험한 존재로 여겨지고 있다. 매장 후부터 화장할 때까지의 사령은 묘지 주변을 방황해서 사람들에게 해를 주는 상태로, 이 기간은 아직 부정한 상태이다. 따라서 발리의 조상숭배는 사자의 영혼 자체를 숭배 대상으로 하는 것이 아니다. 죽은 자의 영혼은 부정을 의미하고 그것을 정화하기 위해서 의례가 필요하게 되는데 이것이 발리 조상숭배의 핵심이다. 사후 화장에 의해 처음으로 영혼은 정화되어 재는 바다나 강에 뿌려지고 일련의 깨끗한 정화의례를 통해서 사자의 영혼은 천상계의 신들 카위탄이 된다. 화장식이나 일련의 의례를 행하는 것에 의해 신이 된 조상은 각 부계 출자집단의 가족 사원이나 친족집단의 사원에 특정한 날에 내려와서 성대하게 모셔진다. 이렇게 정화된 조상은 후에 같은 부계 친족집단 내의 자손으로 다시 태어난다고 믿고 있다.

2. 최고신 '상향위디와사'

발리의 문화를 수목에 비유해서 말하면 다음과 같은 모델이 된다.

   뿌리 → 자연신조상과 악령+힌두교불교: 발리에 뿌리 내려 모든 생활의 기저가 되고
      있다.

줄기 → 아닷: 발리 전통관습법의 사고방식

잎 → 스니 부타야Seni Budaya: 예술적 문화표현

> → 칩타Cipta: 창조적 계시적 사고

> → 라사Rasa: 감정 감각

> → 까르사Karsa: 창조에의 요구 의지

현재 발리에서는 상향위디와사라고 하는 최고신이 숭배되어 유일신으로 강조되고 있다. 상향위디와사는 힌두교의 시바신과 동일시되고 있다. 힌두교에서 유래하는 가장 중요한 신은 시바Siwa, 파괴의 신, 비쉬누Wisnu, 창조의 신, 브라마Brahma, 불의 신가 있다. 일반적으로 생각하는 힌두교는 다신교적인 민간신앙과 추상적인 현세 부정 철학이다. 발리에서는 비쉬누와 브라마는 시바의 화신이며 모두 시바에 통합된다고 한다. 그 외에도 여러 신들이 숭배되지만 그것은 모두 상향위디와사라고 하는 최고신 아래에 있는 하위신이라고 여겨지고 있다. 발리어로 신을 나타내는 말은 상향Sanghyang, 버타라Betara, 데와Dewa라고 하는 세 종류가 있다. 발리 힌두교에서는 버타라는 피창조물을 보호하기 위한 상향위디와사가 그 힘을 나타내는 것이며, 데와는 상향위디와사가 성스러운 빛의 화신이라고 설명하고 있다.

그러나 이러한 교의敎義의 역사는 그다지 오래된 것이 아니고 인도네시아 독립 후에 태어난 것이다. 발리를 자주 인도네시아공화국과 관계 없는 섬이라고 생각하는 사람도 있지만 국민의 90% 이상이 이슬람교도인 나라의 32개 주州 가운데 하나의 주이다. 인도네시아공화국 탄생 이후 헌법 전문에 쓰여진 「건국의 철학」 빤짜 실라에 '유일신에의 신앙'이 내걸림으로써 다신교의 섬 발리의 고난이 시작된다. 이슬람교도를 배려하여 정부는 유일신에의 신앙을 나라의 기본방침으로 하지 않을 수 없었다. 원래 다신교인 힌두교도의 발리 주민은 자기들의 종교를 어떻게든 국가로부터 인정받지 않으면 안 되었다.

그래서 승려나 지식인을 중심으로 힌두교성직자회의힌두교평의회의 전신라고 하는 조직을 만들어 교리의 재검토가 논의되었다. 그 결과 발리에서 제사 지내지고 있는 여러 신들 위에 최고신이 창출되어 국가의 종교정책에 따라 교리의 정비가 진행되었다. 현재 공식적인 교리에서는 여러 신들을 통합한 유일신인 상향위디와사가 궁극적인 신앙의 대상이며 신앙의 중심이 되고 있다. 그러나 사람들의 의례행위를 보면 상향위디와사보다도 힌두교의 여러 신들 그리고 그 이상으로 조상숭배와 주술신앙이 현저하다.

현재의 교리에서 시바신, 비쉬누신, 브라마신이라고 하는 3대 신은 상향위디와사의 하위신으로 위치가 부여되어 있다. 이 3대 신은 각각 바람의 신Siwa, 물의 신Wisnu, 불의 신Brahma으로서 흰색, 흑색, 빨강색이 각 신의 상징으로 여겨지고 있다. 발리의 뿌라 달엄, 뿌라 데사, 뿌라 뿌세는 각각 힌두교 3대 신의 상징으로 여겨지고 있다. 그 외에 힌두교 신으로서 태양신 수리야Dewa Surya, 싸움의 신 인드라Dewa Indra, 대지의 여신 우마Uma, 시바신의 부인, 농경의 여신 쓰리Sri, 비쉬누의 부인, 지식의 여신 사라스와티Sarasuwati, 브라마신의 부인 등이 있다.

3. 토착신앙

발리 각지에는 많은 토착 신들이 있다. 특히 산신은 그 대표적인 것이다. 최고봉 아궁 산은 전 주민으로부터 성스러운 산으로서 숭배되고, 두 번째로 높은 바뚜르 산은 발리 동부에 사는 사람들에게, 세 번째로 높은 바뚜카우 산은 서부 사람들에게 숭배되고 있다. 또한 발리 섬 고지의 여기저기에 있는 호수의 신Ulung Danu은 수리조합 사원을 소유하고 기우의 대상이 된다. 그리고 마을 사원에서 제사 지내는 주신主神은 토지신과 같은 성격이 강하고, 마을 사원제는 이러한 주신을 맞이해서 거행된다. 그에 비해서 산신이나 호수의 여신은 이러한 사원제에 빈객으로서 초대되는 존재이다.

그 밖에 발리 섬에는 큰 나무, 바위, 길가, 강 등 도처에 손꼽을 수 없을 만큼 많은 신들이 존재하고 있다. 사람은 사후에 죽음의 부정을 정화하는 의례를 받고 신성한 조상이 되어 천상계로 갈 수 있다고 믿고 있다. 그러한 선조의 영령은 갈룽안 제 날에 가족을 방문하여 가족 사원에서 융숭한 대접을 받는다. 왕가나 유력한 귀족이 되면 가족 사원은 보다 대규모 사원으로 확대하거나 발리 힌두교 총본산인 브사끼 사원에 일족의 특별한 사당을 가지고 있다.

발리에는 여러 가지 악령의 신들이 있다. 악령들은 묘지나 숲을 방황하며 사람들을 괴롭히려고 노리고 있는 존재들이다. 이러한 악령에 대하여 제사나 의례를 시작하기 전에 반드시 임시 제단을 마련해 제물을 바쳐서 방해를 하지 않도록 기원한다. 지하의 악령 부따 카라Bhuta Kala를 달래기 위한 여러 의례가 행해진다. 선조 제사의 마지막에 많은 제물을 봉안하고 병아리 목을 잘라서 그 피를 바치고 있다. 살아 있는 닭의 희생은 힌두교적인 요소가 아니고 토착 원시종교에서 유래하는 것이다. 닭, 돼지, 물소 등 살아 있는 가축을 제물로 바치는 의례는 현재도 동인도네시아 제도의 각지에서 볼 수 있다.

여러 의례의 큰 흐름은 우선 사제인 뻐단다혹은 뻐망꾸에 의해 의례 장소와 제기가 청정하게 정화된다. 그리고 제단은 여러 가지 제물에 의해 메워진다. 의례에 참석하는 예배자에게는 사제들에 의해 성수가 뿌려진다. 이 성수야말로 사람들이 신들에게 바친 제물이나 의례에 대한 신들의 보답이다. 사제에게 성수를 받는 것으로 안녕과 행복이 보증되는 셈이다.

발리 섬의 신들에게 바치는 제물은 두 종류가 있다. 천상계 신들인 데와Dewa에

브사끼 사원의 100년제인 '11방향축제' (1979)

바치는 제물을 차낭Canag이라 하고, 하계의 악령 부따 카라에 바치는 제물은 차루Caru라고 한다. 차낭은 반드시 제단 위에 놓이고 차루는 반드시 지면 위에 놓인다. 제물의 내용도 다른데 천상계의 신들에게 바치는 차낭은 꽃, 과일, 조리된 닭이나 오리 등이 포함되고 차루에는 물소 머리가 포함되어 있다. 물소 머리를 바치는 것은 힌두교적인 요소가 아니다. 예를 들면 지금도 술라웨시의 또라자족, 플로레스 산지민이나 숨바족은 장례식 때 반드시 물소 희생이 행하여지고 있는 것과 관련된 것

차낭 사리(제물)

으로 추정된다. 매일 각 집에서 차낭과 차루를 바치는 일은 대개 미혼의 딸이 행하고 차낭은 해뜰 무렵, 차루는 해질 무렵에 올려진다. 차루의 최대 제례는 에카다사 루드라Ekadasa Ludra라고 하여 100년에 한 번 행해진다. 발리에서 가장 신성시 되고 있는 아궁 산 기슭의 브사끼 사원에서 100년제1979년가 장대하게 행해졌다. 이 악령을 쫓는 의식의 목적은 악신 루드라에도 많은 제물을 바쳐서 루드라를 시바 신으로 전환시켜 행복을 얻고자 한다. 한편, 악령은 아니지만 정화의례가 끝나지 않고 있는 조상이나 뜻하지 않는 사고로 죽은 자의 영령도 위험한 존재로서 여겨져 제물이 바쳐진다.

또 발리에는 여러 가지 요괴가 존재하는데 그 대표적인 것이 레약Reyak이다. 레약은 흑주술黑呪術을 사용하고 동물이나 도깨비로 변신한다. 하늘을 날아서 여기저기 뛰어 돌아다니기도 하고, 남에게 못된 짓을 하거나 화를 일으키는 것으로 믿고

있다. 챠롱나랑극에 등장하는 챠롱나랑도 레약의 하나이다.

발리 주민의 종교는 표면상으로 힌두교로 포장되어 있지만 그 심층에는 샤머니즘과 주술신앙이 현저하다. 주술은 초자연적인 존재에 대해서 여러 수단을 사용해서 그것을 움직이고자 하는 것인데 이것이 실패해서 효과가 보이지 않을 때 처음으로 신이 존재하고 있음을 알게 되어서 종교가 탄생했다고 하는 것이 영국의 인류학자 프레자의 종교 기원론이다. 유럽에서는 기독교 때문에 주술을 지극히 사악한 것으로 배격하였다. 그러나 발리에서의 주술은 힌두교와 불교가 서로 융합하여 애니미즘이나 샤머니즘과도 병존한다.

원래 종교는 초자연적인 존재에 대해 기도나 그 밖의 수단을 통해서 인간의 기원을 전하여 인간의 기대하는 결과를 초자연적인 힘에 의해 이루어지도록 구하는 것이다. 따라서 거기에는 초자연적인 힘에 대한 외경과 의존의 마음 그리고 간절히 원하는 감정이 있다. 주술은 관습에 의해 정해져 있는 여러 방법이나 주문을 통해서 초자연적인 힘을 지배하여 그것을 통해서 기대하는 결과를 얻고자 하는 것이다. 따라서 주술에는 초자연적인 힘을 제어하려고 하는 의도밖에 존재하지 않는다. 이렇게 종교와 주술 사이는 그 심리적 태도에 있어서 큰 차이가 있다.

프레자는 주술의 기능을 모방주술과 감염주술, 목적에 의해 백주술白呪術과 흑주술로 분류하고 있다. 모방주술은 진짜로 기대하는 사항을 흉내 내서 비슷한 행위를 하면 효과를 얻을 수 있다는 믿음이다. 누군가를 죽이고 싶을 경우에 작은 인형을 만들어서 그 심장에 못을 박으면 상대가 죽는다고 믿는 것이다. 감염주술은 상대와 접촉한 적이 있는 사물에 무엇인가 장치함으로써 같은 효과가 상대에게도 미친다고 믿는 것이다. 죽이고 싶은 상대의 머리카락, 손톱, 의복을 입수해서 불에 태우는 방법이 대표적인 사례이다. 백주술은 본인이나 다른 사람에게도 좋은 결과를 초래하는 행위이며, 흑주술은 남에게 나쁜 결과를 초래하여 반사회적인 성격을 가진다. 저주의 짚 인형을 비롯해서 남을 해하고자 하는 행위는 모두 흑주술에 속

브라마나층 출신의 사제 뻬단다

하고, 비를 내리게 하는 기우제 등은 백주술에 포함된다.

발리에서는 이러한 모든 주술이 지금도 살아 있다. 현재 발리 주민의 대부분은 흑주술을 가장 두려워하고 있다. 이렇듯 주술은 관념적인 것이 아니고 현재에도 발리 주민의 모든 일상생활을 지배한다.

발리의 종교적인 직무자를 크게 둘로 나누면 힌두교 관련의 사제자인 뻬단다와 뻬망꾸, 민간신앙과 관련되는 샤만 발리안 싹티Balian Sakti와 발리안 사덕Balian Sadeg 이 있다.

뻬단다는 발리 섬의 카스트제도에서 최고위인 브라마나층 출신 사제로, 각종 제례에서 정화의례를 행한다. 뻬망꾸는 평민 출신 사제로 사원의 유지, 관리, 제례 를 행하는 사제로서 뻬단다와는 다르며 기본적으로 세습제가 아니다. 뻬망꾸는 제 례 때 커라우한Kerauhan이라고 하는 최면 상태로 신들림을 겪는데, 일반적으로 최

뻐망꾸

면 상태의 신들림 체험이 뻐망꾸가 되는 조건의 하나로 여겨진다. 따라서 뻐망꾸
는 순수한 힌두교 승려가 아니고 사원 관리자 역할과 함께 무당 역할을 겸하고 있
다. 종교적인 사제는 원래 남성이지만, 뻐단다의 경우 남편이 죽으면 그 아내가 뒤
를 이어받는다.

샤머니즘은 최면 상태와 같은 심리 상태에서 초자연적인 존재와 직접 접촉이나 교섭을 통하여 이 과정에서 점, 예언, 병 치료, 제례를 행하는 주술적 성격의 종교적 직무 능력자를 중심으로 하는 종교 형태이다. 샤먼이 초자연적인 존재와 접촉할 때에는 최면 상태에 빠지는 것이 특색으로 이를 위해서 종이나 북을 울려 주문을 외면서 춤을 춘다. 최면 상태에 들어가면 샤먼의 혼이 그 신체를 벗어나 천상, 지상, 지하의 3계를 날아다니는 탈혼형脫魂型과 신령, 성령이 샤먼에게 내리는 빙의憑依라고 하는 우령형愚靈型이 있다. 전자의 예는 에스키모이며 후자의 예는 북아시아, 중앙아시아, 한국, 일본, 북미 인디언이다. 발리 섬의 발리안과 사덕은 우령형 샤먼에 속한다.

발리안은 신 내림에 의하지 않고 점을 치며 주술이나 병 치료를 하는 주술사를 가리킨다. 발리안은 병 치료를 할 뿐만 아니라 반대로 사람을 병에 빠뜨리기도 하는 사술邪術도 할 수 있다고 믿는다. 발리의 주술은 백주술과 흑주술로 나눠진다. 백주술은 사람의 병을 치료하기 위한 주술인 데 비하여 흑주술은 남을 해치기 위한 주술이다. 보통 주술사인 발리안은 론따르에 쓰인 문서나 민간 의술의 지식을 배운다. 그 때문에 발리안은 주술의呪術醫로 번역되기도 한다.

일반적으로 알려져 있는 흑주술로는 브바이Bebai가 있다. 브바이는 공기와 같이 사람의

신들려 춤을 추는 무당

코, 입, 귀를 통해서 몸 안에 들어가 사람을 미치게 만든다. 예를 들면 야자 잎에 저주하는 사람의 이름을 써서 이것을 불에 태워 재를 그 사람이 지나다니는 곳에 뿌려놓는다. 저주하는 사람이 이곳을 지났을 때 뿌려진 재가 그 사람의 몸 안으로 들어가 미치게 하는 일종의 감염주술이다. 그 외에도 금, 은, 구리를 갈아서 이것을 저주하는 상대가 걷는 길에 묻어두면 저주하는 상대가 밟아서 병이 난다고 한다. 이것은 발리안이나 주술적인 힘을 가진 사람이 하지 않으면 효과가 없다. 브바이의 병상으로서는 미치거나 자살하고 싶은 충동에 사로잡힌다.

이러한 흑주술을 행할 때에는 반드시 발리안 혹은 사덕이 뿌라 달엄에서 지옥의 여신 둘가Dewi Durga에게 저주하는 상대의 영혼을 불러 제물을 바치면서 기원한다. 따라서 뻐빠상안Pepasangan, 사술邪術의 치료는 우선 병든 사람의 가족이 선조에게 제물을 바치고, 그런 다음 뿌라 달엄에 가서 병자의 영혼을 본인에게 돌려주기를 기원한다. 이것을 행하지 않으면 어떤 발리안이 치료해도 병상이 낫지 않는다고 여겨지고 있다. 흑주술에 걸린 사람은 부정해진 상태에 있어 이를 치료하는 발리안이나 사덕은 우선 성수로 정화해야 하다. 흑주술은 원한을 가진 사람들에 의해서 걸리는데 같은 부지에 사는 사람들로부터 잘 걸린다고 한다. 발리의 가족, 친족은 일견 원만한 인간관계를 유지하고 있는 것처럼 보이지만 서로 사술에 걸리지 않도록 주의하면서 생활하고 있다. 여유를 가진 자가 여유 없는 사람들에게 은혜를 베푼다고 하는 상호부조의 정신도 흑주술과 깊은 관계가 있다.

발리안이라고 하는 주술사와 함께 사덕이라고 하는 샤먼이 존재한다. 사덕은 평민 출신의 여성으로, 신과의 교신을 행하고 최면 상태에 신이 내려 샤먼이 된다. 사덕은 신의 의사를 물어 점을 치고 치료 방법을 알려주며 선조의 뜻을 가족이나 자손에게 전해준다. 사덕은 뻐망꾸가 겸하는 경우가 많다. 사덕이라고 하는 샤먼은 발리 아가의 뜻아난 마을에도 있어 전前 힌두 시대부터 존재하고 있었을 가능성이 높다.

사덕이 신들과 교신해서 전하는 내용은 조상을 화나게 하면 탈나기 쉽고 남의 시샘이나 원한을 사지 말라는 것이다. 또한 죽은 사람을 언제까지 그리워하면 영혼이 천상계에 갈 수 없고 지하의 악령들에게도 제물을 게을리하면 재앙이 일어난다고 한다. 사덕이 비는 방향은 산 쪽 혹은 동쪽으로 앉고, 환자는 그 반대쪽에 앉는데, 이는 발리의 우주관과 방향관에 근거해서 의례가 행하여진다. 산 방향은 상좌연장자, 바다 방향은 하좌연소자를 의미한다. 이와 함께 동서의 구분도 현저하여 해가 떠오르는 동쪽, 해가 지는 서쪽, 오른쪽과 왼쪽, 선과 악, 신과 악령, 해와 달, 백과 흑이라고 하는 대립 개념이 있다. 이 상징적 이원론은 양자의 대립이 절대적인 것이 아니라 상대적이다. 예를 들면 바다는 산 방향과 대비되면 더럽혀진 부정한 곳이지만 제례에 있어서의 바다는 절대적으로 대립하는 부정한 개념이 아니고 발리 주민은 이들의 조화를 추구하는 경향이 강하다.

발리의 의례

　"인생 의례에 보이는 영혼을 포함한 신들과 악령의 섬 발리는 왕과 군주가 흥행주, 승려가 감독, 농민이 조역·무대 장치역·관객인 극장국가였다. 몇백, 몇천의 사람들이 많은 부를 동원해서 행하는 화려한 화장火葬의례, 성인식, 사원 봉헌식, 사원 참배 행렬, 피의 희생犧生은 정치적인 목적을 위한 수단이 아니었다. 이들 의례는 그 자체가 목적이며 그 때문에 국가가 존재했다."클리퍼드 기아츠 기아츠는 19세기에 발리 섬의 의례가 바로 국가의 목적이라고 하여 발리 사회를 극장국가라고 명명하고 있다.

　발리의 의례에 대해서는 지금까지 많은 연구자에 의해서 연구 분석되어 왔다. 의례는 특정한 기회에 반복되는 상황의 어떠한 변화를 목적으로 하는 행위로, 그 상황의 변화라고 하는 이행을 비일상적인 공간에 있어서 상징적으로 표현하는 행위이다. 원래 의례는 주술이나 종교적인 의미를 포함하는 상징적인 행위를 가리키고 이에 포함되지 않는 것을 의식이라고 한다. 예의禮儀나 작법作法은 개인적·일상적인 관습이기 때문에 집단적인 행위인 의례와 의식은 구별하는 것이 일반적이다. 발리의 의례는 주술이나 종교적인 의미를 포함하는 상징적인 행위와 함께 의례 자체가 관광의 가장 중요한 상품이다. 많은 사원과 그에 따른 의례, 사원에 제물을 이고 가는 여자들의 긴 행렬, 의례에 수반하는 전통예능, 수백 명이 꽃가마를 메고

가는 것 같은 화려한 화장 행렬이야말로 발리가 외국인 관광객에게 제공하는 가장 중요한 풍경이다.

1. 발리의 달력

발리의 의례나 제례는 전통적인 두 종류의 달력에 의거해서 행해지고 있다. 사카력Saka, 힌두 자바=태음력과 우쿠력Uku, 고유 발리력이 그것이다. 발리 달력은 1950년에 고안된 한 장의 달력 안에 서력과 함께 사카력과 우쿠력에 근거하여 대단히 복잡한 연중 행사가 씌어져 있다.

자바에는 예부터 '사카 기원紀元'이라고 하는 특수한 연대가 사용되었고 이러한 연대는 비문에도 씌어 있다. 서기보다 78년이 늦은 해를 원년으로 하고 일반적으로는 '자바 기원'이라고도 말하고 있다. 서기 1세기에 아지 사카초대 사카 왕라고 하는 인도인이 자바 섬에 처음으로 나라를 건국하고 이 기원을 창시했다는 전설에서 유래한다.

사카력은 달의 차고 지는 것에 의해 29일 혹은 30일을 1개월로 해서 354일, 355일, 356일이 1년이 된다. 태양력과는 9일 또는 11일 정도 차이가 난다. 달이 가득 차는 기간을 땅갈Tanggal, 작아지는 기간을 퍼롱Pelong이라고 부르며, 보름달을 뿌르나마Purnama, 초승달을 띨름Tilem라고 부르고 여러 가지 의례가 행하여진다. 사람들은 운세를 점쳐서 모내기를 하는 날과 수확하는 날도 운수 좋은 날에 시작한다.

사카력의 10월 1일이 발리 섬의 신년 뉴삐Nyepi가 된다. 뉴삐는 사카력의 신년

발리 달력(우쿠력)

으로, 매년 우기가 끝나는 3~4월의 초하룻날 다음날이 사카력의 신년이다. 발리 주민은 우기인 11월부터 이듬해 3월까지가 악령이 활동하는 시기라고 생각하고 있다. 이 악령에 대하여 제물을 바치고 퇴치하고자 하는 것이 뉴삐이다. 그 전날 에는 마을 사람들이 총출동하여 해안에 가서 신들과 제기를 정화하는 메라스티

Melasti라는 의례가 행해진다. 계속되는 뉴삐 전야 의례로는 오고오고Ogoogo가 있다.

오고오고는 거대한 인형악령을 짊어지고 징을 치면서 마을을 줄지어 행진한다. 거대한 악령 인형은 각 마을마다 만들어져 행해진다. 각 가정에는 오고오고의 행렬에 앞서 악령을 내쫓는 의식이 있다. 생 대나무를 태우거나 불을 붙인 나무를 가지고 집 안을 돌며 연기를 뿌린다. 그런 다음 냄비나 냄비 뚜껑을 치는 등 큰 소리를 내면서 집안을 돈다. 연기를 피우고 큰 소리를 내는 것은 모두 악령을 내쫓기 위해서 행해지는 의례이다. 해가 지면 발리 방방곡

오고오고

곡에서 오고오고의 행렬이 시작된다. 도로는 구경꾼으로 가득해지고 보행자 천국이 된다. 마을 청년들이 종이나 스티로폼으로 만든 거대한 인형을 짊어지고 가믈란 악단의 음악에 맞추어 마을 안을 행진한다. 여기저기서 폭죽이 작렬하고 환성이 쏟아진다. 그날 밤 0시부터 신년 뉴삐가 시작된다.

뉴삐 당일은 악령이 지나가는 것을 기다리는 침묵의 날이다. 전날의 소란함이 거짓말처럼 섬 전체가 완전히 조용한 상태에 빠진다. 일 때문에 외출하는 것도, 요리와 불을 켜는 것도 금지되어 24시간 동안 먹지도 않고 물도 마시지 않는다. 이 엄격한 계율은 지금도 지켜져 뉴삐 날은 오로지 조용히 명상을 하면서 보낸다. 뉴삐는 사카력의 최대 축제로, 인도네시아의 국경일로 정해져 있다.

메라스티

　발리 고유의 우쿠력은 제례 기일을 정하기 위해서 사용된다. 이 달력은 각기 다른 10종류의 주週를 사용하고 1주는 1일부터 10일까지 있어 모두 병행되면서 나아간다. 각양각색인 주의 교차가 길일을 정하고 1주일이 7일인 주와 5일인 주가 중요해서 30의 우쿠uku와의 조합에 의해 1년은 210일로 이루어진다. 특히 3일, 5일, 7일의 주가 중요히 여겨지고 이 교차 방법에 의해 제례가 행해진다.

　예를 들면 우쿠력의 큰 제례 중 하나가 갈룽안Galungan제인데 우리나라의 추석과 같이 선조의 영령이 이 세상에 되돌아오는 기간으로 10일간 계속된다. 축제 기간 동안 펜졸Penjol이라고 하는 대나무 장식이 각 집의 문 오른쪽에 세워진다. 펜졸

갈룽안 축제(Desa Penglipuran)

은 발리 힌두교의 행복과 풍요의 상징이다. 이것은 조상신을 인도하기 위한 대나무 장식으로, 사원 문앞에 2개가 세워진다. 대나무 맨 위에는 벼 이삭, 야자열매, 과일 등 대지의 풍요를 나타내는 것을 장식하여 아래로 축 처지게 만든다. 벼의 무게로 아래로 축 처지게 하는 것은 벼 이삭을 상징하는 것으로 고대의 수확제에서 유래한다. 펜졸은 갈룽안의 전야에 세워지고 천상계에 바치는 데와 야도냐 Dewa Yaduya, 신들의 의례가 중심이 되는 큰 규모의 종교 의례에서만 사용할 수 있다. 펜졸은 사원 창립 기념제인 오달란의 기간에도 세워지고 있다.

갈룽안제의 10일 후에 꾸닝안Kuningan이 오는데 이것은 선조의 영령을 천상계에 보내는 날이다. 이날은 노란색으로 물들인 밥이 바쳐진다. 발리의 어느 마을에서도 갈룽안과 꾸닝안은 성대하게 행하여진다. 특히 화려한 제례는 사누르 부근에 있는 써랑안Serangan 섬 사원과 우붓 일대에서 행해진다.

또, 3주째의 마지막 날 카정Kajeng과 5주째 판챠라 와라Panca Wara의 마지막 날 쿠리온Klion이 겹치는 날인 카정쿠리온은 15일에 한 번 돌아온다. 이날은 악령이 헤매고 다니므로 가능한 외출은 삼가고 악령에게 제물을 바친다. 또한 흑주술을 거는 데 좋은 날이라고 한다. 이렇게 정월 뉴삐를 제외하고 발리의 대부분의 의례는 우쿠력에 따라서 행해지고 있다. 통과의례로서 갓난아기의 생후 첫돌, 3개월째의 초혼식은 우쿠력에 의해서 의례가 행해진다.

달력에는 여러 법칙이 있으나 실제로 발리 사람들도 잘 모른다. 종려나무 잎에 그려진 고문서 론따르를 배운 승려나 주술사만이 달력을 볼 수 있다. 현재도 이 달력은 전문적인 지식을 가진 사람이 아니면 모른다. 혼례식, 장례식 등 의례에 앞서서 달력에 통달한 사제를 찾아가 좋은 날을 점지해줄 것을 청한다.

2. 발리의 의례

발리의 의례 구조는 우선 의례가 행해지는 장소나 의례에 사용되는 제기의 정화에서 시작된다. 그런 다음에야 의례가 행해지고 신들에게 제물이 바쳐진다. 이 단계에서 사제의 긴 독경이 시작되고 제물이 바쳐진다. 제물을 바치고 나면 사제들에 의해 띨타 뼁어루카탄Tirta Pengelukatan이라고 하는 성수가 뿌려져 기도를 드리는 사람들이 정화된다. 정화된 사람들은 숭배의 대상인 신에게 기도를 올린다. 그 후 기도를 올린 사람들에게 신으로부터 되돌려지는 답례로 성수가 뿌려진다. 이 성수야말로 사람들이 신에게 가장 절실하게 추구하는 것이다. 발리의 힌두교를 아가마

띨타Agama Tirta, 성수신앙라고 하여 성수는 의례에 없어서는 안 되는 것으로 모든 의례에 사용되고 있다.

발리의 힌두교에서 행해지는 의례를 우파차라Upacara라고 한다. 우파차라는 야도냐공희나 규범와 우파카라제물로 구성되어, 그 어느 쪽이 결여되어도 의례는 성립되지 않는다. 보통 의례는 인생 의례, 연중 의례, 위기 의례로 분류되고 있다. 발리에서 보이는 의례는 다섯 개의 카테고리로 분류할 수 있고, 이것을 빤짜 야도냐Pan Yadnya라고 한다. 빤짜는 5, 야도냐는 공희供儀를 의미하는 산스크리트어에서 유래하였다.

첫째, 신들의 의례Dewa Yadnya로 각 가족의 조상을 모시는 제사도 포함된다. 우쿠력 1년 혹은 사카력으로 1년에 한 번 정해진 날에 행하는 사원 제례 때 사원이나 사당에 강림하는 신들과 조상신에게 공희供儀를 봉납한다. 사원 제례 이외에 조상이나 신들을 맞이하고 보내는 갈룽안과 꾸닝안 의례도 우쿠력의 1년에 한 번씩 행해진다. 이것은 최고신 상향위디와사를 비롯한 신을 모시는 의례이며, 관습 마을의 3개 사원의 의례도 이 안에 포함된다.

둘째, 조상 의례Pitra Yadnya로 매장식, 화장, 조상의 정화의례 등이 있다. 이렇게 정화된 조상은 친족에 의해 특정한 날에 맞이하여 제물과 춤 등의 접대를 받는다.

셋째, 인간 의례Manusa Yadnya로, 일반적으로 말하는 통과의례이다. 일반적으로 장례식은 통과의례 안에 포함되지만, 발리에서는 조상 의례 안에 포함된다. 인간 의례에는 생후 42일째의 갓난아기를 정화하는 의식, 생후 3개월째의 초혼식, 6개월째의 탄생식, 첫 월경 의례, 성인식 의례, 혼례식 등이 포함된다.

넷째, 뻬단다의 취임 의례Resi Yadnya가 있다. 브라마나층의 승려 뻬단다가 되는 의례를 머딕사Mediksa, 뻬망꾸가 되는 의례나 그 밖의 가입 의례를 머윈턴Mewinten이라고 한다. 뻬단다의 취임 의례, 즉 의례를 받아서 뻬단다가 되는 것은 한 번은 상징적으로 죽고 뻬단다로 다시 태어난다고 하는 죽음과 재생의 의례이다.

다섯째, 악령 의례Buta Yadnya가 있다. 부따 카라라고 불리는 지하계의 악령을 달래고 재액을 방지하고 정화하기 위한 의례이다. 특별히 차루라고 하는 제물이 바쳐진다.

위의 모든 의례는 제물을 바치는 것, 성수나 불이나 꽃으로 정화하는 것, 종교적인 사제에 의한 기도를 수반한다는 공통점이 있다.

이상과 같이 발리 의례의 분류는 그다지 명확한 것은 아니다. 어느 의례도 단독으로 행하여지는 것이 아니고 다른 범주의 요소가 반드시 포함되어 있다. 모든 의례는 천상계의 신들이나 지하계의 악령에 대한 공희가 반드시 포함되고 정반대인 요소가 동시에 존재하고 있다. 발리 의례의 다섯 가지 분류방법은 발리의 힌두교 의례 모두를 분류할 수 있는 것이 아니라 단지 각 의례가 무엇을 주된 의례 대상으로 하는지를 소개한 것에 지나지 않는다.

3. 통과의례

발리 사람들에게는 성장의 절기 때마다 그것을 극복하는 데 필요한 영적 힘을 확보하고 위험으로부터 몸을 지키기 위한 많은 마사누 야도냐통과의례가 있다. 발리 사람들에게 있어서 인간이라는 존재는 생명의 사이클, 즉 윤회 전생이며 모쿠사Mokusa, 해탈의 상태에 달해서 신체가 대우주의 일부가 될 때까지 몇 번이고 되풀이된다고 한다. 일상생활의 장면마다 거행되는 통과의례는 욕망이 넘치는 현세의 눈으로 보이지 않지만 한 걸음씩 인생의 국면을 통과하고 있는 것을 나타내고 있다.

인생의 첫 의례는 태어나기 전부터 이미 시작된다. 여성은 임신 3개월이 되면 자택 그리고 마을의 강이나 샘에서 갓난아기의 무사한 탄생을 바라며 제물을 바친다. 임신 6개월째가 되면 가족 사원에서 건강한 아이의 탄생을 기원한다. 아이가 태어나면 주술사가 태반을 씻고 적절한 제물과 함께 땅에 묻는다. 갓난아기가 태어나면 동시에 눈에 보이지 않는 깐다 움빳Kanda Umpat이라고 하는 보호신이 같이 태어난다고 믿고 있다. 사내아이라면 네 명의 형제, 여자아이라면 네 명의 자매가 반드시 태어난 아이의 곁에 머물며 어느 때든 도와준다고 한다.

산후의 여성은 스벌Sebel, 개인적인 부정이라고 간주되어 출산으로부터 12일 후에 의례Kepus Aon를 통하여 정화된다. 이날은 어린이를 신들에게 소개하기 위해서 부엌브라마의 자리, 우물비쉬누의 자리, 가족 사원에 제물을 바친다.

탯줄이 떨어졌을 때도 의례Kepus Pungsed가 행해진다. 탯줄을 백포로 싸 작은 용기에 넣어 유아의 목에 걸고 작은 제단 위에 아이를 재운다. 42일 후에 갓난아기의 장래를 기원하여 의례가 행해지고 제물이 바쳐진다. 깐다 움빳으로부터 생긴 108의 바잔Bajan, 악을 대신해서 아이를 보호하는 병아리를 선택한다.

생후 3개월째에 발리안 혹은 뻐망꾸에 의해 초혼식 의례Nyambutan를 행한다. 이것은 선조의 영령을 불러 갓난아기의 체내에 재생시키기 위한 의례이다. 3개월이라고 해도 서기가 아니라 우쿠력에 근거하므로 정확하게는 105일째이다. 이 의례에 의해 조상이 갓난아기의 육체에 되살아난다고 믿는다. 그 전까지 갓난아기는 단순한 육체로서 완전한 인간이 아니라고 간주된다. 이 혼을 부르는 의례에 의해 처음으로 완전한 인간으로 탄생한다고 여겨진다. 선조의 영령이 누구에게 들어올지는 미리 무당에게 묻는다. 발리안은 최면 상태에 들어가 그 아이가 몇 대째 선조인 누가 환생한 것인지를 확인하여 그 선조의 이름을 알려준다. 보통 3대 전의 부계 친족 선조의 이름이 고해진다.

초혼식 의례는 귀족계층은 브라마 출신의 사제 뻐단다가, 평민은 평민 출신의 사제 뻐망꾸에 의해 거행된다. 초혼식은 가족 사원 안에서 행하여지고 태양신을 제사 지내기 위한 임시 제단이 만들어진다. 그 서쪽 끝에 사제가 앉고 동쪽을 향해서 방울을 흔들면서 기원한다. 이것은 갓난아기에게 조상을 맞이하게 하기 위해서이다. 제단 가까운 곳에 대나무를 두고 불을 붙이면 잠시 후 대나무가 불에 터지는 소리가 나면서 의례Penimpug가 시작되는데, 대나무가 터지는 큰소리로 지하의 악령 부따 카라를 쫓아버리는 목적이 있다. 기도가 끝나면 사제는 부부와 갓난아기에게 성수를 뿌린다. 발리 의례는 반드시 사제가 성수를 뿌려서 정화하지 않으면 안 된다.

선조를 모시는 사당 앞에서 어머니가 갓난아기를 안고 세 명의 청년이 각각 막대와 돌과 귤을 가지고 왼쪽으로 3회 돈다. 한 명의 여성이 날계란을 귤에 가볍게 비빈다. 이것은 귤 안에 머무는 조상이 알이 부화하는 것처럼 어린이의 체내에 들어가도록 하기 위해서이다. 이 의례에 사용되는 날계란은 동남아시아에 널리 분포하는 난생 신화와 관련성이 주목된다. 돌은 어린이가 돌과 같이 튼튼하게 장수하라는 것을 기원하는 행위로, 돌에 혼이 머문다고 하는 선사시대의 거석 신앙에서 유래한다.

다음으로 중요한 행사는 발리력의 첫돌 의례 오톤안Otonan이다. 우쿠력에서는 6개월을 1년으로 한다. 1개월은 35일이므로 생후 210일째의 행사이다. 보통 오톤안은 뻬단다의 집에서 행해진다. 뻬단다는 선조를 모시는 사당 앞에서 방울을 흔들며 기도한다. 뻬단다 뒤에 양친과 아기가 성스러운 방위인 동쪽을 향해서 앉고, 아기는 어머니가 안고 뻬단다에 의해 성수가 뿌려져서 정화된다. 그런 다음 뻬단다는 갓난아기 머리카락의 일부를 가위로 자른다. 일련의 기도가 끝나면 어머니가 아기를 뒤에서 떠받치고 맨발을 땅에 대게 한다. 갓난아기의 발을 땅에 대는 것도, 머리카락을 자르는 것도 이때가 생후 처음이다. 오톤안의 의식 뒤에 갓난아기가 한 살이 된 것을 선조에게 보고한다. 그 후 세 번째 오톤안 때발리력에서 18개월째 양친은 아기를 마을의 사원 뿌라 데사에 데리고 가서 아이의 건강을 기원하고 신의 가호를 구한다.

그 후 젖니가 빠진 뒤 신들에게 제물을 바치고 영구치가 튼튼하도록 기원하는 의례Meketus, 마을 사원에 성원이 된 것을 보고하는 의례Pawintonan가 행해진다. 여자아이의 경우, 첫 월경 때에는 길일을 선택해서 뭉가 다하Munggah Daha 의례를 올린다. 예쁘게 차려입고 뻐단다에 의해 성수로 정화하여 선조에게 보고한다. 아름다움과 건강, 제액을 기원하고, 여자아이의 가사 기술 숙달과 정숙함을 기원하고, 가족 사원, 부엌, 침실 순으로 제물을 바친다. 남자아이의 경우는 변성기에 뭉가 두루나Munggah Durna 의례가 행하여진다.

성인식은 사회의 정식 구성원으로서 인정받기 위한 의례이다. 필자가 목격한 인도네시아 제도의 성인식은 대개 여자는 화려하고 남자는 엄격한 것이 일반적으로, 성대한 의례가 행해진다. 발리 성인식은 머상기Mesangih 혹은 머판다스Mepandes 라고 한다. 발리어로 머상기라고 하는 것은 송곳니를 줄로 갈아서 평평하게 하는 의례이다. 머상기는 평민계급, 머판다스는 승려계급에 사용되는 말이다. 남녀가 함께 행해지고 특히 여자아이의 경우는 결혼 전에 이를 갈아주는 것이 부모의 의무이다. 만약 정치이 갈기 의례를 받지 않고 죽으면 그 영혼이 천상계에 되돌아갈 수 없다고 여겨지고 있다. 이를 가는 사람인 쌍깅Sangging은 브라마나계급의 뻐단다가 아니면 안 된다. 의례를 받는 남녀는 전통의상으로 치장을 한다. 의례에 참석하는 남녀

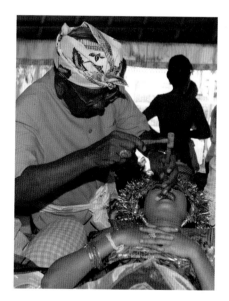

성인식의 정치 의례

카람바(중부 술라웨시 브소아 분지)

는 우선 뼈단다에 의해 성수로 정화되고 부지 내의 안뜰에 발레이 거데라고 하는 고상 가옥의례용 가옥 안에서 머리는 산 쪽, 발은 바다 쪽을 향해서 눕는다. 의례를 받은 사람들은 부정한 사람으로 여겨져 전원이 사제 뼈단다의 정화를 받고 의례는 종료한다.

　발리 성인식의 일환으로 이를 가는 관습에 대해서 상세한 것은 명확하게 알 수 없다. 역사적으로는 중부 술라웨시 브소아 분지의 따도라코Tadorako라고 하는 유적의 카람바Kalamba, 원통형 석관 안에서 다수의 인골과 치아가 발견되었다. 1997년 8월에 인도네시아 고고학센터의 조사에 의한 것으로, 출토품은 현재 인도네시아 고고학 센터에 수장되어 있다. 당시의 발굴조사에 참가했던 빨우Palu 박물관의 학예관인 익삼Iksam 씨에 의하면 카람바 속에서 약 열 명분의 인골과 그에 상당하는 치아

빤단 잎을 들고 행진하는 청년들

가 검출되었다고 한다. 그중에는 아이의 인골로 보이는 것과 모든 송곳니가 깎인 상태로 있었다고 한다. 이와 같은 발견에 의해서 인도네시아의 선사시대에도 이를 가는 의례가 있었던 것이 밝혀졌다.

동물과 같은 뾰족한 송곳니를 평평하게 가는 의례를 머타타Metatah라고도 한다. 발리의 악마 조형은 모두 송곳니가 강조되며 악마는 부정한 존재로 여겨져 동물적인 송곳니를 갈아서 인간성을 획득하는 수단으로서 행하는 의례로 생각된다. 송곳니를 철 줄로 갈아서 처음으로 어른 대접을 받지만 상당한 고통을 견디지 않으면 안 된다. 현재 이 의례는 상징적으로 줄을 한두 번 이에 대는 것으로 끝내는 경우가 많다.

우빠차라 머카레 카레 의례

발리 섬 동부 뜽아난 마을은 지금도 독특한 뜽아난 달력에 따라서 의례가 행해지고 있다. 뜽아난 마을의 커리마 Kelima, 제5의 달에는 1년을 통해서 가장 성대한 우사바 삼바Usaba Samba 의례가 행해지고 있다. 그 가운데에는 성인식과 관련되는 것이라고 생각되는 우빠차라 머카레 카레Upacara Mekare Kare라고 하는 모의 전투 의례가 있다. 카레는 칼싸움을 의미한다. 현재 마을의 남성들이 두 편으로 나뉘어서 싸우지만 필자는 이것이 원래 소년들의 성인의식이 아닐까 생각한다. 우빠차라 머카레 카레 의례는 둥근 링을 만들고 그 안에서 남자들이 일대일로 싸운다. 작은 어린이들로 시작되어 어른들 차례가 되면 싸움은 치열해진다. 오른손에 약 30cm의 도검형의 양면에 가시가 달린 빤단Pandan의 잎을 잡고 왼손에는 등나무로 만들어진 따망Tamiang이라고 하는 원형 방패를 들고 싸운다. 진지하게 싸우므로 빵당의 잎에 달린 가시가 상대에게 닿을 때마다 상처를 입히게 되는데 거기에서 흘러나오는 피는 '신에게 받치는 성스러운 피'라고 여겨져 중요시된다. 시간 제한도 없고 승자도 패자도 없다. 싸움이 끝나면 음식과 술에 의한 축연이 벌어지고 마지막으로 여자아이들의 아바Aba 댄스로 종료한다. 뜽아난 마을의 우빠차라 머카레 카레와 많이 닮은 의례가 숨바와 섬과 숨바 섬에서도 행해지고 있다.

그 후 마을 소녀들에 의한 아유난Ayunan 의례가 행하여진다. 아유난은 의례 때에만 사용하는 높이 약 5m의 목제 관람차 같이 생긴 것이다. 전부 5개의 아유난이 집회소인 발레이 아궁 앞에 세워져 전통의상인 그링싱으로 치장한 마을의 소녀들이 탄다. 이것은 태양과 대지의 결합을 의미하고 있다.

관람차

발리 사회에서 재미있는 것은 전통적인 혼인이다. 발리 주민은 남자나 여자 모두 반드시 결혼해야 한다고 생각하고 있다. 그리고 비교적 어린 나이에 결혼을 한다. 이것은 마을반자르 구성원이 되기 위해서는 아내가 없으면 안 되고 친족집단에 가입하는 권리도 결혼에 의해서 할 수 있기 때문이다. 마을 구성원의 아내가 사망했을 경우 만약 그 딸이 제물을 만들 수 있을 정도로 성장해 있으면 문제가 되지 않지만 딸혹은 여동생, 어머니이 없으면 마을 구성원에서 제외된다. 마을 구성원이 되는 자격을 부부로 한 것은 발리 주민으로서 빼놓을 수 없는 신들에게 바칠 제물을 만드는 여성이 없으면 사회생활을 할 수 없기 때문이다. 친족집단의 선조 제사도 여성 없이는 할 수 없다.

아뉴난 의례

발리의 힌두교 혼례식에서 가장 중요한 것은 선조에게 결혼 보고를 하여 앞으로도 따뜻하게 지켜봐주기를 기원하는 것이다. 같은 종교가 아닌 이교도끼리의 결혼은 인도네시아 정부의 종교정책에 의해 법적·사회적으로 인정받지 못하므로 어느 쪽인가는 상대의 종교로 개종해야만 한다. 발리 아가의 뜬아난 마을은 현재도 같은 마을 사람 이외에는 결혼이 금지되고 있어 만약 마을 밖 사람과 결혼하면 마을에서 추방된다.

결혼식을 거행할 때의 순서나 규모는 신분이나 재력에 따라 다르지만 인도와 같은 엄격함은 없다. 예를 들면 여성이 상위 계층 남성과 결혼하는 것은 용납되는데 그 경우 여성은 남편과 같은 계급으로 상승한다. 그러나 여성이 자신보다 하층 계급 남성과 결혼하는 것은 엄격하게 금지되어 있다. 현재도 이러한 터부는 남아 있어 자신보다 하위 카스트의 남성과 결혼하면 여자는 가족과 인연이 끊어진다.

혼례식은 발리력에 의해 길일이 택해진다. 혼례식 전날은 가족 사원 안에 있는 각 사당에 신들이나 조상에게 제물을 바친다. 혼례식은 신랑 본가에서 행해지는 것이 일반적이고 한국의 예식장과 같은 것은 발리에는 존재하지 않는다. 힌두교 사제인 뻬단다평민인 경우는 뻬망꾸가 신랑, 신부를 맺는 의례를 행하고 주술사무당 발리안이 신랑, 신부를 정화하여 훌륭한 아이를 점지해주도록 조상신에게 기원한다.

혼례식(신랑, 신부와 승려)

신부는 예식 2일 전에 친정집에서 신랑 집으로 간다. 혼례식은 신랑 자택에서 행해지고 승려가 도착하면 생 대나무를 태운다. 의례의 시작을 고하는 동시에 대나무가 타면서 터지는 소리에 지하의 악령 부따 카라를 쫓아버리는 의미가 있다. 혼례식은 우선 사제에 의한 정화 의례로부터 시작된다. 사제 뻬단다가 신랑, 신부에게 성수를 뿌리고 그 물을 조금 마시게 해서 몸과 마음을 정화시킨다. 그 후 신랑과 신부는 가족 사원 안에 있는 선조를 모시는 사당에 두 손을 합장하여 결혼 보고를 한다.

여성은 결혼하면 남편의 부계 출자집단에 속하게 되지만 친가의 친족집단과의 관계가 끝나는 것이 아니고 결혼 후에도 친정의 선조 제사가 있으면 남편과 함께 참가한다. 단, 결혼 후에는 남편 집으로 옮겨 살기 때문에 결혼 전과 같이 본가의 선조 제사에 빈번하게 참석할 수 없다. 이 때문에 결혼 후에도 적당히 날을 잡아 친가의 선조를 모시는 사원에서 남편과 함께 기도를 올린다. 발리 사람들은 남편과 아내의 선조 양쪽을 소중히 여기지 않으면 선조가 재앙을 준다고 믿고 있다.

발리의 결혼은 두 가지 형태가 있다. 하나는 신랑이 되는 남자의 아버지가 신부가 될 여자 집을 방문해 청혼하는 것으로, 이것을 머파딕Mepadik이라고 한다. 친구나 아는 사람 딸을 자신의 며느리로 청혼하는 사례가 많다. 이러한 일종의 예약 결혼은 두 사람을 강제적으로 결혼시키는 것이 아니고 당사자들이 싫어하면 언제든 혼약을 파기할 수 있다. 또한 결혼 후에도 이혼에 의해 언제든지 혼인을 해소할 수 있다. 만약 자신의 의사에 반해서 부모가 억지로 결혼을 시키려 하면 여자는 좋아하는 사람에게 보쌈을 부탁할 수도 있다. 마파딕 결혼은 귀족층의 성장한 남녀의 희망에 의해 행하여지는 경우가 많은데 어디까지나 결혼 당사자들의 의사가 존중된다.

또 하나의 결혼 형태는 사랑의 도피혼인 거로롯Ngerorod이다. 사랑의 도피라고 해도 결혼을 기정사실화하기 위해서, 특히 여자 측 가족들에게 결혼을 인정받기 위해서 아는 사람 집에 며칠 동안 숨어 지내는 것이다. 이 경우 반드시 제3자의 집에 몰래 숨겨두며, 신랑 측 집에 숨겨두는 일은 없다. 딸의 사랑의 도피를 안 부모는 딸을 찾기 시작하는데 반자르의 대표에게 딸이 납치되었다고 보고하고, 집회소의 '쿨쿨'이라고 하는 비상 북을 쳐서 소란을 피우는데, 마을 사람들 모두가 사랑의 도피가 행하여진 것을 알고 있다. 사랑의 도피는 신부가 될 여자의 의사에 어긋나는 유괴가 아니다. 여자의 부모도 딸이 좋아하는 사람과 도피한 것을 알면서도 모르는 척하는 것뿐이다. 결혼하려고 하는 두 사람을 몰래 숨겨둔 집의 가장은 마을의 장로에게 사랑의 도피를 보고할 의무가 있다. 사랑의 도피가 기정사실화되고 나면 그 후 남자의 부모는 여자의 부모에게 결혼 허락을 청한다. 사랑의 도피 형태를 취한 간략형 결혼에는 과도한 결혼 비용이 들지 않는 장점이 있다. 혼례식은 사랑의 도피 이후 42일 이내에 행해지는 것이 일반적이다. 현재는 사랑의 도피혼 보다 미리 사랑하는 여성의 부모에게 승낙을 얻어서 결혼하는 것이 일반적이다.

결혼 후 신랑, 신부가 최소한으로 필요한 것은 방과 부엌이다. 발리어로 배우자를 꾸러난Kurenan, 부뚜막을 함께 쓰는 사람이라고 하는데, 이 말은 한국어의 '식구' 하고 완전히 같은 뜻이다. 가족은 부뚜막 또는 빠온Paon, 부엌을 공유하는 사람으로, 쿨은 Kuren은 가족을 의미한다.

결혼 후 남자는 처음으로 마을의 정식 구성원이 되고 마을 회의에 출석하게 된다. 사원의 제례는 마을 내 공동 노동에 의해 행해지고 송곳니를 가는 성인식도 친척과 마을의 상호부조에 의해 공동으로 행하지만 초혼식조상의 영혼을 아기의 몸에 불러들이는 의례, 오톤안첫돌 의례, 첫 월경 의례, 혼례식은 주로 친족만의 도움으로 행해진다. 이 같은 통과의례는 주로 친족의 상호부조에 의해 행하여진다.

4. 조상 의례

장례식이라고 하면 슬프고 무상한 이미지가 강한데, 발리인에게는 꼭 그렇지만은 않다. 발리의 화장 의식은 유가족을 제외하면 신이 나서 벌이는 마을 축제와 같은 것이다. 왜냐하면 유해를 화장하는 것으로 사자의 혼을 해방시켜 조상신이 되어 나중에 후손으로 다시 태어나도록 할 수 있다고 여겨지고 있기 때문이다.

죽은 자에 대하여 행하는 의례를 삣라 야도냐Pitra Yadnya, 조상 의례라고 하여 화장식은 조상 사후에 영혼을 정화하는 의례이다. 발리의 화장에 대해서는 일찍부터 유럽인들이 주목했는데 왕의 화장식에는 그 미망인들과 노예들의 순사하는 광경이 보고되어 있다. 이러한 순사는 식민지시대에 금지되었지만 화려한 화장식은 지금도 계속되고 있고 대표적인 발리 관광 상품의 하나가 되고 있다. 일반적으로 화장을 포함하는 장례식은 통과의례에 포함되지만 발리에서는 조상 의례 안에 포함된다. 뻿라 야도냐는 화장 의례뿐만 아니라 매장 의례와 화장 후의 조상의 정화 의례를 포함하고 있다. 이러한 의례는 죽음에 의해 부정해진 영혼을 맑게 정화하는 것에 의해 자손을 가호하는 숭고한 조상신으로 변용시켜 그 조상을 천상계에 보내고 나중에 자손으로 다시 태어나게 하기 위한 것이다.

사람이 죽으면 같은 반자르의 전 성원이 매장 의례에 참가해서 도와준다. 사람이 죽으면 사체를 곧 서쪽 안뜰의 임시 제단인 아상안^{Asangan} 위에 안치하고 양쪽 귀에 꽃을 꽂는다. 마을 사람들에 의해 사체가 씻겨 머리가 산 쪽 방향으로 놓인다. 그 후 사체는 성수로 맑게 정화되어 최상의 옷을 입혀 목관 안에 넣어진다. 그 후 친족은 죽은 자와 마지막 인사를 한다. 일련의 의례가 끝나면 사체는 서쪽에 있는 건물인 바레이 사카넘에 옮겨져 머리를 서쪽 방향에 놓고 사제^{뻬단다 혹은 뻬망꾸}의 성수에 의해 정화 의례가 행하여진다. 이 머리 방향은 산 사람들이 자는 방향과 반대이다. 의례가 끝나면 마지막으로 바다 방향에 있는 묘지에 가서 무덤을 판 다음 시신을 화장하기까지 가매장한다. 화장은 매장 후 경제적 사정에 의해서 몇 년 걸리는 경우가 많다.

사람이 죽으면 친척들이 조문품과 식량을 지참해서 모인다. 친척인데도 3일 이내에 부고를 받지 못한 사람은 사자의 유령이 재앙을 가져온다고 믿고 있다. 친족 중에 죽은 사람이 생기면 자동적으로 스벌^{부정한} 상태이 되고 사제에 의한 정화 의례를 받기 전까지 사원 안에 들어갈 수 없다.

귀족층의 부유한 사람이 죽으면 일련의 의례 이후 곧바로 화장식이 거행된다.

화장식에 가는 행렬

우선 유체를 정화하기 위해서 저택 안뜰에 제단이 두 개 세워진다. 하나는 태양신 수리야, 또 하나는 화장의 신 프라쟈파티Prajapati를 위해서이다. 제단은 화려하게 꾸며져 매일 사람들이 바치는 제물로 가득해진다. 화장 날이 가까워지면 의례는 점점 확대되어 마을 전체의 행사로 변한다. 화장일 전야에는 의례용으로 만든 사람 인형죽은 자의 영혼이 들어 있다을 정화하기 위해서 사제 뻬망꾸의 집으로 가지고 간다. 의례 후 이 행렬은 귀로에 오르지만 도중에 일족의 조상신을 모시는 뿌라 이부Pura Ibu, 기원의 사원에 들러 기도를 올린다. 다음날 반자르 남자들이 관을 짊어지고 집을 나서는데 화장터로 가는 길은 정해져 있다. 죽은 사람은 부정하다고 믿고 있기 때문에 사원 앞을 지나갈 수 없다. 부유한 집의 화장식에는 경제적 여유가 없어 화장식을 올리지 못한 마을 사람들도 편승하여 함께 거행하는 경우도 많다.

바데(왕족용)

보마(대지의 수호신)의 머리

　화장 의례 때에는 수백 명의 마을 사람들이 나무와 대나무를 짜서 만든 바데귀족용 상여를 어깨에 짊어지고 화장터까지 운반한다. 바데의 구조는 힌두교 세계관을 표현하고 있다. 하부는 긴 직사각형의 거북을 토대로 하여 두 마리의 나가Naga, 용가 거북에게 얽히게 만들어진다. 후면 중간에는 거대한 날개를 펼친 보마Boma, 대지의 신, 사원의 수호신의 머리, 가르다나 극락조의 장식이 달려 있다. 보마 위에는 사체 혹은 유골을 넣는 시설과 메루 탑을 모방한 다층의 높은 뾰족 탑이 만들어지는데, 이것이 천상계의 상징이다. 탑의 지붕 수는 카스트에 의해 홀수로 결정되는데, 귀족 혹은 왕족은 3층부터 11층까지 만들 수 있다. 메루의 정상에는 황금제의 링가가 놓여진다.

화장식

화장식은 오후부터 저녁에 걸쳐서 행해진다. 화장터에 도착하면 바데로부터 사체유골가 브라마나 계층은 송아지 형태로 만든 관 안에 넣어져 화장된다. 죽은 자가 소를 타고 천국에 간다고 믿고 있기 때문이다. 화장용으로 사용되는 관의 형태는 브라마나사제 계층은 소, 크사트리아왕족 계층은 사자, 웨시아귀족 계층은 사슴, 평민은 물고기가 일반적이다. 화장은 묘지보다 조금 높은 곳에서 행해진다. 화장이 끝나면 뼈와 재는 야자 열매 껍데기에 넣어져 사제에 의해서 기도가 올려진다. 유골이 든 야자 열매 껍데기는 유족들에 의해 바다에 흘려보내진다. 산간지역에서는 유골이 든 야자 열매 껍데기를 강에 흘려보낸다. 그 후 가족들은 몸을 깨끗이 씻고 집으로 돌아간다. 왕족 계층은 화장 후 42일째우쿠룩 1개월 플러스 7일에 무쿨Mukul, 화장에 의해 조상을 더욱 정화해서 조상신화하기 위한 의례이라고 하는 정화 의례가 성대하게 행해진다. 사후 정화 의례에 의해 자손으로서 재생이 가능해진다. 의례를 정확히 하지 않거나 화장하지 않고 내버려두면 영혼은 유령이 되어서 자손들에게 항상 재앙을 끼친다고 여겨지고 있다.

발리 섬에서 행해지는 각종 의례는 크게 세 가지 기능으로 분류할 수 있다.

첫째는 마을과 마을 사람의 안녕을 지키고 화재를 제거하여 행복을 가져오는 것을 목적으로 한다.

둘째는 전통문화, 특히 관습법을 사람들에게 확인시키는 커뮤니케이션 체계로서의 기능이다. 예를 들면 발리 섬의 어떤 의례에 있어서도 악령 부따 카라를 쫓아버리기 위하여 차루가 바쳐질 경우 악령이 화를 주기 쉬운 것을 사람들에게 재인식시키는 의미가 있다. 사덕에 의한 의례는 선조를 잘 모시지 않으면 탈이 나거나 사술에 걸리기 쉬운 것을 전하고 있다. 의례에 의해 모든 일상활동이 인도된다. 기아츠는 "모든 사회관계가 의례에 의해 필요로 하고 확인된다"고 기록하고 있다.

셋째는 발리 섬의 많은 의례는 발리 특유의 대인관계에 있어 긴장이나 갈등을 완화시키는 역할을 하고 있다. 이것은 어디까지나 현실의 한 면에 지나지 않지만

무쿨 의례

발리 사회의 특색은 서카Seka라고 하는 특정한 목적을 가지는 집단, 예를 들면 수리조합 수박은 마을과는 독립해서 구성되어 있다. 어떤 목적에서는 같은 집단에 속하는 두 명이 다른 목적에서는 서로 대립하는 집단에 속하기도 한다. 이러한 사회적 상황은 당연히 대인간의 긴장이나 갈등을 낳고 이것이 의례에 의해서 해소된다. 의례는 긴장이나 갈등을 해소할 뿐만 아니라 반대로 불안이나 공포를 조성할 수도 있다. 의례 안의 공희는 하나의 특정 신만을 대상으로 하는 것이 아니고 여러 신을 대상으로 하여 그 내용도 다의적인 경우가 많다. 의례의 메시지 안에 조상을 정중히 모셔 제물을 바치지 않으면 탈이 난다고 하는 관념이 있어 자신의 선조는 괜찮을까, 화내고 있는 것이 아닐까 하는 불안을 낳는다. 의례 안에서 전해지는 사술의 개념으로부터 사술에 대한 공포심이 생긴다. 차루에 의해 악령으로부터 공격의 위험성을 재인식시킨다. 이렇게 전해져서 내재화되고 재확인된 신앙, 관념, 지식이 의례를 한층 정성들여 행하는 것으로 사람들을 몰아간다.

발리 주민은 신과 악령들에게 올리는 기도나 제물, 조상에게 바치는 음악이나 춤의 봉안은 끊임없이 반복하여 행해야 하며 안녕을 얻기 위하여 절대적으로 필요한 것으로 믿고 있다. 의례가 빈번하게 행해짐으로써 의례를 통해 발리의 초자연적인 관념이나 신앙이 발리 주민에게 깊이 내재화되어 현재도 의례는 정성스럽게 행해지고 있다.

제 5 장

발리의
사원

발리 힌두교의 우주관

역사적으로 수마트라, 자바, 발리는 2,000년 이상 종교·정치·사회적으로 인도 힌두교의 영향을 강하게 받아 왔다. 힌두 사원은 힌두교의 특질을 가장 잘 나타내는 예술적 표현으로, 사회생활 및 정신생활의 중심이 되고 있다. 오랫동안 동남아시아 힌두 문화권에 힌두 사원이 건립되었고, 지금도 발리에서는 계속해서 세워지고 있다. 힌두 사원은 그것을 세운 사람들의 삶의 태도와 이상을 반영하고 인간과 신들의 세계 사이에서 중계 역할을 해 왔다. 이러한 힌두 사원을 알기 위해서는 그것을 만든 우주관을 이해할 필요가 있다.

아시아는 주로 우주론적인 상징주의를 토대로 아름다움의 제 관념이 확립되어 중국에서는 미술이 '권력에 봉사하는 것'으로, 인도에서는 그것이 '종교에 봉사하는 것'으로 발전했다고 한다. 이러한 관점에서 중국이나 인도 사람들이 관념적으로 가지고 있었던 우주관이라고 하는 추상적인 개념이 중국의 궁전 건축이나 인도의 종교 건축에 반영되었다.

인도에 있어서 우주는 사각형의 산이 몇 개의 바다에 둘러싸여 있다. 중앙에는 세계 축이 태양까지 우뚝 솟아 있고, 땅속 깊이 파고 들어가 대기를 가로지른다. 우주는 사람의 몸을 닮아 바위는 뼈, 강은 피, 바람은 숨을 쉬는 것이다. 이것을 모체로 해서 인도는 건축적인 장식 및 미의 규범을 완성시킨다. 신당神堂은 사람들이 믿고 있는 천상계를 현실의 세계에 그대로 옮겨온 것이다. 따라서 사원은 천상계와 비슷하게 세우지 않으면 안 된다. 그 중앙에는 신의 자리, 성스러운 산, 세계의 중축인 신당이 들어선다.

동남아시아의 구인도 문명권의 각지에 성립한 초보적 국가의 통치 이념은 인도에서 기원한 힌두교 및 불교를 왕권의 기반으로 하고 있었다. 즉, 항성이나 유성으로 구성되어 있는 우주를 대우주라고 한다면 각각의 왕국은 소우주이다. 그것을 통치하는 왕은 힌두교의 시바신이나 비쉬누신 혹은 석가의 화신이었다. 중부 자바와 서부 자바의 사원에는 실존한 왕을 모델로 많은 신상들이 만들어졌다. 왕은 지상의 신왕神王이며 대우주 신의 주거인 성스러운 산을 모방하여 고지에 사당을 건설하여 천상계 신과의 합일 장소로 하는 존재로, 국가와 왕권의 우주론적 기초를 두고 있다.

동남아시아에는 국가와 왕권의 우주론적 기초에 대해서 왕과 왕비, 궁정 제사 등에 관한 기록이 문학이나 비문에 등장하고, 왕궁이나 사원 구조에서도 찾아볼 수 있지만 국가에는 정치적인 체계와 관념적인 우주론의 세계가 있었다. '느가라'라고 하는 말은 미국의 문화인류학자 클리퍼드 기아츠에 의해 세계적으로 유명해졌는데, 산스크리트어에서 유래하는 인도네시아어로 국가나 왕국을 가리킨다. 그런데 1960년대에 미국의 서비스Service로 대표되는 신진화론의 사회발전 모델이 제시되었다. 국가의 통합적인 기능을 강조한 서비스는 무리, 부족, 수장, 국가에 대한 진화 모델을 제시하고 있다. 동남아시아의 세계가 수장사회로부터 국가가 성립하는 것은 대체로 인도 문화 영향 이후라고 생각해도 큰 문제는 없다고 생각된다.

바라문교에서는 세계는 원형의 중심 대륙부인 구부주購部州와 그것을 둘러싸는 일곱 개의 큰 바다와 일곱 개의 대륙으로 이루어진다. 일곱 개의 큰 바다 중 최후의 바다 저편 세계는 하나의 거대한 산맥에 둘러싸여 그 중심에 메루 산이 우뚝 솟아 있고, 이 우주산을 둘러싸고 해, 달, 별이 회전한다. 그 정상에는 신들의 도시가 있어, 이것을 둘러싸는 여덟 명의 로카파라Lokapala, 세계의 수호신가 있다. 바라문교에서는 우주의 중심을 성스러운 산으로 보고 그것을 중심으로 한 3차원의 동심권적 구성을 가지는 공간을 우주로 간주한다.

인도의 힌두교에서는 우주의 중심에는 '마하 메루'가 우뚝 솟아 있는 신의 영역이 있고, 그 주위에는 부우루 로카Bhur Loka라고 하는 청정무구의 영역이 펼쳐져 있으며, 그 바깥쪽에 인간의 영역이 있다고 한다. 대승불교의 우주관에는 3신설三身說이 있어 기본적으로 힌두교의 우주관과 일치한다. 우주에는 인간이 생활하는 영역인 '욕계欲界', 현세를 초월한 유형의 영역인 '색계色界', 절대자와 융합하는 추상 무형의 영역 '무색계無色界'의 소위 3계가 있고, 석가가 3계인 화신化身, 보신報身, 법신法身으로 출현한 것이라고 한다. 석가의 신적 및 우주적인 형상을 말하고 있는 것으로 소위 범불교론의 체계를 수립한 것이다.

발리 사람들에게 있어서 발리는 세계 바로 그 자체이다. 발리의 우주론을 알려주는 다음과 같은 신화가 있다. "모든 것의 제일 밑에는 자철磁鐵이 있다. 그렇지만 원초에는 아무것도 없었다. 하늘이 존재하기 이전에 대지는 없었고, 대지가 없었을 때에는 하늘도 없었다. 명상에 의해 우주의 거북신 베다왕Bedawang을 창조했다. 거북신의 등에는 세계의 초석으로 몸을 사린 두 마리 뱀이 몸을 감고 있는데, 왼쪽이 안안타 보가Ananta Boga, 오른쪽이 나가 바수키Naga Basuki이다. 세계의 축인 거북 위에는 덮개로서 검은 바위가 놓였다. 해와 달도 없었다. 이것이 황천의 나라이다."

발리 신화가 그러하듯이 발리 힌두교에도 토착신앙이 강하게 남아 있고, 인도의 힌두교와는 상당히 다른 양상을 하고 있다. 힌두교 전래 이후에도 토착신앙을 짙게 남기는 형태로 양자가 조화함으로써 우주관, 종교 의식, 생활 습관에 발리 특유의 양상이 나타나고 있다.

예부터 발리 사람들은 산을 신앙의 대상으로 하고 신이나 선조 영령이 머무는 곳으로 특정한 신을 부를 때는 '~ 언덕의 신', '~ 산신'으로 불러 왔다. 산 정상이나 중턱의 성스러운 장소에는 사당이 세워졌다. 이 사당을 포함하는 사원을 '뿌라'라고 한다. 뿌라는 처음에 높은 언덕이나 산 정상에 만들어졌지만 시간이 지남에 따라 인간은 신을 가까이 모시기 위해서 사원을 마을 가까이로 이동시켜 평지에 만들게 되었다. 오래전에는 산 정상의 작은 사당에 지나지 않았던 것이 후에 규모도 확장되어 본격적인 사원이 건립되었다.

보통 뿌라는 기능에 의해 뿌라 쟈갓Pura Jagat과 뿌라 커루아르가Pura Keluarga로 분류된다. 뿌라 쟈가에는 우주를 포함한 삼라만상의 평안이 빌어진다. 커루아르가는 '가족'이라는 뜻으로 선조 영령이 모셔져 가족의 안녕이 빌어진다. 그리고 이 두 계통의 사원 모두를 통괄하는 사원이 발리 섬을 대표하는 아궁 산의 뿌라 브사끼를 중심으로 사드 까양안이라고 불리는 6대 사원이다.

발리의 힌두교 교전『우파데사Upadesa』에는 다음과 같은 창세 신화가 적혀 있다. "원초에는 아무것도 존재하지 않았고 오직 최고신 상향위디와사만이 있었다. 상향위디와사가 전 신경을 집중해서 명상한바 열과 함께 정신의 힘과 물질의 힘이 생겼다. 이 두 개의 근본 힘이 만나서 전 우주와 모든 존재물이 만들어졌다."

그러나 최고신 상향위디와사는『우파데사』라는 교전에 등장하지만, 최고신으로 강조되는 것은 인도네시아 독립 후 정부의 이슬람교도를 배려한 종교 정책에 의한 것이다. 따라서 최고신이 등장하는 우주관이나 창세 신화를 발리의 전 주민이 예부터 공유했던 것이라고 생각하기는 어렵다. 한편 발리나 자바에 전해지는 창조 신화에는 뱀신인 안안타 보가와 나가 바수키, 버다왕 나라라고 하는 이름의 거북이 등장하는데 이것은 고구려 고분벽화의 현무玄武를 연상시킨다.

발리의 창생 신화에 전해지는 우주관을 그림으로 표현한 것이 이다 바구스 타곡Ida Bagus Tagog인데, 코바루비아스의『발리 섬』에 그의 그림이 게재되어 있다. 발리의 우주관 구도는 대지를 떠받치는 버다왕 나라에 감아 붙은 뱀신인 안안타 보

거북이 대지를 떠받치고 있는 지상화(찬디 체토)

가와 나가 바수키 위에 최고신 아찐티아Acintya가 서 있다. 거북이 대지를 떠받치고 있는 조형은 중부 자바의 찬디 수꾸와 찬디 체토Candi Ceto에서도 볼 수 있다. 거북은 우주의 중심을 유지하는 토대로, 불은 땅과 만물을 활성화시키는 에너지의 상징으로, 뱀은 마그마를 상징한다고 한다. 그러나 이다 바그스 타곡의 그림에 그려진 최고신 아찐티아가 역사적·종교적으로 어떠한 존재였는가는 앞으로 재검토할 필요가 있다.

발리 전통 회화의 주제로 많이 그려지고 있는 것이 유해교반乳海攪拌 신화이다. "옛날 천계에는 신들이, 하계에는 마신들이 살고 있었다. 세계 멸망을 두려워한 브라마신은 신들과 마신들에게 호소하여 영원한 생명을 얻을 수 있는 암무루타에 도착했다. 우선 상카 섬에 솟아 있는 만달라Mandala 산을 뽑아 그 바닥에 비쉬누신

발리의 우주(바그스 타곡)

의 화신인 상아쿨퍼Sangakulpa, 큰 거북가 드러눕는 큰 바다를 만들고, 그 위에 산이 떠오르지 않도록 인드라신을 앉혔다. 그리고 나가 바스키신의 화신큰 뱀을 그 만달라 산에 감아 붙게 하고, 그 꼬리와 머리를 마신들이 각기 끌어당겨 뱅글뱅글 돌렸다. 응응 하는 소리와 함께 바다는 젖으로 변하고, 그 안에서 달과 대지의 여신이 태어나고 마지막으로 아물타Amurta가 생겼다."

발리의 우주관이나 창세 신화를 분석하면 인도적인 요소와 발리 토착 요소의 다른 계통의 것이 혼연일체가 되어 있는 것을 알 수 있다. "지구는 브라마신에 의해서 달걀과 같이 만들어졌다"라고 하는 이야기는 인도의 힌두교적 요소브라마신와 동남아시아의 난생 신화적 요소달걀로 "그 내부는 일곱 층의 대지로 그 바깥쪽에 일곱 층의 하늘이 둘러싸여 각 층에 신들, 악령, 용, 인간, 동물과 모든 생물이 있다"라고 하는 이야기는 토착적 요소로 동인도네시아 제도에서도 유사한 내용의 신화가 전해진다.

사람들의 생활을 규정하고 있는 천상, 지상, 지하의 삼계 사상은 발리에서는 현

발리인의 우주관을 표현한 제물

실의 지형이나 방위에 직접적으로 결부되고 사람들의 생활을 강하게 규정하고 있다. 즉, 산신이 사는 스와 로카Swah Loka, 마을인 부우루 로카Bhur Loka, 바다는 악령이 사는 부와 로카Buah Loka에 대응한다. 발리 사람들은 지형이나 방위를 고·중·저, 혹은 정·속·부정의 3원적으로 분류한다. 이 3원적인 개념은 우타마Utama, 위, 淨, 마디아Madya, 중, 俗, 니스타Nista, 아래, 不淨라는 말로 표현된다. 이 개념이 사원이나 일반 가옥의 구조, 제물의 배치, 무대의 방위, 나아가서는 마을 전체의 구조를 결정하는 중요한 기준이 된다.

3계 사상은 인간의 신체도 소우주로 대응되어 발리 주민의 우주관에는 3개의 조화 사상이 있다. 첫째는 인간과 신들과의 조화, 둘째는 인간과 자연과의 조화, 셋째는 인간과 인간과의 조화이다. 이 조화 사상은 발리 사회의 가장 핵심적인 사고로, 특히 물질적인 면과 정신적인 면을 제어하는 강한 기본 이념이 되고 있다. 또한 발리의 종교적인 의례는 발리 힌두교의 우주관인 3계의 조화를 위해서 거행된다. 즉, 산 정상의 신들의 세계, 지하와 바다에 사는 악령들의 세계 그리고 중간에 있는 인간 세계이다. 발리 힌두교의 우주 개념에서는 항상 이 3개의 세계가 조화를 유지해야만 평안하다고 여겨지고 있다.

사원의 종류와 구조

동남아시아의 힌두교나 불교와 관련된 건조물은 종류가 다양하고 이들 건조물의 호칭도 지역에 따라 현저하게 다르다. 이들 건조물은 그 종교적인 성격 혹은 기능 및 건축적 공간의 구성에 의해 위하라Wihara, 毘訶羅, 스투파Stupa, 率塔婆, 찬디 거리아 Geria, 사당 등으로 분류된다. 비하라는 승려가 사는 건축으로, 승방 혹은 승원으로 번역되며 '사원의 복합적인 건조물'이라는 뜻으로 변화한다. 스투파는 솔도파 혹은 탑으로 번역된다. 찬디 거리아는 예배 공양의 대상물스투파, 불상, 신상, 링가와 요니 등을 안치하는 사당이다. 그 외에 예당禮堂, 경장經藏, 계단원戒壇院, 힌두교의 성수 띨타의 목욕장고아 가자 유적이 있다.

발리의 힌두교는 토착신앙인 애니미즘과 인도에서 전해진 힌두교와 불교가 복잡하게 얽힌 발리의 독자적인 종교이다. 발리가 신들의 섬이라고 불리는 것은 다양한 신들이 존재하기 때문이다. 이러한 다양한 신들을 제사 지내기 위해서 도처에 사원과 사당이 있다. 힌두 사원은 인간과 신들이 만나는 신성한 장소이다. 발리 사람들에게 있어서 사원과의 결부는 가장 중요하다. 발리의 힌두 사원을 뿌라라고 한다. 뿌라는 산스크리트어에서 유래하는 말로 그 의미는 '담에 둘러싸인 장소'이며, 규모나 참배자에 의해서 몇 가지 종류로 나눌 수 있다. 또한 사원은 사람들이 결혼해서 자신의 집을 지을 때에는 반드시 자신의 가족 사원을 집안 마당에 세우지 않으면 안 된다. 이렇게 사원은 발리 사람들에게는 없어서는 안 될 절대적인 것이다.

링가와 요니(성혈이 새겨져 있음, 국립박물관)

　발리의 힌두 사원은 벽돌로 만들어지고, 조각 장식은 화산암이나 목재에 새겨져 있는데, 모두가 당초문을 융합한 형태로 이것이 발리 미술의 인상 깊은 특색이다. 어느 사원이든 밖을 둘러싸는 담이 중요한 요소를 차지하고, 그 입구에 화려한 벽돌로 장식된 문은 마자파힛 왕조시대의 자바 건축 특유의 모습을 모방하고 있다. 울타리 안에는 작은 사당이 여러 채 줄지어 서 있다. 모든 사당에 계단이 있는 목조 혹은 벽돌로 만든 단순한 형태로 이루어졌고, 그 위에는 메루와 같은 구조의 지붕이 있다.

　수많은 사원의 총본산이라고도 해야 할 가장 중요한 사원은 성스러운 아궁 산 중턱에 있는 브사끼 사원이다. 아궁 산에는 브라마신, 비쉬누신, 시바신 등의 힌두교 신들이 살고 있다고 여겨지고 있다. 브사끼 사원에서는 전 주민의 번영을 기원

뜨로우란Trowulan 유적(마자파힛 왕조시대의 자바 건축)

하면서 매일 많은 사람들이 제물을 가지고 와 기도를 올린다.

그리고 발리의 보통 마을에는 까양안 티가라고 불리는 세 개의 사원이 있다. 이것은 마을을 완전하게 하기 위해서 절대적으로 필요한 세 개의 사원을 가리킨다.

- 뿌라 뿌세Pure Push: 기원 사원의 의미로, 마을을 개척한 선조의 영령을 제사 지내는 사원이다.
- 뿌라 데사Pura Desa: 마을 전체의 공적인 행사를 위한 지역공동체 사원이다. 여기에 발레이 아궁이라고 하는 마을 장로들이 모이는 집회소가 딸려 있을 경우에는 뿌라 발레이 아궁이라고도 한다. 발레이 아궁은 조상이 자손을 방문할 때의 집이며 선조의 권위를 상징적으로 나타내는 장소이다.
- 뿌라 달엄Pura Dalem: 죽음과 화장의 신들을 제사 지내는 묘지에 세워진 사자의 사원이다.

그 외에도 저택 내에 선조를 모시는 사원이 있어 평민의 경우는 상가, 귀족은 뻐머라장Pemerajang이라고 한다. 상가 마을 사원을 축소한 형태로, 일반적으로는 담울타리 안에 작은 신당과 제단이 있다. 뻐머라장은 마을 사원과 같이 벽돌 제단, 조각을 한 석문, 대규모의 사당 건축이 있다. 복수의 가족이 공통의 선조를 모시는 사원을 뿌라 다디아Pura Dadia라고 한다.

발리의 전통적인 관습마을에는 반드시 세 개의 사원까양안 티가이 있는데, 뿌라 뿌세는 산 쪽에 위치하는 것이 일반적이다. 뿌라 달엄은 부정한 방위인 바다 쪽의 묘지와 이웃해 있다. 죽음의 여신 두루가Durga를 위한 사원으로, 악령을 제사 지내고 재해나 병으로부터 몸을 지키기 위한 사원이다. 뿌라 달엄은 지옥, 즉 지하 세계의 사원이다. 뿌라 데사는 일반적으로 마을 중심부에 위치한다.

그 밖에 수리조합인 수박계 사원이 있다. 수리조합인 수박은 농민이 농작지에

물을 안정적으로 공급하고 타관 사람에게 물을 빼앗기지 않도록 제방의 망을 보고 분쟁을 조정하며 공동으로 벼의 수확제를 개최한다. 이 수리조합은 관개와 농업에 관한 모든 사항에 대해서 사회적·행정적으로 절대적인 권한을 가지고 있다. 한 달에 1회 이상 수박 사원에서 모임이 열려 농업신들을 모시는 작은 사당이 수전 가까이에 세워져 있다. 농작업에 앞서 수박장과 몇 명의 참배단이 구성되어 바뜨르 호수 등의 신성한 수원에 참배한다. 그때에 호수의 성스러운 수신들의 환심을 사기 위해서 제물을 지참한다. 제례가 끝나면 호수 물을 서잔Sejan, 대나무 용기에 넣어 갖고 돌아와 서잔은 수박 사원의 제단 위에 안치된다. 서잔에는 성스러운 수신이 머문다고 여겨지고 먼 데서 온 신에게 경의를 표하기 위해서 연회가 개최된다. 신들을 춤과 제물로 대접하여 논농사에 필요한 풍족한 물이 자신들의 경작지에 머물러주기를 기원한다. 논에 성수를 뿌리고 나머지는 수박의 공동 수로에 흘려보내 어느 논도 모두 신들의 은혜를 입도록 빈다.

모내기에 앞서 벼의 신인 데위 쓰리에게 제물을 바치고 발리의 관습법에 따라 벼를 심어 나간다. 모내기 후에는 작물을 해충으로부터 지키기 위해서 제물이 바쳐지고, 42일 후에는 축하의 날로 다시 제물이 바쳐진다. 3개월이 지나면 이삭이 여물기 시작하는데 이것을 벼가 임신했다고 하여 제물에 생계란과 꽃이 더해진다. 이렇게 벼의 경작에 있어서도 신들에게 자주 제물을 바치고 사원이나 사당에서 의식이 행해진다. 수박계 사원에는 수박마다 간선수로로부터 수박에 물을 대는 곳에 울은 뗌벡 사원이 있다. 수박 내의 최초의 분수 시설에 있는 것이 울은 스위 사원, 수박 내의 몇 개의 주요 분수 지점에 있는 버두굴 사원, 각 수전에 물을 대는 간소한 사당인 울은 짜릭이 있다. 수원의 호수나 큰 제방에는 그것을 동일 수원으로서 이용하는 수박 동맹인 수박 아궁에 의해서 유지 관리되는 사원이 세워진다. 수원이 되는 호수의 울은 다누물의 여신 사원이나 댐의 사원이 그것이며, 그 물을 이용하는 모든 수박의 전원이 신도가 된다.

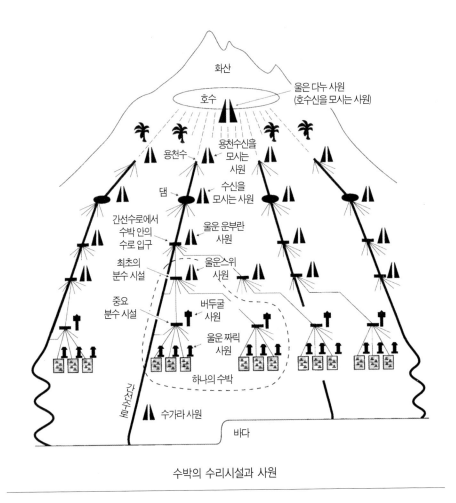

수박의 수리시설과 사원

반자르는 면데사보다 작은 사회 단위로 마을과 같은 것이며, 반자르 가입은 수박
과 같이 의무적인 것으로 결혼과 동시에 가입해야 하다. 반자르에서 가장 중요한
것은 마을 사원인 뻬마크산Pemaksan이다. 만약 반자르의 세대수가 늘어 규모가 커
지고 기능적으로 면의 규모가 되었을 경우에는 뻬마크산 사원은 한층 격식이 높은
뿌라 뿌세가 되어 마을 중앙에 뿌라 데사를 세우고 마을에서 벗어난 바다 쪽 묘지
에 뿌라 달엄을 세우면 마을이 완전하기 위해서 필요한 사원 까양안 티가를 전부
마련하게 된다. 그리고 지금까지 속해 있던 마을에서의 독립을 신청하여 정식 반

자르가 될 수 있다.

이 때문에 뼈마크산 사원은 반자르에 있어서 필요 불가결한 것이며, 사원은 마을의 공적 재산으로 되어 있다. 발리 사원은 생활의 중심이 되고 그것은 결코 떼어버릴 수 없는 관계이다. 가족 사원에 제물을 바치는 것은 여성의 일과로, 남성은 마을 사원에 모여서 모든 마을 일을 상담한다. 어린이들은 성장하면서 사원에서 여러 가지 의례를 받고 어른으로 성장해 간다. 또 사원을 소중히 하는 사람들의 생각 근저에는 발리의 독자적인 종교관이 깊게 뿌리 내리고 있다. 발리의 많은 사원 형태는 결코 어느 것도 같지 않고 각각 다른 특징을 가지고 있다.

발리 사원은 담으로 둘러싸인 몇 개의 구각이 정도의 차이는 있지만 화려하게 장식된 석문으로 서로 연결되어 발레이 형식의 제단이나 사당이 몇 채 있다. 발리 사원은 전후 혹은 자버 씨씨Jabe Sisi, 전, 자버 텡아Jabe Tengah, 중, 제로안Jeroan, 후의 세 구획으로 구성되어 있다. 전형적인 것은 두 개의 안뜰이 있는 사원으로 바깥쪽 구획은 자버Jabe, 안쪽은 다럼Dalem이라고 부른다.

이에 비하여 발리 북부 사원의 구조와 형태는 남부와 다르다. 산 사면에 세워져 경사지의 제일 높은 곳에 사원이 위치하고 있다. 전체적으로는 사면 위에 펼쳐지는 구조를 가지고 정상은 돌을 조각한 높은 계단식으로 되어 있다. 또한 북부 사원에는 메루가 없다. 남부 사원에서는 중요한 것으로

메루(울은 다누 브라탄 사원)

발리 사원의 구조

Ⓐ 찬디 브타르Candi Bentar, 사원 입구의 문

Ⓑ 쿨쿨Kulkul 탑북은 마을 사람을 소집하기 위한 것

Ⓒ 파온Paon, 축제용 음식물을 조리하는 곳

Ⓓ 발레이 공Bale Gong, 악단용 건물

Ⓔ 발레이Bale, 사람들의 집회소

Ⓕ 파두 락사Padu Raksa, 의례용 문

Ⓖ 옆문

Ⓗ 팔러만Paleman, 사원의 한복판에 있는 신들의 자리

Ⓘ 굴라 알릿Gula Alit, 제물을 감시하기 위한 오두막집

Ⓙ 굴라 거데Gula Gede, L과 같은 오두막집

Ⓚ 거동 퍼심팡안Gedong Pesimpangan, 토지의 신을 제사 지내는 사당

Ⓛ 파드마사나Padmasana, 신이 앉는 의자

Ⓜ 구눙 아궁Gunung Agung, 아궁 산을 상징하는 사당

Ⓝ 메루Meru, 우주의 마하 메루산의 상징

Ⓞ 구눙 바뚜르Gunung Batur, M과 같은 사당

Ⓟ 마오스파힛Maospahit, 시조를 모신 사당

Ⓠ 딱수Taksu, 신들의 계시를 전하는 감실

Ⓡ Ⓢ 발레이 피아산Piasan, 제물용 오두막집

베지 사원(발리 북부)

마두이 사원(발리 북부)

여겨지는 시설이 없고 같은 구조물이라고 해도 남부와 북부는 다른 기능을 가지고 있다.

남부 사원 건축 양식의 특징은 뒤얽힌 장식 조각을 한 사암의 회색에 악센트를 주고 있는 대량의 빨강 벽돌이다. 이것은 북부와 비교하면 상당히 억제된 양식이 주가 되고 있다. 북부에서는 돌에 화려한 장식이 뛰어나고 페인트 등의 도료로 채색되어 있다. 또한 북부 사원의 문은 높고 웅대하다. 사원에는 많은 부조가 있지만 북부 발리인은 사원을 마음 편하게 여겨 빈 공간을 만화와 같이 재미있는 테마의 부조로 메우기도 한다.

발리 사원 입구에는 커다란 찬디 븐타르양쪽으로 갈라진 문가 있고, 메루다층지붕을 가진 목조탑가 있어 외견적인 차이는 다소 있지만 어느 정도 서로 비슷한 조형으로 되어 있다. 그러나 예부터 같은 형식을 계속해서 유지하고 있는 것이 아니고 시대와 함께 변화해 온 것이다. 발리 사원의 원형은 돌을 쌓아서 만든 제단과 검소한 고상 건물을 중심으로 돌담으로 둘러싸여 있다. 이러한 사원은 발리 아가 마을에서 볼 수 있다. 현재 발리의 각 집이나 섬 도처에 있는 작은 사당은 발리 사원의 원형에 가장 가까운 것이다. 발리의 원초적인 사원에는 동인도네시아 제도나 폴리네시아의 제당과 공통되는 부분이 많고 발리의 기층 문화는 동인도네시아 제도나 폴리네시아를 포함시킨 오세아니아의 애니미즘 문화와 깊은 관계가 있다. 이러한 원시적 사원을 시작으로 하여 서서히 대규모 사원이 세워지기 시작한다.

사원 의례

발리에 힌두 사원이 수만 개 이상이 존재하고 각 사원은 오달란이라고 하는 사원 창립제가 발리의 1년우쿠력인 210일마다 제례가 행해진다. 따라서 사원제는 단순하게 계산해도 1년에 수만 회가 거행되는 셈이어서 발리의 화려한 사원 제례는 후미진 장소에 있어도 예기치 않게 우연히 만나는 적이 많다. 발리 섬의 마을에는 적어도 세 개 이상의 사원이 있어 어느 마을에서도 한 해에 최저 5~6회의 사원 제례가 있다. 더욱이 마을을 넘어서 넓은 지역 혹은 발리 전체 섬에 공통인 특별한 제례 등이 있어 대개 우쿠력 9월 말부터 10월 초, 4월 초순부터 중순의 보름날은 중요한 사원 제례가 행해진다. 이렇게 발리 사원이나 사당에서는 여러 가지 의례가 행해지고, 그 외에도 일과로 행해지는 의례부터 몇 년 혹은 100년에 한 번 열리는 큰 의례까지 있다.

사원 제례의 가장 알기 쉬운 표식은 제물을 머리에 얹고 가는 여성들의 긴 행렬이다. 여성들은 화려한 전통의상으로 몸을 감고 아름답게 쌓아 올린 제물을 머리에 이고 우아하게 사원을 향해서 걸어간다. 발리 제물에는 여러 가지 형태의 것이 있다. 제물은 의례 행위나 규범의 위치 부여를 나타내는 도구로 성수나 꽃 이외에 식료품이나 기호품, 동전, 천 등 다양하다. 바나나, 오렌지, 야자 잎, 꽃, 쌀 등 음식물로 만든 멋있는 탑과 같이 쌓아 올려진 제물도 있다. 닭이나 오리 등 가축을

야자 잎으로 만든 제물

바치기도 하지만 각양각색의 과일로 예쁘게 만들어진 화려한 제물이 잘 알려져 있다. 쌀은 제물에 사용하는 대표적인 재료로, 쌀알을 염색해서 사람 형태를 만든다. 또한 매일 가족 사원에 바치는 제물과 사원제 때 바치는 제물의 크기와 형태는 다르다. 제물로 바친 음식물은 의례가 끝나면 나중에 각자 자기 집으로 가지고 돌아와 가족들끼리 먹는다. 이것은 제물을 먹는 것에 의해 신의 힘을 체내에 머물게 하기 위해서이다.

제물을 만들어 바치는 것은 여성의 역할이다. 남성이 만드는 것도 있지만 그것은 사원제 때만이다. 제물은 여자라면 누구나 만들 수 있다. 따라서 어머니를 대신해서 딸이 제물 만들기에 참가해도 된다. 또 특별한 제례를 위한 제물이 효과를 올리기 위해서는 그날을 지배하는 여러 힘에 의지해 규정대로 만들지 않으면 안 된다. 제물의 형태나 순번이 조금이라도 틀리면 전혀 의미가 없다고 한다.

아침밥이 되면 바로 여성은 집에 있는 정령에게 바치는 제물을 준비한다. 바나나 잎을 네모난 접시처럼 만들어 그 안에 쌀알, 소금, 고추를 집어넣는다. 각각의 제물은 세부적으로는 싸는 방법, 반찬 종류, 채소 넣는 방법도 다르다. 제물은 가족 사원의 입구, 각각의 침실 앞, 안뜰의 중앙에 있는 제단 앞, 우물 앞, 문 앞에 둔다.

제물은 하루에 한 번 바치는 것이 아니고 보통 아침 저녁으로 바치는데, 저녁 제물을 매일 바치는 집은 그다지 많지 않다. 대개는 보름날과 초하룻날 그리고 특별한 경사나 의례가 있는 날에 제물을 준비한다.

제물은 신들에게만 바치는 것이 아니고 악령들에게도 바친다. 신들에게 바치는 제물은 예쁘고 화려하게 장식해서 제단 위에 올리지만, 악령들에게 올리는 제물은 지면 위에 놓인다. 이렇게 제물 하나만 보아도 발리인은 매일 대단한 노력을 들여 신과 악령들에게 예배를 빠뜨리지 않는 것을 알 수 있다.

오달란Odalan은 사원이 건립된 기념일로, 우쿠력 혹은 사카력의 1년 주기로 행

오달란에 가는 행렬

해지는 사원의 창립 기념제이다. 오달란을 오톤우쿠력의 생일이라고도 한다. 발리 동부지방에서는 사원 제례를 우사바Usaba라고도 한다. 우사바는 발리 힌두교도의 통과의례나 사원 제례와는 달리 마을의 수확제를 가리킨다.

사원은 길일을 선택해서 건립되므로 다른 사원들과 오달란이 겹치는 경우도 있다. 오달란은 지역, 마을, 각각의 사원에 의해 내용과 기간이 다르다. 준비 기간도 짧게 하루에 끝나는 것부터 한 달 이상 계속되는 오달란도 있다. 마을 사람에 의한 기도가 바쳐지는 것만으로 끝나는 사원도 있고, 각종 무용이 공연되는 사원도 있다.

오달란이 가까워지면 사원의 사당에는 흰 천이나 노란 천이 쳐져 각처에 각양각색의 기가 세워지고 마을은 갑자기 활기를 띤다. 몇십 년에 한 번 있는 큰 오달

오달란(신체가 사원 안에 봉안된다)

란이 되면 마을 입구에 사원 이름과 일정이 쓰인 현수막을 걸고 좌우에 기도를 하고 있는 모습의 대형 남녀 인형이 놓인다. 사원 밖에는 포장마차와 노점상들이 들어서며 사원 안뜰에서는 가믈란이 연주되고 마을 전체가 장날과 같은 분위기가 된다.

오달란 첫날에는 사원 가까운 광장에서 닭싸움이 행하여진다. 닭싸움은 부정한 대지에 피를 흘림으로써 토지의 힘을 회복하는 일종의 희생 의례이다. 남자들은 닭싸움에 많은 돈을 걸고 열광한다. 사당 안에 봉납되어 있던 신체는 오달란이 끝나는 날까지 제단 위에 안치된다. 뻬망꾸가 신들에게 지상에 내려오도록 기원한다. 사원 안에 있는 파드마사나는 제례 기간 동안 신들이 강림해서 앉는 상징적인 의자이다.

밤이 되면 악단이 밤새도록 가믈란 음악을 연주한다. 사당에 안치되었던 성스러운 동물 바롱과 마녀 랑다의 면을 사용하여 챠롱나랑극이 행해진다. 새벽이 가까워지면 사제는 불을 끄고 최후의 의식인 해돋이 예배에 대비한다. 이 예배에서는 여성들이 뻰뎃이라고 하는 환영 무용을 추고 수평선에 나타난 최초의 햇빛의 방위에 제물을 바친다. 뻬망꾸가 신들에게 천상계에게 돌아갈 시각이라고 고하면 오달란이 종료되며, 아침이 되면 여자들은 각각의 제물을 가지고 집으로 돌아간다.

기도하고 있는 신자

이것이 사원 창립 기념제의 일반적인 흐름이지만 마을마다 각각 조금씩 방식이 다르다.

오달란의 기간 동안 신들은 사원의 파드마사나에 강림하는데 그동안 신들을 대접하기 위해서 매일 아름다운 춤을 춘다. 신들은 아름다운 것을 좋아한다고 여겨져 사원을 장식하고 마을 사람도 평소보다 한층 더 치장한 모습으로 참배하면서 오달란을 즐긴다. 본래 발리 여성들의 화장은 신에게 예쁘게 보이기 위해서라고 한다. 이렇게 오달란은 발리 사람들에 있어서 중요한 사회적 행사이다.

발리 사원은 주민 전체가 신앙의 대상으로 하는 사원, 어떤 특정 지방 전체를 대상으로 하는 사원, 또는 각각 마을의 사원, 수박 사원, 가족 사원 등이 있다. 마을 단위 이하의 사원에서 행해지는 제례에는 참배자가 분명히 결정되어 있는 것이

의식을 마치고 귀로에 오른 신자들(브사끼 사원)

특징이다. 각 사원에 소속하는 사람들은 사원제를 공동으로 주최하고 사원의 유지 비용이나 제례 경비를 공동으로 부담한다. 사원 안에는 본존과 같은 신체가 없고 신들은 항상 사원에 모셔져 있는 것은 아니다. 발리력에 의해 특정한 제삿날에만 강림하고 평소에는 텅 빈 상태로 있다. 제삿祭祀날이 되면 그 주신이 강림해와서 사람들로부터 받들어 모셔진다. 사람들은 특정한 날에 특정한 신에게 제물을 바치며 기원하는 것으로, 누가 참배할지는 그 사람이 그 특정한 신과 어떠한 관계가 있는지에 따라서 결정된다. 그 관계는 마을의 주민, 일족의 자손, 수원을 함께하고 있는 경우이다.

발리 섬의 주요 사원

발리 사원 안에서 가장 격이 높고 섬 전체 사람들에게서 신앙을 받고 있는 여섯 개의 주된 사원이 있는데, 이것을 싸도 까양안이라고 부르고 있다. 발리 6대 사원은 단지 사원 규모의 크기로 결정되는 것이 아니고 넓은 지역의 많은 사람들로부터 신앙을 받는지에 의해서 결정된다. 발리 3대 성산의 기슭에 있는 브사끼 사원, 울은 다누 바뚜르 사원, 바뚜 카루 사원을 비롯해 울루 와뚜 사원, 고아 라와Goa Lawah 사원, 럼뿌양Lempuyang 사원이다. 후자의 세 개 사원에 대해서는 사람들이 어느 사원을 6대 사원에 포함시킬지 구체적인 사원의 이름은 시대와 지역에 따라 다르다. 또한 넓은 지역 사람들로부터 신앙되고 있는 따나롯 사원, 어떤 지방의 전체가 제사 지내는 당 까양안 사원이 있다. 각지의 해안에는 뿌라 스가라해신의 사원나 왕가가 세운 타만 아윤 사원이 있다.

1. 브사끼 사원

브사끼 사원Pura Besaki은 발리 힌두의 총본산으로 숭배되어 왔으며, 성스러운 아궁

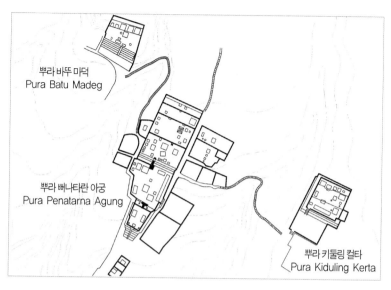

브사끼 사원의 평면도

산 중턱의 약 1,000m 높이에 위치한다. 브사끼 사원이라고 하면 한 개의 사원이라고 생각되지만 독립적이면서도 서로 관련이 있는 23개의 사원으로 이루어진 복합 사원이다. 가장 핵심이 되는 파나타란 아궁 사원을 중심으로 발리의 각 왕국이나 유력한 씨족이 사원 영역 안에 각각의 사원을 세워서 유지해 왔다. 이 안에서는 유서 깊은 꿀룽꿍 왕국이 가장 좋은 장소를 차지하고 있다. 현재는 힌두교 3대 신인 시바신뿌라 뻐나타란 아궁, Pura Penataran Agung, 브라마신뿌라 키둘링 컬타, Pura Kiduling Kerta, 비쉬누신뿌라 바뚜 마덕, Pura Batu Madeg을 모시는 세 사원을 중심으로 각지의 사원을 통괄하는 발리 힌두의 총본산이다. 특히 브사끼 사원의 중핵을 구성하고 있는 것이 시바신을 제사 지내는 뿌라 파나타란 아궁이다. 브사끼 사원에는 아궁 산에서 채취한 시커먼 현무암이 사용되고 있는데 발리 사원에서 이 돌의 사용이 허용되는 것은 브사끼 사원뿐이다.

브사끼 사원

브사끼 사원의 오랜 역사에 대해서는 불분명하지만 뼈나타란 아궁 사원의 석단은 산의 경사지에 따라 만들어져, 자바 섬 뼈낭궁안Penanggungan 유적이나 선사시대의 계단식 피라미드 유구와 매우 흡사하며, 그 축조 연대는 적어도 2,000년 전에 조영되었다고 추정되고 있다. 전설에 의하면 스리 당양 말칸다야Sri Danghyang Markandya라고 하는 승려가 8세기경에 명상의 장소로서 사용했다고 전해지지만 현재까지 알려져 있는 비문은 11세기 것뿐이다.

이상으로 단편적인 사실을 종합적으로 고려하면 브사끼 사원은 불교나 힌두교가 발리에 널리 퍼지기 이전부터 아궁 산이 신앙의 대상이었으며 현재의 뼈나타란 아궁 사원이 제장祭場이었을 가능성이 높다. 인도 힌두교의 메루나 불교의 수미산 사상이 있지만 브사끼 사원은 원래 발리 주민의 산악신앙과 같은 원시종교 위에

브사끼 사원의 메루

힌두교가 융합한 결과로 만들어진 것이다. 토착 원시종교와 인도 힌두교나 불교와의 중층신앙은 발리 힌두교의 큰 특징이다. 따라서 브사끼 사원과 아궁 산은 불가분의 관계이다. 그 후 역사시대에 들어가면 1043년의 마자파힛 왕국의 발리 정복 이후 브사끼 사원은 중요 사원의 하나가 되고 15세기 이후에는 겔겔 왕조의 국가 사원이 된다. 당당한 석문, 몇백 개의 메루 탑과 사당이 산의 경사를 따라 넓게 펼쳐진다.

그런데 브사끼 사원이 유서 깊은 발리 힌두교의 총본산으로 소개되고 있지만 그 명성이 강화된 것은 의외로 20세기 초기 네덜란드 식민지시대부터이다. 동남아시아의 각국은 거의 예외 없이 과거 유럽의 식민지 지배를 받는다. 이 식민지 지배와 함께 기독교의 포교가 시작되는데 발리는 식민지로서는 예외적으로 기독교가 널리 퍼지지 않은 곳이다. 그것은 발리 사람들과 힌두교가 일체화하여 다른 종교가 들어올 여지가 없었던 것이 큰 요인이었다. 그러나 발리 문화에 식민지정부가 개입하는 계기가 된 것이 1917년 1월 발리 남부를 강타한 지진이었다. 이 지진에 의해 6만 호의 가옥과 사원이 파괴되고 많은 사상자가 발생했다. 발리인에게 있어서 지진은 단순한 대지의 진동에 의한 피해를 의미하는 것이 아니고 네덜란드 식민지에 대한 신들의 천벌이라고 생각하여 사회가 크게 동요하기 시작했다.

네덜란드 식민지정부는 지진 피해로부터 부흥을 통해서 새로운 통치자의 등장을 인정시키는 계기로 이용한다. 그 때문에 식민지정부는 문화적 가치가 높이 평가되는 사원이나 왕궁의 복구를 우선적으로 착수하는데 그 가운데에서 가장 먼저 재건한 것이 브사끼 사원이었다. 이러한 브사끼 사원 재건을 통하여 식민지정부는 발리 사람들로부터 명실상부한 지배자로 인정을 받는다. 19세기 왕국시대까지는 브사끼 사원은 일개 사원에 불과했지만 네덜란드 식민지정부의 재건을 통하여 새로운 발리 주민의 정신적인 기둥으로 부각된다.

브사끼 사원에서는 매년 50개 이상의 대소 의례가 행하여지고 5년, 10년, 100년에 한 번 올리는 대제도 있다. 준비 기간을 포함하면 거의 매일 의례가 행하여지고 있다. 1979년 브사끼 사원에서는 100년에 한 번인 '11방위제'가 거행되었다. 11방위제는 동서남북의 4방위와 그 중간에 있는 4방위, 거기에 상하와 중앙의 전 방향이다. 전 방향은 우주이며 선악의 의미이다. 이 의식에는 당시 인도네시아 대통령이었던 수하르토도 참석했으며, 42일간에 걸쳐 전 주민이 참가해서 성대하게 행하여졌다. 본래 11방위제는 1963년에 거행되어야만 했는데 아궁 산의 분화로 인하여 중단되어 1979년에 재시도된 것이다.

2. 울은 다누 사원

아궁 산의 북서쪽에 거대한 원형극장과 같은 크레이터를 가지는 바뚜르 산표고 1,717m과 경승지인 낀따마니Kintamani가 있다. 전망대에서 바라보는 그 모습은 발리 수원인 바뚜르 호수를 중심으로 서쪽에 바뚜르 산, 동쪽으로 아방Abang 산이 있다. 아방 산의 기슭에는 발리 아가의 뜨루냔 마을이 있다.

　울은 다누 사원Pura Ulun Danu은 바뚜르 마을의 한복판인 바뚜르 산 크레이터를 내려다보는 거대한 사원으로, 바뚜르 호수의 수호신 데위 울은 다누를 제사 지내고 있다. 울은 다누는 원래 '호수의 끝'을 뜻한다. 그 이름으로도 알 수 있듯이 이

울은 다누 바뚜르 사원

사원은 본래 크레이터 안 바뚜르 호반 동북단에 세워져 있었다.

1917년에 바뚜르 산은 돌연한 대분화를 일으킨다. 용암은 당시 바뚜르 호수 동북쪽에 있었던 바뚜르 마을을 삼켰다. 그러나 용암류는 기적적으로 울은 다누 사원 앞에서 멈추었다. 마을 사람들은 이것을 신의 계시라고 해석하고 마을 재건에 노력했다. 그런데 1926년에 다시 바뚜르 산의 대분화에 의해 기슭에 있었던 마을은 용암류에 삼켜졌고 간신히 높은 지대에 있었던 울은 다누 사원만이 남았다. 마을 사람들은 두 번 다시 화산의 피해를 입지 않도록 마을을 바깥쪽 산 위로 옮겨 새로운 마을을 만들었다. 이것이 지금의 바뚜르 마을로 울은 다누 사원도 재건되었다. 발리의 정신세계에 있어서 바뚜르 산은 아궁 산 다음으로 신성한 산으로, 울은 다누 사원도 대단히 중요한 사원이다. 사원 안에는 불교 사원이 있고, 오달란 날에는 공 거데Gong Gede, 거대한 청동 징이나 건반를 사용한 연주가 행하여지고 있다.

3. 바뚜 까루 사원

타바난 북쪽에 발리 섬에서 세 번째로 높은 바뚜 까루Batu Karu 산2,276m이 있고, 그 기슭의 표고 650m 지점에 발리 6대 사원의 하나인 바뚜 까루 사원이 위치한다. 사원의 정식 이름은 루훌 바뚜 까루 사원이다. 바뚜 까루는 코코넛 껍데기를 의미하고, 브사끼 사원과 같이 몇 개의 사원군으로 이루어진 복합 사원이다. 관광 코스에서 떨어져 있기 때문에 정숙한 분위기를 유지하고 있으며 울창한 나무가 사원의 모습을 더욱 신비롭게 한다.

이 사원은 타바난 왕국의 사원으로 건립된 것이다. 경내에는 6기의 대형 메루

바뚜 까루 사원

가 세워져 있다. 이들 메루들은 17세기 겔겔 왕조의 달럼 디마데Dalem Dimade와 타바난 왕국의 쵸콜다 타바난Corkorda Tabanan의 두 명을 상징하고 있다고 한다. 사원의 제일 안쪽에는 자연의 바위를 신체神體로 모시고 있어 힌두교와 거석신앙이 융합한 모습을 볼 수 있다. 또 바뚜 까루의 중턱에 있는 버라탄Beratan, 땀벌링안Tamblingan, 부얀Buyan이라는 호수의 신을 제사 지내고 있는 세 개의 사원이 있어, 주변 지역의 농민들로부터 많은 신앙을 받고 있다.

4. 울루 와뚜 사원

울루 와뚜 사원Pura Luhur Uluwatu은 발리 섬 남부에 세워진, 바다의 신을 모시고 있는 사원 중에서 가장 중요한 사원의 하나이다. 사원의 정식 이름은 루훌 울루 와뚜 사원으로 발리 섬 남부 바둥 반도 서쪽 끝에 위치하여 그 이름대로 인도양의 거센 파도가 밀어닥치는 70m 절벽 위에 있어 일몰 감상 명소로 유명하다.

울루 와뚜 사원

사원은 11세기에 고승 움푸 쿠투란Empu Kuturan에 의해 창건되었고 따나롯 사원, 란붓 스위 Rambut Siwi 사원, 사케난Sakenan 사원 등 바다의 사원을 세운 명승 니라타Nirata가 16세기에 증축했다고 전해지고 있다. 니라타는 만년에 이 사원에서 은거하였고 최후에 해탈Mosaku했다고 한다. 건물은 산호 석회암으로 만들어져 찬디 븐탈이나 찬디 쿨은Candi Kurung에는 가네샤 신이나 카랑 보마Karang Boma, 마신의 얼굴, 불사조 등 훌륭한 부조가 있다. 내부의 안뜰 제로와 후원의 다렘에는 힌두교 교도만 들어갈 수 있다.

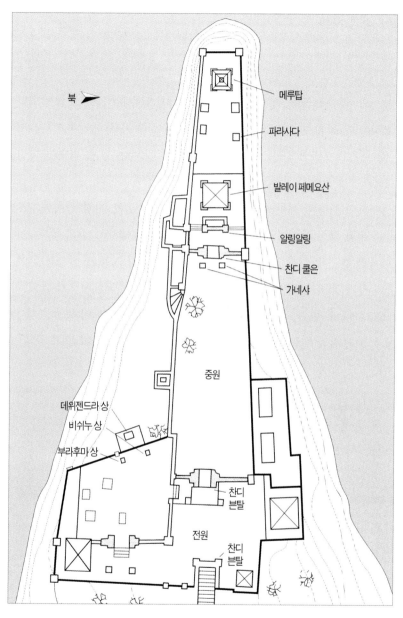

북 ▶

메루탑

파라사다

발레이 페메요산

알링알링

찬디 쿨은

가네샤

중원

데위젠드라 상

비쉬누 상

부라후마 상

찬디
븐탈

전원

찬디
븐탈

울루 와뚜 사원의 평면도

5. 고아 라와 사원

발리 섬 동부 최대의 도시 써마라뿌라는 꿀룽꿍 왕조시대의 수도로서 문화와 예술의 중심지다. 꿀룽꿍 현 현청소재지에서 약 4km 정도 동쪽 해안에 발리의 6대 사원 중 하나인 고아 라와 사원Pura Goa Lawah이 있다. 고아는 동굴, 라와는 박쥐를 뜻한다. 1007년에 성인 움푸 쿠투란에 의해 건립되었다고 한다. 돌 층계를 올라 경내에 들어가면 11층의 메루와 7층의 메루가 세워져 있고, 가장 안쪽에는 사원의 이름이 유래된 박쥐 동굴이 있다. 동굴 내에는 무수한 박쥐가 살고 있다. 이 동굴에는 다음과 같은 전설이 있다. 옛날 등위 왕국 왕자가 사제의 허가를 얻어 고아 라와 동굴을 탐험하게 되었다. 동굴 내에 들어간 왕자는 되돌아오지 않았고 나중에 왕자가 나타난 것은 브사끼 사원이었다고 한다. 그 때문에 이 동굴은 약 20km 북쪽에 있는 발리 힌두교 총본산 브사끼 사원까지 이어져 있다고 믿고 있다.

6. 따나롯 사원

아름다운 석양과 바다 속의 큰 바위 위에 세워져 있는 신비로운 사원으로 많은 관광객이 찾아온다. 따나롯 사원Pura Tana Lot은 주차장에서 해안까지 선물 가게가 즐비하고 지극히 상업적인 장소로 변해 있지만 힌두교도 이외에는 사원 안에 들어갈 수 없다. 발리인에게 있어서 따나롯은 가장 숭배되는 바다의 사원이다. 16세기에 자바에서 온 고승 니라타가 건립했다고 한다. 니라타가 발리의 서해안 남쪽으로

고아 라와 사원

따나롯 사원

일몰 광경(따나롯 사원)

내려오면서 바다 위에 떠 있는 바위덩어리로 된 섬의 경관에 시선을 빼앗겨 "여기야말로 신들이 강림하기에 어울리는 곳이다"라고 마을 사람들에게 권하여 사원이 건립되었다고 한다. 지금도 이 섬에는 신의 화신인 검은 뱀이 살고 있어 바다로부터 오는 악령을 쫓아버린다고 믿고 있다. 사원 옆에는 동굴이 있는데, 거기에 바다 뱀신이 모셔져 있다. 발리 섬의 서해안은 서핑을 즐길 수 있는 곳이 많은데, 인도양으로부터 강한 파도가 끊임없이 밀려와 이 강한 파도의 물결에 의한 침식으로 따나롯 사원은 사라질 위기에 직면해 있다.

제6장

발리의
예능

발리의 음악

발리 섬만큼 외국인 관광객이 민족 예능을 접할 기회가 많은 곳은 없을 것이다. 우선 호텔에 도착하면 제일 먼저 들려오는 음악이 가믈란이고, 발리 예능 대부분에는 가믈란이라고 불리는 반주가 붙는다. 가믈란Gamelan은 인도네시아어로 '두드린다' 혹은 '장식한다'를 의미하는 가말gamal이라고 하는 말에서 유래한다. 가믈란은 자바나 발리에서 볼 수 있는 장식적인 청동제 타악기이며, 그것에 의해서 연주되는 음악을 의미한다. 보통은 '가믈란 ～'이라고 해서 뒤에 특징을 나타내는 말이나 앙상블의 중심이 되는 악기 이름을 붙인다.

가믈란은 악기 편성이나 반주 스타일에 의해 20종류 이상이 있다. 현재 각종 행렬이나 여러 의례의 반주로 사용하는 벌라 간주르Bela Ganjur, 8박자 1주기의 반복 패턴라고 하는 연주 형태가 있다. 이것은 원래 지하 정령들에게 제물을 바칠 때 사용하는 음악으로 벌라Bela는 지하에 사는 정령들을, 간주르Ganjur는 활기찬 장단 소리라는 의미이다. 즉, 지상에서 시끄러운 소리를 내어 지하 정령들을 불러내서 제물을 바친다는 뜻이다. 가믈란에 사용하는 주된 타악기는 일정한 음계를 구성하도록 조율된 청동제의 대·중·소의 공Gong, 징, 목제나 금속제의 강사Gangsa, 건반 타악기, 껀당 Kendang, 북, 슬링Suling, 대나무 피리, 또롬뽕Trompong, 우갈Ugal, 퍼마데Pemade, 컴폴Kempur 등 14개 이상의 악기를 사용한다.

가믈란 악기

악단 편성은 일반적으로 큰 오케스트라인 공 거데Gong Gede의 경우 35~40명의 연주가들에 의해 편성되어 있다. 그중 공 꺼뱌르Gong Krbyar, 꽃이 돌연 개화하는 모양이나 번개라는 의미는 현대적이고 인기 있는 공의 형태로 통상 25~40가지의 악기를 사용한다.

악기가 많아지면 그 음색이나 소리가 길게 지속됨으로써 미묘한 울림이 증폭되어 장대한 음향이 된다. 연주에서는 리더의 북 신호로 일제히 가믈란이 울리기 시작한다. 완만한 춤에서는 가믈란 소리도 완만하게 연주되고 격렬하게 움직이면 가믈란도 빠른 울림이 된다. 자바에도 가믈란이 있어 궁

가믈란 반주

중음악으로 비교적 우아하고 느리게 연주되는데, 발리 가믈란은 빠른 리듬이 특징이다.

마을의 가믈란 악단은 통상 반자르마다 조직되어 있다. 반자르는 악기를 소유하고 보통 발레이 공Bale Gong이라는 공동시설에 보관하고 있다. 연주자들은 발레이 반자르집회소에 모여서 연습한다. 가믈란 연주는 전통적으로 남성의 활동이지만 우붓에서는 여성 가믈란도 설립되었다. 곡은 악보에 쓰인 것이 아니고 머리와 몸으로 기억한 리듬과 기법이 대대로 계승된다.

가믈란의 기원은 명확하지 않다. 가믈란이라고 하는 용어는 비교적 새로운 것으로 중부 자바의 용어가 다른 지역에 퍼진 것이다. 청동제 타악기에 의한 앙상블

타악기 앙상블과 춤(보로부드르)

이라고 하는 음악적인 아이디어는 인도네시아 음악의 가장 근원적인 요소의 하나이며 매우 오래전부터 있었다. 가믈란을 비롯해 동남아시아 선율 타악기의 원류는 금속기시대의 동손동고에 있다고 한다. 그러나 동손동고는 순수한 악기가 아니고 농경의례나 조상숭배와 관련하여 제사에 사용하는 제기, 즉 종교의례의 도구로서 사용되었다. 이러한 동고를 제조하려면 고도의 금속 가공 기술이 필요한데 금속기시대 이후 그 기술이 악기 제조에 전용되어 오늘날의 가믈란과 같은 악기를 만들어 냈다고 전해진다.

발리에는 '뻬젱의 달'이라고 불리는 동남아시아 최대의 동고기원전·후가 있어 뻬나타랑 사시 사원의 신체로 신전 위에 안치되어 있다. 발리 주민은 이 '뻬젱의 달'

이 모든 가믈란의 원형이라고 믿고 있다. 그 외에도 8~9세기에 중부 자바의 불교 유적인 보로부드르나 힌두 사원 프람바난의 부조에도 이러한 타악기 앙상블이나 춤이 보인다.

18세기경의 문헌 『뿌라켐파Purakempa』에 의하면 가믈란은 발리인의 조화 개념Tri Hita Karana과 불가분의 관계가 있다고 한다. 조화의 개념은 1부터 10까지 있고, 예를 들면 2는 선과 악, 남자와 여자 등 두 개가 대응하는 것에 대한 신앙을 나타내는데 사물의 조화를 중시하는 사고방식은 발리 문화의 근간을 이루고 있다. 무조작으로 치는 가믈란 소리가 합쳐지면 조화하모니 바로 그 자체로 우리를 환상적인 세계로 인도한다.

발리 주민에게 있어 가믈란은 단순히 음악을 즐기기 위한 악기가 아니고 악령을 진압하는 영적인 힘을 가지고 있다고 믿고 있다. 동남아시아와 중국 남서지역에서는 예부터 청동제 악기를 사용하는 무용이나 연극이 금속제 악기에 영적인 힘이 머문다고 하는 신앙이 있었다. 다시 말해서 제사 의례에 없어서는 안 되는 것이 청동제 악기이고 이 악기를 소유하는 것이 권력이나 권위의 상징으로 간주되어 소리의 지배자가 마을의 지배자가 되는 셈이다. 일본의 동탁銅鐸도 기본적으로 소리를 내는 악기의 일종이다.

세계 각지의 무용이나 음악의 대부분은 종교의례의 일환으로서 태어난 것으로, 발리 가믈란도 원래 주술적인 종교의례로부터 생긴 것이다. 발리 무용이나 음악이 자바 힌두교 영향 속에서 발전되어 온 것을 고려하면 자바 힌두교와의 관련을 부정할 수 없다. 그러나 가믈란의 원형은 인도 문화 전래 이전의 주술적 의례 안에서 형성되었다고 보는 것이 타당하다. 만일 자바나 발리의 무용과 음악에 일부 인도의 영향이 있다고 해도 청동제 악기의 사용은 인도 문화의 영향을 받은 적이 없는 동인도네시아 제도에서도 많이 보인다. 따라서 발리 가믈란의 원형은 인도 문화 전래 이전부터 성립되었다고 볼 수 있다. 발리에서 가장 오래된 가믈란 형태라고 일컬어지는 가믈란 슬론딩Gamelan Selonding은 지금도 뜅아난 마을과 같은 발리 아가 마을에서 연주되고 있다.

발리 섬의 가믈란 연주자는 악기와 결혼한다고 말해지고 있다. 이것은 사람과 악기가 일체가 되는 것을 강조하고 있다. 한국의 판소리 북재비가 모든 리듬을 기억하는 것처럼 가믈란 반주자도 머리만으로 악보를 기억하는 것이 아니라 몸으로 리듬과 기법을 기억한다. 그러한 연습을 통하여 가믈란 음색은 힘을 가지는 것이 되고 우리의 마음속에 울려 퍼지는 것이다. 발리 가믈란은 그 예술성이 높아 20세기 초부터 구미 음악가들의 주목을 받아 현재는 국제적인 음악이 되어가고 있다.

가믈란의 주된 악기는 강사철금, 쿤단북, 공징, 레옹Reong, 양손으로 치는 솥이 있다. 그 밖에도 청동제의 대·소형 심벌즈가 있고, 쳉쳉안Cengcenan은 호금 형의 현악기로 두 개의 금속 현絃이 사용되며, 대나무제 피리로 구조적으로 레코더와 같은 발음 원리의 순환 호흡으로 연주되는 슬링이 있다.

가믈란에는 두 개의 다섯 소리 음계1옥타브를 다섯 개로 분할한 음계가 연주 목적별로 쓰인다. 일정한 패턴을 몇 번이나 반복하는 것이 가믈란 음악 등 인도네시아의 여러 전통음악의 공통적인 특징인데, 그 하나는 반복되는 곡의 각 부분으로 각각의 골격이 되고 있는 선율이 있고, 또 하나는 장식적인 빠른 움직임의 음형이 두 개의 파트로 갈라져서 연주하는 것이다. 음을 반복하는 가운데 강약이나 템포의 변화를 붙여 다음 부분으로 나아가기 위해서 그 음형을 변형브레이크한다.

직접적으로 연주를 리드하는 북 연주자가 신호를 하지만 본래 춤곡에서는 안무에 그 신호가 포함되어 그것을 읽어낸 쿤단이 다른 연주자에게 신호를 보낸다.

가믈란에서 사용되는 음계는 두 종류가 있는데 하나의 음계는 1옥타브가 5음 또는 7음으로부터 이루어지고 현재 발리에서 가장 표준적이다. 또 하나의 음계는 1옥타브가 4~5음으로 이루어진다. 와양 쿨릿의 반주로 사용되는 건델 와양Gender Wayang이나 장례식에서 연주되는 가믈란 앙끌룽Gamelan Angklung이 대표적인 가믈란이다. 이들 음계는 서양음악과 같은 규격화된 것이 아니고 같은 음계여도 가믈란의 세트에 의해 음량이나 음정 관계가 다르다. 또 하나의 세트 안에서 각각의 악기를 동시에 쳤을 때 울림 소리가 생기도록 일부러 비켜서 조율되어 있다.

발리의 전통무용

1. 레공 댄스

레공 댄스는 발리 무용 중에서 가장 우아한 춤이며, 송켓의 화려한 의상을 입은 소녀들이 가믈란에 맞춰서 춤추는 발리 무용의 대명사라고 할 수 있다. 레공의 무용수는 재능 있는 소녀들이 5~6세 때 뽑혀서 15세가 되면 은퇴하는 것이 일반적이다. 바리스가 웅장한 남자 춤인 데 대해 레공 댄스는 섬세하며 우아한 여자의 춤이다. Le는 '아름답다, 예쁘다, 우아하고 아름다운'이라고 하는 의미도 포함되며, 무용의 움직임을 표현하고 있다. Gong은 가믈란이다. 레공은 왕가에 의해 애호되어 궁정 내에서만 행해지며 무용수와 악단, 악기는 원래 왕궁 소유였다.

현재 관광객의 관상용으로 추는 레공 끄라톤Regong Kraton은 고대 궁정 무용극인 감부Gambu와 종교의식 무용인 상향 드다리Sanghyang Dedari의 두 요소가 합해져 만들어진 것이다. 따라서 발리의 레공 댄스는 자바 힌두교감부: 궁정무용와 발리 토착신앙상향 드다리: 악마를 쫓는 춤의 융합에 의해 성립되었다.

레공 댄스의 기원에 대해서는 다음과 같은 전승이 있다. "17세기 중반, 발리 섬 수카와티 왕조의 데와 아궁 스리 루나Dewa Agung Sri Luna가 우붓 근교의 꺼테웰

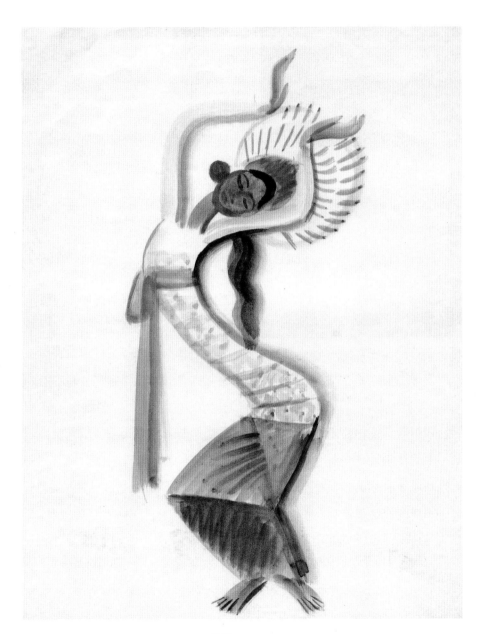

무희(코바루비아스)

레공 끄라톤

Ketewel 마을에서 명상을 하고 있었는데 어느 날 신의 나라에 들어가 선녀의 춤을 본다. 명상으로부터 깬 스리 루나는 마을 여자아이를 모아서 춤추게 했지만 무슨 일인지 명상으로 본 아름다움을 표현할 수 없었다. 거기서 스리 루나는 선녀의 가면을 만들어서 소년들에게 씌어서 춤추게 했다고 한다."

명상에서의 사건을 사물의 기원으로 하는 설화는 세계 각지에서 보인다. 신비롭게 가장하기 위해서일 것이다. 또 주목하고 싶은 것은 가면의 존재인데 동서를 막론하고 가면은 그것을 쓰는 것에 의해 초인적인 힘을 발휘할 수 있다고 여겨진다. 즉, 가면은 신이 머무는 것이며 영적 능력을 가진다고 여겨지고 있다. 단지 현재 레공 댄스에서는 가면은 완전히 사라졌지만, 꺼테웰 마을의 '상향 레공'은 지금도 가면을 쓰고 신들에게 바치는 춤이다. 이것은 레공의 종교의례적 성격을 나타내는 것이며 관광객에게 보여주기 위한 레공 댄스와는 다른 것이다.

관광객용 레공 댄스의 원형은 네덜란드 식민지시대에 바뚜 불란 마을의 이 구스티 응우라 지란I Gusti Ngurah Jiran이 고안했다. 처음에는 소녀가 아니고 여장한 소년이 춤을 추었는데, 이것을 '나딜'이라 불렀다. 후에 소녀가 춤추게 되는 것은 20세기가 되고 나서 우붓의 수카와티 일족인 데와 거데 뿔위타I Dewa Purwita가 고안했다고 전해지고 있다.

환영의 춤 뻰뎃

레공 댄스는 세 명의 댄서로 구성되며, 두 명의 레공과 시녀 한 명이 있다. 레공 댄스에는 여러 형태가 있지만 무용의 개요는 다음과 같다.

랏삼Ratsam 왕이 랑사케리Langakeri 공주를 납치해 가는 것으로부터 시작된다. 왕은 공주에게 결혼을 강요하지만 거부당한다. 드디어 랑사케리 공주의 오빠가 구출하러 온다. 공주는 왕에게 전쟁을 그만두고 자신을 풀어달라고 간청한다. 랏삼 왕은 그것을 거부하고 공주의 오빠와 전쟁을 일으키는데, 도중에 불길한 예언을 하는 새 가르다를 만난다. 왕은 가르다의 예언을 무시하고 진군을 계속하다가 결국 전사한다.

레공의 주제는 종교와는 전혀 관계없는 것으로 왕의 이름을 넣어서 레공 랏삼, 혹은 왕궁의 이름을 넣어서 레공 끄라톤이라고 부른다.

레공을 추는 소녀들은 엄격한 연습을 한다. 어린 소녀 때부터 연습을 하지 않으면 유연한 춤을 출 수 없다고 한다. 처음 연습을 시작하기 전에 의식이 행해지는데 몸 안에 신을 넣는다고 한다. 춤의 내용과 종교는 관계없지만 신의 존재를 분리해서는 발리 섬의 춤은 존재하지 않는다.

현재 연극 출연자는 보통 무대의 좌우에서 등장한다. 레공을 비롯한 발리 무용은 무대의 후방 중앙에서 등장인물이 출입하는 것이 일반적이다. 언제부터 이러한 연출이 된 것인지는 불분명하지만 신들에게 바치는 모든 행위는 신들에게 대한 정면성이 중요한 의미를 가진다. 마치 고대 불상의 정면성이 강조되는 것처럼 중앙의 후방에 신이 머문다고 생각하고 있었던 것이다. 신들에게 봉납하는 종교 예능은 신의 정면에서 신을 대신하여 인간이 연기하는 것이며 신을 향한 제스처는 봉납하는 형식을 취한다.

2. 바롱 댄스

발리 섬 예능 중에서 가장 대표적인 춤은 역시 바롱 댄스일 것이다. 현재 바롱 댄스는 예술의 마을 우붓의 궁전이나 덴파사르 북쪽의 바뚜 불란에서 공연되고 있다. 그런데 바롱 댄스의 내용은 선의 상징인 바롱과 악의 화신인 마녀 랑다와의 싸움을 테마로 하고 있다. 그러나 양자는 결코 반대 측의 양극에 있는 것이 아니고 서로 닮은 선악의 양면성을 가지는 애매모호한 존재이다. 현재 상연되고 있는 바롱 댄스의 개요는 다음과 같다.

성스러운 동물 바롱

사하 데와Saha Dewa 왕자는 버타리 두르가Betari Durga라고 하는 죽음신의 제물로 바쳐질 운명에 처해 있었다. 왕자의 어머니여왕와 두 명의 하녀는 매우 슬퍼한다. 두 명의 하녀는 사하 데와의 수상에게 도움을 청한다.

수상과 여왕이 나타나자 마녀는 여왕의 마음이 변하는 것을 두려워해서 저주를 걸어 왕자를 처형하라고 명한다.

수상은 사하 데와 왕자를 경애하고 있어 여왕의 명령에 반항한다. 마녀는 이것을 알아차려 수상에게도 저주를 걸고 왕자를 죽음의 신의 집 앞에 붙들어 맨다. 시바신은 애처롭게 생각하여 왕자를 불사신으로 만든다.

바롱의 원군이 나타나 랑다와 싸우지만 랑다의 마법에 걸려서 자신들 가슴에 단검을 찌른다. 바롱은 랑다의 마법을 풀지만 랑다와 바롱의 끝없는 싸움이 계속된다.

한국에서는 권선징악이라고 해서 선은 반드시 악을 퇴치하게 되지만 바롱 댄스에서는 랑다가 패배하지 않은 채 극이 끝난다. 양극으로 대립하는 '선'과 '악'이라는 두 개념이 영원히 싸우면서 조화되는 세계를 나타내고 있다. 바롱 댄스는 일본

마녀 랑다

사자춤과 아주 비슷하다. 일본 사자춤의 원류는 백제百濟인 악사 미마지味摩之가 전한 기악伎樂이다. 백제의 기악이 어떤 것이었는지는 알 수 없지만 현재 한국에서는 북청사자놀이가 전해지고 있어, 이것들은 중국에서 전래된 것이라고 생각된다. 여러 지역에서 춤의 내용이나 형태가 다르지만 발리 바롱 댄스와 일본 사자춤은 기원이 같을지도 모른다. 일본 기악에 있어서 사자는 악령을 쫓아내는 영적인 동물로 여겨지고 있어 발리 바롱과 성격이 같다.

바롱과 랑다는 네 개의 신과 관련되어 해석되고 있다. 네 개의 신은 동서남북에 사는 일종의 방위 신수호신으로 여겨지고 있다. 발리인은 네 개의 신과 함께 출생하여 성장한다고 믿고 그것을 '깐다 움빳'이라고 부른다. 네 개의 신 중에 버스 패티

라쟈는 바롱, 뿌라쟈파티는 랑다의 별명이라고 한다.

현재 발리에서 관광용으로 상연되고 있는 바롱 댄스는 힌두교 서사시 〈마하바라타〉를 중심으로 하는 내용으로 되어 있다. 그러나 이 〈마하바라타〉가 도입된 것은 비교적 새롭다. 바롱 댄스의 원조가 된 것은 악마를 내쫓는 일종의 주술극 챠롱나랑극Calonaran으로, 이것을 관광용으로 재연출한 것이 바롱 댄스이다. 바롱 댄스의 원형 챠롱나랑극은 발리인 스스로 고안했다고 하는 이야기도 있지만 월터 스피스가 한 역할이 결코 과소평가되어서는 안 된다. 스피스는 의례용의 챠롱나랑극에 주목하여 바뚜 블란 싱아파두Singapadu 마을로 외국인 관광객을 초대하여 관상용으로 재연출한 바롱 댄스를 보여준다.

1930년대 제인 베로, 마가렛 미도, 그레고리 베토손이 챠롱나랑극을 조사하였는데, 그들은 기록을 위해서 챠롱나랑극의 단순화를 도모한다. 이러한 과정을 통해서 오늘날의 끄리스 댄스빙의 상태에서 칼로 자신의 가슴을 찌르는 춤가 클라이맥스로 된 바롱 댄스의 기본으로 완성되었다. 1930년대에 만들어진 바롱 댄스는 외부나 내부에서의 필요에 따라서 끊임없는 재창조와 재연출을 되풀이했다. 원래 바롱 댄스는 바롱의 난폭한 춤이 계속되고 바롱과 랑다가 싸우다가 최후에 검을 든 남자들이 몰려들어 와서 최면 상태에서 자기 가슴을 찌르는, 그야말로 연극성이 희박한 것이었다. 특히 끄리스 댄스는 초기 인류학자들의 흥미와는 달리 외국인 관광객들에게 평이 좋지 않았다. 현재 감상용의 바롱 댄스가 일상적으로 상연된 것은 인도네시아의 독립 이후였다. 1948년 발리 호텔덴파사르 시내에 있는 발리 최초의 호텔로부터 외국인 관광객에게 보여주기 위한 바롱 극의 상연 요청을 받고 싱아파두 마을과 바뚜 불란 마을 사람들에 의해 만들어졌다고 한다.

챠롱나랑극은 발리의 가장 중요한 종교의례의 하나이다. 11세기 자바 섬에 있었던 에를랑가 왕국 시대에 챠롱나랑이라고 하는 마녀전설에 근거하는 무용극이다. 챠롱나랑이라고 하는 것은 일찍이 왕비였던 과부가 원한을 갚기 위해서 마력

사원에 봉안된 바롱과 랑다

을 이용해서 마을에 재앙을 초래한다. 챠롱나랑은 최후에 랑다로 변신하여 바롱과
싸우는 스토리이다. 마을에 병이 유행하거나 재앙이 계속되거나 하는 것은 마녀의
분노를 산 것이 원인이라고 생각되어 이것을 가라앉히기 위해서 챠롱나랑이 공연
되었다. 이른바 진혼 예능이며 예능의 원시적 형태를 보이는 것이다.

　발리 사람들은 예부터 생명의 탄생이나 죽음은 인간에게 강한 영향을 주는 '초
자연적인 힘'에 대한 공포나 자연현상에 대한 경외로 생각했다. 그러한 자연의 활
동을 영적인 신들의 힘에 의한 것이라고 이해하고 있다. 그리고 사람들의 행복이
나 풍요는 눈에 보이지 않는 초자연적인 힘과 인간이 균형조화을 유지하고 있을 때
에 초래되는 것으로 간주하고 있다. 그 평형 상태가 무너지면 악령들이 화를 일으
킨다고 믿고 있다.

발리 사람들이 초자연적인 존재, 신산, 오른쪽, 선과 악령바다, 왼쪽, 악의 상반되는 힘을 양극에 부여하고, 그 균형을 유지하기 위해서 의례를 행하여 제물이나 기도를 바치고 예능을 봉헌하는 것은 세계의 조화를 유지하기 위해서이다. 신들과 인간의 조화, 자연과 인간의 조화는 더욱 상세화되어 의례나 주술의 복잡한 구조가 완성된다. 이러한 체계화에 의해 하루하루의 생활이 결정되어 초자연적인 힘과 조화가 이루어진 생활이 유지되고 있다. 인간과 같이 대지도 생명력을 가지지만 그 생명력은 점차로 약해져 부정해져 가므로 의례를 되풀이하는 것에 의해서 힘을 부활

바롱 댄스의 클라이맥스

시키려는 것이 챠롱나랑극이었다. 챠롱나랑은 이러한 배경에서 만들어진 일종의 주술극이며 레약에게 대치하는 강력한 악령을 쫓는 의식이었다. 와양 쿨릿에 등장하는 챠롱나랑 이야기는 1890년경에는 독립하여 바뚜 불란 마을에서 연극화한다. 그 이후에 오달란 날에 모든 재앙이나 화를 막기 위한 목적에서 챠롱나랑극이 점차로 유행한다. 챠롱나랑극으로 사용되는 바롱과 랑다의 가면은 평소에는 사원의 사당 안에 봉안되어 있다.

챠롱나랑에는 기본적인 줄거리 위에 여러 가지 다른 이야기가 뒤섞여서 발리에서 공연되고 있다. 의례는 보통 심야 뿌라 달엄에서 시작되어 마녀 랑다가 등장하는 새벽까지 이어진다. 챠롱나랑극의 힘은 항상 신성과 사악, 삶과 죽음, 선과 악,

오른쪽과 왼쪽, 청정과 부정, 건강과 병, 백과 흑, 빛과 어둠 등 양극의 힘이 끊임 없이 모순 괴리되어 다이내믹하게 변화한다. 그러나 발리에서는 악령, 죽음, 부정 이 결코 배제되는 것이 아니다. 예를 들면 사원 입구의 오른쪽은 성스러운 것이고 왼쪽은 통속적인 것이라고 하는데, 사원 안에서 보면 좌우는 상반되는 개념이다. 성聖과 속俗은 절대적인 것이 아니고 일방적으로 존재하는 것도 아니다. 이러한 양 극이 항상 존재하고 조화됨으로써 사람들의 생활이 성립한다고 생각하고 있다.

3. 께짝 댄스

발리 무용에서 께짝Kecak 댄스처럼 낙원의 섬 발리의 정서가 넘치는 매력적인 춤 은 없을 것이다. 신에게 제물을 바친 후 시작되는 께짝 댄스는 멍키 댄스라고도 부 른다. 상반신을 벗은 원숭이 군단의 역할을 하는 100여 명의 남자들이 등잔불 주 위를 둥그렇게 둘러싸고 개구리 울음소리를 흉내 내서 '께짝 께짝'이라고 합창하 면서 춤추는 모습은 소름끼칠 만큼 박력이 있다. 께짝은 가믈란 반주를 수반하지 않는 유일한 전통무용으로 돌발적인 리듬, 이상한 노래의 멜로디, 신들린 듯한 춤 사위, 원숭이 군단의 군무, 아름다운 소녀의 춤에 의한 라마야나 이야기가 한 시간 정도 상연되어 이국 정서를 충분히 만끽하게 한다.

발리 섬을 대표하는 께짝 댄스의 성립은 의외로 새롭고 그것이 만들어진 시대 적인 배경은 다른 발리 예능과 같이 1930년대의 관광화와 밀접한 관계가 있다. 1931년, 독일의 빅터 폰 푸렛센 감독의 영화 〈악마의 섬〉은 발리의 이국적인 풍습 과 예능을 소개하여 유럽에서 대성공을 거둔다. 영화는 당시 우붓에 살고 있었던 같은 독일인 스피스가 적극적으로 협력해서 제작된 것으로 그 가운데 새롭게 고안

께짝 댄스

한 께짝이 처음으로 소개된다. 발리 섬에서 예부터 전해지는 악마를 쫓는 의식 '상향'에서 최면 상태를 촉진할 목적으로 사용하는 '차남성 합창'를 개편하여 그 안에서 라마야나 이야기를 아름다운 소녀들이 춤추는 스타일로 창작하였다. 께짝은 이른바 영화라고 하는 미디어를 위해서 새롭게 창작된 무용이다. 그 후 영화 〈악마의 섬〉을 본 유럽인 관광객이 발리에 와서 께짝 관람을 청하게 되면서 이 새로운 스타일의 댄스는 외국인 관광객을 대상으로 발리 각지에 급격히 퍼져 갔다.

께짝은 원래 상향이라고 하는 최면 상태의 의례 때 하던 남성 합창을 원형으로 한다. 최면 상태에서의 의례인 상향은 발리 섬에서 샤먼으로서 역할을 하는 인물 혹은 그들에 의한 춤을 가리키고, 그들은 초자연적인 힘에 의해서 비로소 춤출 수 있는 것이라고 믿고 있다. 악령에 의해 초래되는 전염병이나 재해를 예방하는 것을 목적으로 하고 공동체가 악마나 악령에 의해 야기된 위험에 처해졌을 때 신들

라마야나 이야기와 결부된 께짝 댄스

과 인간 사이의 보호 관계를 확립하는 수단으로서 주술로 더럽혀진 공동체의 부정을 없애고 선과 악의 조화를 회복시키기 위해서라고 한다.

그 께짝의 근원이 된 상향의 명칭이나 목적은 여러 가지가 있지만 힌두교가 들어오기 이전부터 있었던 일종의 악령을 쫓는 의례최면 상태의 무용였다. 그 중에서도 특히 뿌라 달엄에서 보름날 밤에 행해지는 상향 드라리는 최면 상태에서 행하는 무용의 대표격이다. 드라리는 선녀, 천사라고 하는 의미로 도취를 유혹하는 노래와 향의 연기, 사제의 최면에 조종되어 소녀는 조용히 빙의 상태에 빠져 간다. 그리고 소녀는 최면 상태에 들어가면 신들린 채로 춤을 춘다. 이것이 상향 드라리인데 영화 〈악마의 섬〉에서는 이 의례용 춤이 클라이맥스가 되고 있다.

이러한 께짝 형식은 1933년에 우붓 보나Bona 마을과 부두루Budur 마을의 혼성 무용단에 의해 성립되었다. 그리고 1935년에 보나 마을 사람들이 보다 발전한 형태로 상연한 것이 께짝의 원형이라고 하는데 그것이 1937년에는 〈라마야나 이야기〉와 결부된다. 라마야나 이야기는 기원전 2세기에 쓰인 인도의 서사시로, 아요디야Ayodya 왕국의 왕자 라마Lama를 주인공으로 해서 그 스토리는 중부 자바의 프람바난 사원 시바 탑의 벽면에 조각되어 동남아시아 미술의 최고 걸작으로 평가되고 있다. 이 〈라마야나 이야기〉는 발리에서도 널리 알려져 있어 이야기의 개요를 이해할 필요가 있다.

인도 갠지스 강 중류의 코사라Kosara 왕국에 다사라타Dasarata 왕과 세 명의 왕비 사이에 네 명의 왕자가 탄생했다. 첫째 왕비에게서 태어난 왕자 라마는 원래 비쉬 누신의 화신으로 마왕 라비나Rabina를 쓰러뜨리기 위해서 이 세상에 태어났다. 라 마는 위두라Widura 국왕의 딸 시타Shita와 결혼한다.

라마는 왕국의 왕위 계승자였지만 둘째 왕비의 책략으로 이복동생인 바라타가 왕위 계승자가 돼서 왕국으로부터 추방된다. 라마 왕자는 아내 시타와 남동생 락 사마나와 함께 왕궁을 떠나 아라스 깐다카Alas Kandaka 숲에 들어간다.

마왕 라비나의 여동생 슐파나카Surpanaka는 숲에 놀러와 라마를 처음 보고 사랑 에 빠진다. 사랑이 거절되자 라마의 아내 시타를 죽이려 하다가 오히려 락사마나 Laksmana에 의해 코와 귀가 잘린다. 마왕 라비나는 그 보복으로 시타를 납치하여 랑카Hangka 왕궁에 유폐한다. 시타를 구원하러 가던 도중 라마와 락사마나는 원숭 이 왕 스구리와Sugriwa, 그 신하 아노만Anoman을 만난다. 라마는 원숭이 군단을 인 솔해서 라비나가 사는 랑카Langka로 향한다.

랑카에서의 싸움은 계속되고 속을 태우던 라비나는 6개월에 한 번밖에 잠에서 깨지 않는 남동생 쿰바까르나Kumbakarna를 깨운다. 쿰바까르나는 잠에서 깬 날만은 불사신이다. 그러나 잠이 채 깨지 않은 채 눈을 떴기 때문에 쿰바까르나는 전사하 고 만다. 결국 싸움은 라마와 라비나의 일대일 승부가 되어 격전 끝에 라마가 승리 한다.

라마는 왕국에 되돌아와 왕위에 오르지만 시타의 정절을 의심하는 소문이 돌아 부득이 시타를 추방한다. 시타는 숲에서 쌍둥이 왕자를 낳는다. 성장한 쌍둥이를 본 라마는 자신의 아이인 것을 직관하고 시타의 정절을 신과 상의한다. 시타는 신으로 부터 결백을 인정받고 라마와 시타는 재회하여 천상의 비쉬누신으로 돌아간다.

4. 그 밖의 예능

와양 쿨릿Wayang Kulit

와양 쿨릿그림자극은 11세기 이후 자바 섬과 발리 섬에서 널리 공연되어 한 명의 다랑Dalang, 변사와 인형을 다루는 역이 인형을 조종하여 스토리를 전개하는 전통적인 그림자극 또는 그것에 사용되는 인형을 가리킨다. 와양은 그림자, 쿨릿은 가죽을 의미한다. 와양 쿨릿은 흰 스크린 뒤에 석유 램프를 켜고 막 뒤에서 와양 쿨릿 인형을 조종하며 극을 진행한다. 관객은 석유 램프와 인형의 반대쪽에서 관람한다. 스크린 뒤에서는 한 명의 다랑이 스토리를 이야기하고 노래하면서 모양이 다른 몇 개의 인형을 스크린 곁에서 조종한다. 스크린으로부터 인형을 멀리하면 그림자는 커지고 희미해진다.

와양 쿨릿(인형)

인형은 소가죽으로 납작하게 만들어진 것으로, 부분적으로 작은 구멍이 송송 뚫려 있다. 이것에 의해 사람이나 동물의 형태는 단지 전체가 그림자만 보이는 것이 아니고, 몸의 각 부분의 윤곽을 구체적으로 나타낼 수 있다. 관객석에서는 보이지 않지만 인형에는 각기 색이 칠해져 있다. "스크린의 뒤편은 저세상으로 여겨지고, 저세상의 아름다운 색채가 현세에서는 흑백밖에

와양 쿨릿 극

보이지 않는다"고 한다. 인형 중심부에는 한 개의 막대기가 딸려 있고 하부가 뾰족하다. 이를 인형사 다랑인형극을 연출하는 사람이 스크린 뒤의 다랑 근처에 꽂아놓으면 인형이 스크린에 비춰진 채로 있기 때문에 등장인물을 늘릴 수 있다.

　와양 쿨릿에는 사람이 연기하는 와양 오랑Wayang Orang, 인형극 와양 고렉Wayang Golek이 있다. 그림자극은 힌두 사원에서 사원제날 공연되고, 인도 고대 서사시인 〈마하바라타〉나 〈라마야나〉가 주된 연극 제목으로 10세기에 공연되었다는 기록이 남아 있다. 과거에는 귀빈만이 객석에 앉아 그림자극을 볼 수 있었고 일반 사람들은 인형을 조종하는 스크린 뒤쪽을 보았다고 한다. 와양 쿨릿은 초저녁부터 시작되어 새벽녘까지 공연된다.

와양 쿨릿의 소재 자체는 종교와 관계없지만 다랑의 마음가짐을 통해서 발리 섬의 사상을 엿볼 수 있다. 다랑이 되고자 하는 것은 달마 뼈와양안Pewayangan, 와양에 관한 길을 배운다고 한다. 달마 뼈와양안에 따르면 와양은 인간의 마음속에 있는 것이 그림자가 되어서 나타난다고 한다. 와양은 신이나 선조를 부를 수 있는 능력을 가지고 있다고 여겨지고 있다. 질병이 유행하거나 재앙이 계속되면 그 내용을 담아 그림자극을 공연하는 것으로 문제의 예방과 해결을 믿고 있다. 와양은 스크린 오른쪽에서 등장하는 것이 선인, 왼쪽에서 등장하는 것이 악인으로 정해져 있다. 선악의 개념이 이처럼 직접적으로 표현되는 사례는 없을 것이다.

그림자극의 내용은 쭉 변함없는 것이 아니고 시대와 함께 변화되고 항상 새로움을 추구하고 있다. 상연은 극장만이 아니라 혼례식이나 성인식의 축하 마당에 초대되는 등 장소를 가리지 않고 공연한다. 또 사회 풍자를 비롯해 계몽적 발언이 삽입되는 경우도 많다. 그러므로 다랑은 그림자극을 통해서 사회적으로 많은 영향을 끼칠 수 있다. 지금도 선거 때가 되면 각 정당으로부터 선전 의뢰가 쇄도한다. 시대에 따라서 그림자극 내용이 문제가 되어 다랑이 박해를 받은 경우가 있었다. 다랑은 자기 이야기에 생명을 걸어야 한다고 하는 말이 있다. 8시간 이상 필요로 하는 철야 상연이 현대생활을 하는 데 있어서 문제시되어 최근에는 2~3시간짜리 다이제스트 판이 상연되고 있다. 와양 쿨릿은 2003년에 유네스코의 '인류의 구승 및 무형유산'으로 지정되었다.

가면극 또뼁Topeng

가면극 또는 가면을 '또뼁'이라고 하는데 그 어원은 토푸topu로 '닫는다' 혹은 '뚜껑'을 의미한다. 또한 또뼁은 등장하는 모든 출연자가 가면을 사용하는 무용을 가리키며 인도네시아에서 가장 오래된 무용극이라고 한다. 가면극은 지역적으로 동 자바 마랑, 발리, 중부 자바 족자카르타, 마두라 섬, 자바 북쪽 해안의 찌레본 등 다섯 개로 대별할 수 있다.

또뼁은 12세기 동부 자바의 커디리 왕조 때 시작되었다고 여겨지지만 최초의 명확한 기록은 14세기 마자파힛 왕조기의 연대기 『나가라컬타가마Negarakertagama』 에서 볼 수 있다. 하얌 우룩 왕이 여덟 명의 아들과 함께 또뼁의 연기자로 춤을 추었다고 한다. 또뼁을 추는 사람은 가면으로 얼굴을 가리고 있기 때문에 대사가 없다. 무용을 제외하고 이야기 전개를 진행시키고 가믈란 음악을 리드하는 것은 모두 다랑이 담당한다. 광대역만은 반쪽 면을 사용하여 스스로 대사를 말할 수 있다. 스토리는 마자파힛 왕조기의 〈라마야나〉와 〈마하바라타〉를 내용으로 하고 이슬람교 왕국기에 들어가면 커디리 왕조기에 취재한 〈판지 이야기〉가 중심이 된다. 현재 발리 섬의 또뼁은 17세기 중반의 겔겔 왕조기에 또뼁 파제간Topeng Pajegan으로 탄생했다. 이들 또뼁은 16세기 중반에 자바 섬 솔로의 뻐람방안Pelambagan 지방에서 전해진 것으로, 한 명이 몇 개의 가면을 바꾸면서 겔겔 왕국의 역사를 연기한다. 이것을 다섯 사람이 연기하는 것을 따리 뗼엑Tari Telek이라고 하며 그 시작은 1915년이다. 이외에 몇 종류의 또뼁이 있는데 그 대부분은 재앙을 방지하기 위한 것이다.

또뼁 가면에는 두 종류가 있는데 눈과 코만 구멍이 뚫리고 얼굴을 전부 가리는 붕쿠란Bungkulan과 입이 보이는 시바간Siwagan 타입이 있다. 붕쿠란은 말을 할 수 없고 고귀한 신분 역을 연기한다. 시바간은 몸짓이나 손짓과 함께 대사를 말하고 서민이나 광대 역을 연기한다. 가면은 표정에 따라 마니스Manis, 상냥한 가면와 마라Marah, 분노한 가면로 대별된다. 또뼁에는 두 종류가 있는데 그중 하나인 또뼁 파제간은 의례의 일환으로 사원 안에서 공연된다. 한 명이 여러 장의 가면을 교환하고 그때마다 성격을 바꿔서 춤을 추는데 그 표현력이 대단하다. 또 하나는 또뼁 빤짜Topeng Panca,

가면극 또뻥(본드레스Bondres)

가면극 또뻥(또뻥 씨다 칼야Topeng Sida Karya＝신의 화난 모습 또는 마신)

와양 웡, Wayang Wong라고 하여 사원 밖에서 공연되는 오락성 가면극이다. 등장인물은 다섯 사람으로, 각각 자주 가면을 바꾸고 장면에 맞는 다양한 춤을 춘다. 그 빠른 변신이 볼만하다. 익살스러운 가면을 한 광대역 두 명이 애드리브와 농담을 곁들이면서 스토리를 전개해 간다. 또뼁 빤짜는 과장되고 익살스러운 내용이 대부분으로 희극을 좋아하는 발리인에게 인기가 높다.

바리스Baris

레공이 여성 무용을 대표한다면 바리스는 남성 무용의 대표이다. 바리스는 전사의

바리스 거데

바리스 뚱갈

춤이라고 불린다. 전사의 역할을 하는 남자가 격렬하게 춤을 추는데, 발리 남성 무용에서 가장 어려운 춤이라고 한다. 팔자걸음을 걸으면서 눈을 크게 뜨고 가믈란 음악에 맞춰 눈을 좌우로 움직여 감정을 표현한다. 격렬한 몸의 움직임과 함께 얼굴 표정을 통해서 전사의 복잡한 마음을 표현하는 것으로 고도의 기술이 필요하다. 원래 바리스는 사원제에서 신들에게 봉헌하는 의식으로, 남자들이 창이나 검을 가지고 구호에 맞춰서 추는 춤이었다. 바리스에는 바리스 거데Baris Gede를 시작으로 20개 이상의 종류가 있는데 그중에서 관광객이 자주 보는 것은 바리스 뚱갈

Baris Tunggal이라고 하는 남성 한 사람이 연기하는 무용이다. 전사의 갑옷을 나타내고 있는 화려한 의상을 입고 때로는 싸움을 앞둔 당혹스러움이나 근심, 슬픔도 표현하지만 전체적으로 안무가 격하고 힘찬 남성 무용이다. 반주는 항상 무용수의 움직임에 맞추어지는데 특히 북쿤단과의 절묘한 호흡이 최대의 볼거리이다.

지금까지 발리 섬의 대표적인 몇 개의 예능을 소개했지만, 소위 발리의 전통 예능은 종래 그대로의 모습이 아니고 필요에 따라서 항상 변화해 온 것이다. 또한 1920~30년대에 태어난 비교적 새롭게 만들어진 무용이 많고 그 대표적인 것이 라마야나 발레이, 장엘Janger, 꺼비얄 두둑Kebyar Duduk이다. 특히 꺼비얄Kebyar은 남성에 의한 솔로 무용으로 개인의 재능이 중시된다. 현재 꺼비얄에는 여러 가지 형식이 있지만 앉은 채 춤추는 꺼비얄 두둑이 일반적인데 손과 팔, 동체의 움직임은 물론 얼굴 표정도 중요하다. 꺼비얄의 성립은 미겔 코바루비아스 부부, 콜린 맥피 부부와 교류가 깊었던 천재적인 무용가 마리오Mario의 공적이 크다.

발리 무용은 다른 예능과 같이 항상 신과 함께 있다. 힌두교에서 무용은 신에게 근접하여 신과 일체하는 것이다. 모든 출연자나 연주자의 뇌리에 신이 존재하고 있다. 그만큼 기술뿐만 아니라 정신적 수양이 엄격하게 제기된다. 그러므로 대중적인 오락예능으로 타락할 일이 없고 출연자와 연주자끼리의 결합도 강화된다. 종교성과 오락성의 갈등은 앞으로 더욱 심화되겠지만 발리인의 변함없는 신심이 있는 한 발리 무용은 우리에게 깊은 감명을 계속해서 줄 것으로 믿는다.

발리 전통예능의 분류

발리 음악이나 무용은 의례에서도 중요한 역할을 한다. 나아가 무용이나 가믈란 악단이 솜씨가 있다고 소문이 나면 그 반자르는 콧대가 높아지고 사회적으로 인정을 받는다. 발리 예능이 높은 예술성을 유지하는 원인 중의 하나가 마을끼리의 심한 경쟁심에 의한 것이다. 음악이나 무용은 본질적으로 보이기 위한 것이다. 관중을 즐겁게 하고 기교를 보이기 위해서 고도의 연습을 거듭한다. 인도네시아 각지의 전통 예능은 주술 의례와 깊은 관계가 있고 발리 섬 무용도 신을 위로하고 악령을 쫓는 의례의 일부로 시작된다. 최면 상태로 끄리스를 가슴에 찌르거나 불 위를 걷거나 해서 피에 굶주린 악령들을 달랜다.

발리인의 음악이나 무용은 신들에게 봉헌하는 것에서 유래했다. 바타라 구루 Batara Guru가 최초의 악기를 발명하고 하늘의 신 인드라는 비유할 수 없는 아름다운 선녀들의 춤인 드다리를 창조했을 때 신들의 즐거움을 위해서 무용이 만들어졌다고 한다. 춤은 음악에 입각한 감정표현에 몰두하는 타입도 있지만 발리 무용은 연극과 떼려야 뗄 수 없는 관계이다. 실제로 상연되는 예술형식은 전부 긴밀히 어우러진 것으로 발리어에는 연극이라고 하는 말이 없다.

발리의 무용형식은 명확히 자바 힌두 문화의 영향을 엿볼 수 있지만 오늘날 쌍방의 무용은 정신 면과 사회적 기능에 있어서도 거의 공통점이 없다. 발리 무용은 지금도 인기 있는 민중 예능인 데 비하여 상류계층의 무용이었던 자바에서는 무용이 거의 모두 소멸되어 일부 궁중무용밖에 남아 있지 않다. 자바에는 궁중무용의 전문가들이 춤을 추지만 발리에서는 재능과 기술을 갖춘 마을 사람들이 지역사회의 명예와 이웃 사람들의 즐거움을 위해서 춤을 춘다. 발리와 자바에서는 무용 연기와 악기 연주가 연습 교육 안에 포함되어 있다. 하지만 발리의 경우에는 연극집단을 조직하는 왕족이 평민과 서로 힘을 합하여 무용단과 악단을 운영해 왔고, 춤과 무용은 원래 신들에게 봉헌하는 것이어서 기본적으로 평민도 즐길 수 있는 것이었다.

무용단이나 악단은 마을 사람들에 의해 마을 조직의 연장선으로 만들어졌다. 기부금이 모금되어 악기가 조달되면 악단원이 구성된다. 무용수는 지역의 소녀, 소년들 안에서 용모, 신체적 적성, 재능에 의해 뽑혀 유명한 무용수가 선생님으로 초대되어 연습을 시작한다. 선생님은 대개 뛰어난 무용수였던 사람이거나 춤을 세부적으로 숙지하고 있는 악단의 리더이다. 처음에는 초보적인 것을 배우고 춤이 아이들의 몸에 배도록 연습이 되풀이된다. 이러한 반복에 의해 아이들이 춤 감각을 익히면 춤 사위를 높여 간다. 육체적인 훈련은 교육 과정에서 중요한 역할을 한다. 무용수들은 춤의 기본적 흐름이나 스텝, 팔의 움직임을 배우면서 근육을 유연하게 해서 어느 단원과도 춤사위를 맞출 수 있도록 규칙적으로 연습한다.

무용단이 의상을 사는 데 충분한 돈이 마련되고 이제 사람들 앞에 내놓아도 손색이 없을 정도가 되면 마을 사람들은 길일을 택해서 피로 공연을 개최한다. 의상을 몸에 걸치기 전에 먼저 몸을 정화하여 제물을 바친다. 연기자나 변사는 전부 영혼에 힘을 주게 하는 의례를 사제나 주술사에게서 받는다. 무용수의 경우 사제가 얼굴, 머리, 팔과 다리에 꽃 줄기로 주문을 써두어 관객의 눈에 매력적으로 비치도록한다.

대개의 예술은 모두 종교 또는 신앙을 배경으로 성립하는 것으로서 발리 예능

상향 드다리

도 예외가 아니다. 발리 사람들에 있어서 무용은 신들을 위로하고 악령을 쫓아내는 것과 동시에 마을 사람들의 오락이기도 한다. 발리 무용수들은 관객이 없어도 춤을 무성의하게 추거나 도중에 그만두지 않는다. 춤은 신에게 바치는 것으로 관객이 있고 없고의 문제가 아니기 때문이다. 발리 섬은 예능의 보고라고 말해지는데 그것도 단순한 전통 예능이 아니고 모두 종교의례로서 일상생활과 결부되어 있다. 발리 예능은 신성함의 정도에 따라 계층화하여 크게 세 가지로 분류할 수 있다.

러장 데와

첫 번째는 가장 신성한 계층으로 따리 와리Tari Wali, 의례의 일부로서 행하여지는 무용이다. 이것은 종교적·주술적인 봉헌 무용이며 사원의 가장 깊숙한 쪽저로안의 신들이 머무르는 광장에서 신들만을 위해서 공연된다. 원칙적으로 제례를 집행하는 마을 사람만을 위한 연기이므로 마을 사람 이외의 사람들이 보는 것은 용납되지 않는다. 그 대표적인 예가 최면 상태에 빠지는 주술적 무용인 상향 드다리, 사원에 강림해 온 신을 환영하는 뻰뎃Pendet, 최후에 제물의 꽃잎을 던져서 신들을 맞이한다, 전사가 대열을 지어서 춤추는 바리스 거데, 소녀들이 열을 지어 춤을 추는 러장 데와Rejang Dewa 등이 있다.

두 번째는 일반적인 축제의 여흥으로 신들과 축제 참가자를 위해서 사원의 안뜰에서 공연되는 따리 브발리Tari Bebali가 있다. 힌두 자바 문화에서 유래하는 무용극이

고전 무용극 감부

많고 스토리성이나 오락성을 가지고 있어 와리와는 구별된다. 이것은 성립 연대가 오래되었고, 엄숙함을 가지고 있다. 자바 궁정을 무대로 한 고전무용극 감부마자파힛 왕국 말기에 쓰인 왕족의 사랑과 싸움의 편력 이야기를 주제로 한 무용극에서 발리 예술의 원천이 되고 있다와 가면극 와양 웡이 있다. 귀족 세계가 소재가 되고 있는 가면 또뺑, 뿌라 달엄에서 행하여지는 바롱과 랑다 선악의 싸움도 이 범주에 들어간다.

꺼비얄

세 번째는 소위 관상용의 세속적인 무용인 따리 발리발리안Tari Balibalian이다. 종교의례로부터 독립되어서 사원 밖에서 연기되고, 축제와 관계없이 극장 등에서도 공연할 수 있다. 와리나 브발리를 원형으로 창작된 것도 많다. 궁중무용인 레공 끄라톤, 생활의 친근한 소재를 채용한 꺼비얄, 지명을 받아 관객과 함께 춤추는 조겍 붐붕Joged Bumbung, 발리의 오페라라고 불리는 아르자Arja 등이 있다.

아르자 연극은 스토리의 전개, 무대 뒤의 효과음, 선인과 악인의 구별이 간단하다는 점에서 와양 쿨릿과 그다지 차이는 없다. 마당과 같은 옥외의 장소를 사용하고 배경으로는 스크린을 사용한다. 스토리는 귀족들의 행동을 유머러스하게 풍자하는 광대극의 일종이다. 그 외에도 소의 춤Sapi Groncong이나 사슴의 춤Kidang Kencana이라고 불리는 춤이 있는데 이러한 무용들은 풍작을 기원하는 춤이었다고 한다. 지금 우리가 보는 발리의 많은 전통 예능은 상당히 관광 상품화된 것이지만 그 근원은 주민의 신앙과 깊은 관계가 있다.

발리 섬의 오페라 아르자(코바루비아스)

　발리 섬 예능의 역사적 전환은 5세기 이후 힌두교의 영향을 받으면서부터이다. 발리 무용의 기원은 8세기 이후라고 전해지지만 10세기가 되면서 동자바 공주와 발리 우다야나 왕의 결혼에 의해 발리 무용이 동자바 힌두교의 영향을 많이 받게 된다. 그러나 이것은 궁정에 한정된 이야기이고, 발리에서는 토착신앙인 애니미즘이 지배적이었다. 14세기에 들어가면 자바 섬에 있었던 마자파힛 왕조가 침략하여 힌두 문화와 토착 발리 문화가 서서히 융합해 간다. 이때가 발리 힌두 문화의 출발점이 된다. 15세기에 동자바에 이슬람교가 세력을 잡으면서 마자파힛 왕조는 발리 섬으로 도망친다. 그 결과 겔겔 왕조가 탄생하여 더욱 힌두교적인 색채가 짙어져 오늘날 발리 힌두 문화의 원류가 이 시기에 형성되었다.

무용만 보아도 마자파힛 왕조 이후는 그 이전과 다른 측면을 보이기 시작한다. 힌두교 교의에 의거하는 내용 또는 궁중 이야기를 소재로 한 것이 무용이 주류를 이루게 된다. 전자의 구체적인 예는 〈라마야나 이야기〉이고 후자는 레공 끄라톤을 들 수 있는데, 이 시기에 새로운 예능 양식이 탄생했다. 17세기부터 18세기에 걸쳐서 꿀룽꿍 왕조 이외에 8개의 소왕국이 성립하여 각 왕국은 겔겔 왕조의 궁중문화를 지방으로 보급시키는 데 많은 역할을 했고, 이 시기에 세련된 궁중 예능이 섬 전역에 퍼지게 된다. 현재 전통 예능은 발리 문화와 서양 문화와의 접촉을 계기로 하여 만들어진 것으로, 네덜란드 식민지정부와 외국인 관광객의 영향이 복잡한 형태로 서로 얽혀 있다.

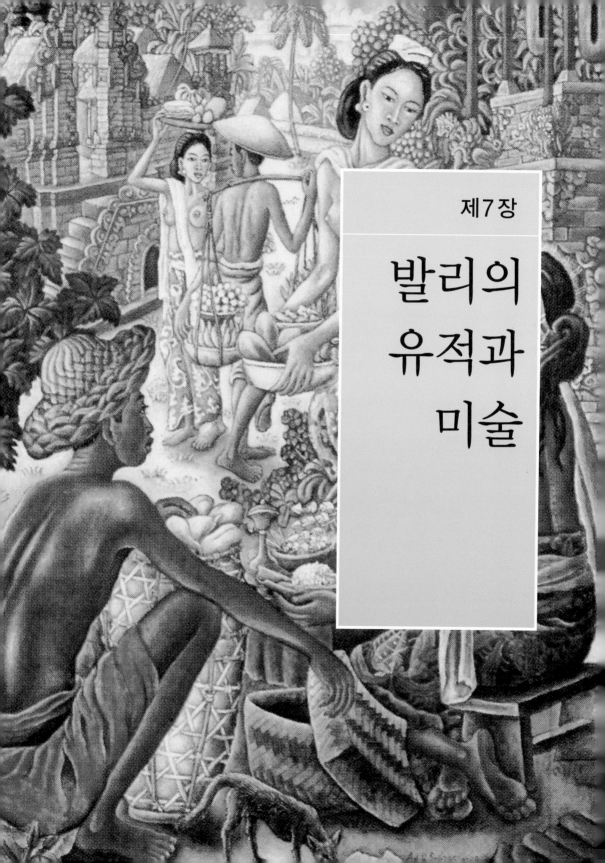

제7장

발리의
유적과
미술

발리의 유적

1. 뜽아난의 거석유구

발리 동부에 있는 카랑아슴 현 뜽아난Tenganan 뿌그링싱안 마을은 아궁 산을 주봉으로 하는 산의 계곡 안에 있는 발리 아가 마을이다. 현재 뜽아난은 발리 아가 마을 중에서도 가장 관광지화된 마을이다. 그 계기는 1980년대 발리 섬 동부의 리조트 찬디 다사의 개발과 밀접한 관련이 있다. 원래 뜽아난 마을은 정글로 뒤덮인 험준한 산에 둘러싸인 오지의 산골 마을이었다. 1970년대 후반부터 구미의 젊은이들 사이에 한적한 해안지역인 찬디 다사가 인기를 끌게 되어 주변 해안에 저렴한 요금의 숙박시설이 생기면서 덴파사르 찬디 다사 사이의 간선도로가 정비된다. 그와 함께 정글로 뒤덮인 뜽아난 마을이 찬디 다사에서 차로 몇 분이면 갈 수 있는 편리함으로 인해 새로운 관광 코스로 추가되었다.

마을 안에 발을 디디면 언덕 경사길을 따라 마을이 형성되어 있으며 돌이 깔린 길이 있다. 마을 중앙을 남북으로 가로지르는 광장의 남북으로 발레이 아궁마을 집회소과 곡식창고와 같은 전통적인 고상 건축이 배치되어 있다. 마을 사람들의 주택은 이 광장을 사이에 두고 동쪽과 서쪽에 각각 처마를 맞대고 줄지어 서 있다. 이 동

버텐 사원의 신전

쪽 남단부에 버텐Beten 사원과 가두Gaduh 사원이 이웃하여 위치하고 있다. 이들 사원은 돌담에 둘러싸여 있는데 일반적인 발리 힌두 사원과 같은 장식도 없고 석상이나 사당도 없는 힌두시대 이전의 원초적인 사원 분위기를 잘 보여준다. 사원 안에는 발레이라고 불리는 초가지붕의 고상 가옥으로 된 사당과 석단이 있을 뿐이다.

석단石壇은 자연석을 방형으로 쌓아 올린 것으로 정상에 평석을 두 개 사용해서 한 개는 평평하게 또 한 개는 등받이 형태로 비스듬히 세워져 있다. 이것은 신이 강림해서 앉는 신좌神座로, 같은 모양의 것이 마을 내에 세 군데 남아 있다. 꿀룽꿍현 겔겔 마을에도 같은 모양의 신좌가 있는데 그중 하나는 발리박물관에 전시되어 기원전 500~기원후 100년의 선사시대에 속하는 석좌라고 한다. 이 석좌는 인도

가도 사원의 석단石檀과 돌 의자

네시아 각지에서 보이는 것으로 인도네시아어로 돌 의자Batu Duduk라고 한다. 필자가 확인한 것만도 발리 섬, 니아스 섬, 자바 섬, 사부 섬, 라이주아 섬 등이다. 사부 섬과 라이주아 섬의 돌 의자는 현재도 의례 때는 왕이나 신관이 앉는 장소로 사용되고 있다. 돌 의자는 발리에서는 신이 앉는 장소로서 후대로 와서 힌두 사원에서는 화려하게 장식된 파드마사나Padmasana라고 하는 형태로 발전한다.

석단은 마을 북문을 나가서 약 500m 거리의 산중에 토야 샨티Toya Shanti라고 불리는 수신을 모신 제사 장소에 7기가 있고 그중 3기에는 입석이 안치되어 있다. 이러한 입석은 발리 아가 마을에 많이 보이고 그 대부분은 신앙의 대상이 되고 있다. 발리 섬 입석의 기원이나 정확한 연대는 불분명하지만 선사시대의 조상숭배와 관련되는 종교적인 산물로 여겨지고 있다.

토야 산티와 마을을 잇는 길을 따라서 세 개의 사원이 있는데 마을과 가장 가까운 곳에 마을 시조신을 모신 뿌라 뿌세가 있다. 뿌라 뿌세는 마을을 개척한 선조를 모시는 사원이다. 뚱아난 마을의 뿌라 뿌세는 일반적인 발리 섬의 뿌라 뿌세와는 그 형태가 전혀 다르다. 즉, 힌두 사원의 화려한 장식이 전혀 보이지 않는 매우 소박한 구조를 하고 있다.

잔디로 뒤덮인 광장 일각에 돌담을 쌓아 그 안에 벽이 없는 발레이라고 하는 목조 사당 세 채가 있을 뿐이다. 중앙의 한층 높게 쌓아 올린 석단 위에 팔작지붕의 본전本殿이 있고 그 좌우로 뱃집지붕의 신전 건물이 배치되어 있다. 모두 초가지붕으로 건물이나 경내의 어디를 보아도 힌두 사원과 같은 장식은 하나도 보이지 않

뿌라 뿌세(뚱아난)

는다. 본전은 전라도 지방의 작은 모정과 같은 열려 있는 공간으로 그 안에 목제 제단이 하나 놓여 있다. 본전은 산신을 모시는 사당으로 그 방위는 거의 정확하게 동쪽을 가리키고 있다.

뿌라 뿌세에 이어서 뿌라 세린Pura Serin이 있는데 이 사원은 힌두 사원의 영향이 보인다. 내부는 소박한 발레이 건축 사당이 대부분이지만 입구가 힌두 사원 양식의 석조 문으로 되어 있다. 뜽아난 마을의 3개 사원을 비교해보면 소박한 자연 종교의 원초적인 사원이 힌두교의 영향을 받아서 조금씩 변화되어 가는 과정을 그대로 보여주고 있다.

뜽아난 마을을 둘러싼 산 북동부에서 동부에 걸쳐서 거석신앙의 거석유구가 있다. 동문에서 나와 북쪽의 산 위에 말과 관련된 전설이 남아 있는 암석을 중심으로

망쿠 와얀 위디아Mangku Wayan Widia 씨와 바뚜 꺼번

카키 두쿤(남근석)

하는 제사 장소가 점재하고 있다. 이들의 숭배석은 마을 기원설화와도 깊은 관련이 있다.

말이 죽은 장소는 바뚜 잘앙Batu Jalang이라고 하고, 말의 시체는 뿔뿔이 해체되어 마을을 둘러싼 산속에 메워졌다고 한다. 북쪽의 산 중에 말의 성기를 묻은 카키 두쿤Kaki Dukun, 위와 장을 묻은 바뚜 까이킥Batu Kaikik, 목을 묻은 람붓 뿔레Rambut Pule가 있고, 다리는 서쪽의 따부안Papuan이라고 하는 산 속에 묻었다. 그 위에는 거대한 돌을 놓아서 기념비로 한 것이 지금 남아 있는 7군데의 숭배석이라고 한다.

최대 거석은 바뚜 꺼번이라고 불리는 3단으로 겹친 바위총 높이 약 3m로, 이것이 자연의 바위가 아닌 것은 머리 부분에 해당하는 상단의 바위의 저변이 수평으로 가공되어 제2단의 상부에 정확히 겹치고 있는 것으로 알 수 있다. 최하단 바위에는 받침돌이 보이고 제단석 위에 제물이 놓여 있다. 마을 사람들은 보름날 밤에 이곳을 참배한다.

가까운 산속 배에 카키 두쿤이라고 불리는 남근형의 입석으로 높이 60cm로 자연석을 3단으로 쌓아 올린 방형의 석단 중앙에 세워져 있었다고 하는데, 나무가 성장하여 단을 부수고 남근석이 나무줄기에 싸여 있다. 카키 두쿤은 뿌라 바뚜 잘앙이라고 부르고 있다. 말의 성기를 모시는 사원으로 기자 기원, 자손 번영을 기원하는 신앙이 계속되고 있다. 이렇게 문도 없고 건물도 없는 석단과 입석만의 제사 장소를 '뿌라'라고 부르고 있는 것에서 원시적인 자연신앙의 형태를 엿볼 수 있다.

산 정상 가까이에 람붓 뿔레라고 하는 성지가 있다. 큰 나무 밑에 자연석을 쌓아 올린 적석 유구가 있어, 그것을 중심으로 거석이 둥글게 배치되어 있다. 이 람붓 뿔레에는 현재도 한정된 남성 장로들에 의해 2년마다 제사가 행해지고 외부 사람은 성지 주변의 출입이 금지되어 있다. 필자도 몇 번인가 이 유적을 견학했는데, 1996년의 조사 때 우연히 한 개의 바위 표면에 구멍이 있는 것을 발견했다. 이것은 고고학에서 '컵 마크'라고 부르는 '성혈性穴'이었다. 성혈은 신앙의 대상이 되고 있는 바위나 돌멘dolmen의 표면에 판 둥근 구멍을 가리킨다. 성혈이 무엇을 의미하는지는 여러 설이 있지만 여성의 상징 혹은 풍요나 다산의 상징이라고 해석하는 것이 일반적이다. 그 제작은 기본적으로 작은 돌을 갈아서 만든 것으로 내부를 잘 조사하면 내경의 표면이 동일한 깊이로 회전 연마되어 있다. 대개의 크기는 지름 2~7cm 내외, 깊이는 2~3cm 내외의 것이 많다. 이러한 성혈은 인도네시아, 대만, 한국, 일본에서도 발견되고 있다.

2. 써루룽 마을의 피라미드

써루룽Selulung 마을은 발리 섬 동북부 바뚜르 산 중턱의 산간벽지에 위치한다. 낀따마니에서 차로 40분쯤 산길을 달리면 써루룽 마을이 있다. 마을에 이르는 도로 옆에 시조신을 모시는 뿌라 뿌세가 있다. 사원이라고 해도 200m² 미만의 광장에 뜻아난 마을 뿌라 뿌세와 같이 소박한 초가지붕의 사당과 입석이 있을 뿐이다. 이곳은 힌두교의 영향을 받지 않은 발리 아가의 전형적인 사원 모습을 하고 있다.

꺼헌 사원의 피라미드

써루룽 마을 꺼헌Kehen 사원과 꺼푸Kepuh 사원에 각각 2기, 합계 4기의 계단식 피라미드가 있어 사원이 중심적인 구축물이 되고 있다. 사원 안에는 계단식 피라미드 이외에 목조의 고상식 사당이 있을 뿐 화려하게 장식된 일반적인 힌두 사원과는 다른 모습을 하고 있다.

꺼헌 사원東寺은 마을에서 조금 높은 곳에 위치하며 크고 작은 2기의 피라미드가 있다. 대형 피라미드는 기단 위에 5단의 테라스를 쌓아 올리고 각 층단을 일정한 비율로 축소하면서 축조되었다. 석회암을 벽돌 형으로 가공한 석재를 사용하여 기단으로부터 최상단까지 정연하게 쌓아 올리고 있다. 피라미드의 정면에는 최상단에 오르기 위한 계단이 마련되어 전체적으로 남미의 피라미드와 매우 비슷하다.

최상단 중앙에 다리가 없는 의자식 제단이 있는데 발리 힌두 사원의 파드마사

꺼푸 사원의 피라미드

나와 유사하다. 의자 표면에는 꽃 무늬가 새겨져 있고 그 안에는 요형의 석판과 2기의 입석이 안치되어 있다. 입석은 벽돌 형의 석재와 제단의 부조를 비교하면 자연석에 가깝다. 요형 석판과 입석은 음양석이라고 생각되는데 왜 정교하게 만들어진 피라미드 유구와의 차이가 생긴 것일까? 아마 입석이 종교적인 신앙의 대상으로 최초에 안치된 것은 상당히 오랜 시대까지 거슬러 올라갈 수 있고 현재 힌두 사원식의 갈라진 문, 담, 피라미드, 제단 등은 후세에 재건되었을 가능성이 높다. 이 유적을 최초로 소개한 반 델 호프도 선사시대의 유적으로 소개하면서 최근에 새로 보수된 느낌이 든다고 기록하고 있다. 피라미드 유구의 명확한 연대에 대해서는 알 수 없지만 사원이 중심적인 신전인 피라미드의 정상에 음양석을 안치한 것은 이 사원이 발리 섬에 힌두교가 전해지기 이전의 성기숭배와 관련되는 것을 의미한다. 피라미드의 총 높이는 355cm, 저변의 폭은 600cm로 정방형이다.

꺼푸 사원疊寺은 꺼헌 사원에서 서쪽으로 약 100m 떨어진 곳에 있고 그 경내에 2기의 피라미드가 있다. 사원 정면의 갈라진 문으로 들어가면 광장이 있고 그 안쪽

의자식 제단(꺼푸 사원)

에 대형 피라미드 1기와 발레이식 사당이 있다. 대형 피라미드는 광장보다 높은 곳에 조영된 방형의 5층이다. 정면의 계단, 의자식 제단, 화산암의 벽돌형 석재 등 꺼헌 사원과 비슷하다. 아마 이것들은 같은 시기에 구축된 것으로 생각되지만 양자 간에 크게 다른 점은 제단 위에 안치된 석조물이다. 꺼헌 사원

제단에는 자연석에 가까운 음양석이 안치되어 있는 데 비해 꺼푸 사원 제단에는 씨앗의 새싹이 올라오기 시작하는 상태를 형상화한 조각이 안치되어 있다. 정면에 새겨져 있는 날개를 편 나비의 선곡 무늬로 판단하면 오히려 여성의 상징을 표현했을 가능성이 높다. 피라미드는 높이 243cm, 밑변이 285cm이다.

써루룽 마을의 피라미드는 사원의 중심적인 신전이며 그 정상의 제단에는 입석, 음양석이 안치되어 있는데 이것들은 성기신앙과의 관련이 주목된다. 그리고 유구는 비는 방향이 발리인의 성스러운 산인 바뚜르 산 정상으로 이로써 산악신앙과의 관계도 추정되는데, 아마도 계속되는 바뚜르 산의 분화와 깊은 관계가 있는 것이 아닐까 생각된다. 써루룽 마을의 4기의 피라미드 유구에 대해서는 현재 문헌자료나 고고학 자료가 전혀 없으므로 그 축조 연대를 명확히 제시하는 것은 곤란하다. 사원 성립 연대도 반 델 호프가 지적한 것 같이 비교적 새로운 인상을 받는다.

오가와 고요小川光陽는 "피라미드 제단神座의 당초 문양은 10세기 이후의 조화와 균형이 있는 고전적 표현 양식을 나타내고 있어 문양 연대는 피라미드 사원의 창

건 연대에 그대로 결부되지 않고 피라미드의 원초적 성립 연대를 4세기 이전으로 볼 수 있다"고 논하고 있다. 이 설의 근거로서는 유사 유구가 인도에서는 볼 수 없는 점, 주변 지역이 바뚜르 산의 분화에 의해 파괴와 부흥의 반복이었던 점, 이 마을에 있는 선사 유물 등을 근거로 하고 있다.

발리 섬 북동부의 슴비란Sembiran이라고 하는 발리 아가 마을이 있다. 현재 이 마을은 힌두교화가 진행되고 있다. 마을 중앙에 뿌라 뿌세와 뿌라 데사가 한 곳에 있는 사원이 있다. 사원의 문이나 담, 파드마사나, 메루 등은 일반적인 힌두 사원과 같다. 이것은 마을 사람들이 오래된 사원을 최근에 들어와서 새롭게 힌두 사원처럼 다시 만들었기 때문이다. 발리 섬은 계속되는 화산의 분화와 지진에 의해서

뿌라 돌의 피라미드 신전

뿌라 수가라(해신의 사원)의 피라미드

많은 사원이 보수되어 온 이력이 있고 또 마을 사람들이 공동으로 부담해서 사원을 고치는 것이 관례이다. 최근 발리 아가의 많은 마을들도 오래된 형태의 사원에서 일반적인 힌두 사원으로 변하고 있다. 슴비란 마을의 뿌라 뿌세와 뿌라 데사도 그 전형이다. 그러나 슴비란 마을에는 '뿌라 돌'이라고 하는 사원이 있으며 중심에 대형 피라미드 신전이 있다. 이 피라미드는 1930년대에 미겔 코바루비아스가 보고하고 있는데 원형을 남기지 않을 만큼 대폭 개수되었다. 유일하게 바뀌지 않은 것은 신전 최상단에 있는 자연석에 가까운 대소의 입석이다.

사누르 해안의 그랜드 발리 비치 호텔의 동서에는 바다신을 제사 지내는 뿌라 수가라라고 하는 두 개의 사원이 있다. 동쪽 뿌라 수가라는 힌두화가 진행되었지만 서쪽 뿌라 수가라는 원형을 그대로 남겨두고 있다. 일반적인 힌두 사원에서 볼 수 있는 갈라진 문이나 장식 등은 전혀 눈에 띄지 않는다. 사원 안에는 자연석을 피라미드와 같이 쌓아 올린 신전과 검소한 발레이 형식의 건물이 있다. 이 피라미드는 네덜란드의 고고학자 보네트 켐펠스가 선사시대 유적으로 소개하고 있다. 사원 안의 가장 큰 신전은 자연석을 3단으로 쌓아 올린 피라미드로, 그 최상단에 고상 목조의 사당이 있고 그 안에는 두 개의 둥근 바다 돌이 안치되어 있다.

발리 섬의 피라미드 유구와 유사한 유적이 자바 섬에도 다수 남아 있다. 특히 발리 섬에 가까운 동부 자바에 많이 분포되어 있다. 자바 섬의 피라미드 유구를 편의상 선사시대에 속하는 유구와 후대의 불교나 힌두교 등과 결합한 유구로 분류할 수 있다.

현존하고 있는 유구 중에서 수적인 면에서 가장 많은 것은 힌두교와 결합한 것이다. 자바 섬의 힌두교 유적 중에서 피라미드형의 구축물을 본전으로 하는 곳은 수꾸 사원과 체토 사원이 있다. 이들 두 사원은 동부와 중부 자바의 경계에 있는 라우 산표고 3,260m이라고 하는 휴화산 서쪽 중턱에 위치하고 있다. 수꾸 사원 본전인 피라미드 유구는 블록 형으로 가공한 석재를 사용하고 있고 그 규모는 높이 약 6.8m, 밑변 폭은 14.8m이다. 유구의 정면은 서쪽을 향하고 그 한복판에는 최상단에 오르는 계단이 마련되어 있다. 상부는 아주 평평한 테라스로 중앙부에 제단이 있다. 이 제단에는 본래 요니와 높이 약 2m의 링가가 안치되어 있었는데 현재는 자카르타 국립박물관의 창고에 보관되어 있다.

체토 사원은 수꾸 사원보다도 높은 곳에 위치하여 본전인 피라미드 유구의 규모는 높이 약 4.3m, 아래 폭은 11.4×14m이다. 정교하게 가공된 벽돌 형의 석재로 축조되어 정면은 서쪽에서 최상단으로 오르는 계단이 설치되어 있는데, 수꾸 사원의 유구와는 동일 계통이다. 수꾸와 체토의 양 사원 안에는 성기를 나타낸 인물상의 부조, 링가가 안치된 사당 등이 있어 일반적으로 힌두교 유적으로 알려져 있다. 그러나 피라미드 유구 이외에는 본전이라고 할만한 구축물이 없다. 따라서

수꾸 사원의 피라미드

체토 사원의 피라미드

양 사원의 본전인 피라미드 유구는 인도 힌두교와 전혀 무관하다. 이것은 피라미드 유구가 힌두교 이전에도 이미 중요한 종교적인 대상물이었던 것을 뜻한다. 최초의 종교적인 숭배 대상이었던 피라미드가 뒤에 힌두교의 시바신과 결부되어서 숭배된 것이 아닐까 생각된다. 양 사원이 자바 힌두시대에 증축되었을 가능성은 사원의 문, 석조물의 링가 등으로 알 수 있다. 라우 산이 화산이었던 점도 고려해야 할 것이다. 그리고 수꾸와 체토의 피라미드 유구는 라우 산의 정상을 향하여 빌고 아침 태양을 향해 비는 배치로 되어 있다. 발리 섬의 써루룽 마을의 피라미드와 외견적 형식뿐만 아니라 산악신앙과 성기신앙 등의 면까지 일치하고 있다.

피라미드형 유구에 불교적인 요소가 결합한 대표격이라고 말할 수 있는 것이 보로부드르이다. 보로부드르는 샤일렌드라 왕조가 8세기부터 9세기 전반에 건립한 불교유적이다. 그러나 보로부드르 건축 양식은 일반적으로 보이는 불탑과는 크게 다르다. 보로부드르 건축 구조를 보면 기본적으로 정방형의 계단 피라미드이다. 최하층은 2중 기단으로 주체부 5층은 정방형의 피라미드이고 그 위에 원형 3단 탑을 둔 구조로 되어 있다. 보로부드르에 대해서 결론만을 말하면 원시종교를 배경으로 전개한 피라미드형 유구에 인도 불교적인 색채가 더하여진 구축물이라고 할 수 있다.

자바 섬 선사시대의 대표적인 피라미드는 서부 자바 레벡 찌베도구Rebeak Cibedog 유구이다. 마을의 전승에 의하면 옛날 마을은 주변 지역을 지배하는 왕국의 중심지로서 무슨 일이 생기면 지역 전체에 알리는 북이 있었다고 한다. 그리고 가장 성스러운 제단이 피라미드 유구였다고 한다. 마을 이름인 찌Ci는 '강', 베도구Bedog는 '북'에서 유래한다.

유구는 자연의 마운드를 이용했는지 성토작업에 의한 것인지 불분명하지만 안산암계 자연 강돌일부는 손질을 가한 것도 있다을 사용하여 기단 위에 7단의 피라미드형으로 쌓아 올린 것으로 높이 약 5m, 저변 약 19m이다. 보로부드르 최상부 3단의 원

보로부드르

단을 제외한다면 같은 구조인 것이 주목된다. 레벡 찌베도구 유구는 인도에서 불교나 힌두교가 들어오기 이전부터 있었던 원시종교를 배경으로 하는 피라미드형 신전으로 보로부드르, 수꾸 사원, 체토 사원의 원형祖型이다.

유구 정면에 해당하는 서쪽 전면에는 방형 기단이 만들어져 있고, 그 중앙부에는 강돌로 저변 약 1.6m를 쌓은 적석 유구가 있으며, 거기에는 멘히르높이 약 2.4m, 폭 약 50cm가 있다. 주변 광장 일대에는 돌멘, 멘히르, 스톤 시트 등이 산재하고 있다. 이 유구에서 주목되는 것은 전면에 멘히르, 그 뒤에 피라미드 유구, 배후에 산이 있어 동쪽에서 떠오르는 아침 태양에 비는 배치가 되고 있는 점이다. 축조 연대는 분명치는 않지만 힌두교나 불교와 전혀 관계없는 점으로 보아 선사시대의 원시종교를 배경으로 하는 구축물이라고 보는 것이 타당할 것이다. 유구는 발리 섬이나 동부 자바의 피라미드와 외견뿐만 아니라 전면의 멘히르를 남근이라고 해석하면

레벡 찌베도구

성기신앙, 태양신앙, 산악종교와 같은 종교적인 내용까지 일치하고 있어서 이들 유구의 성립이 우연의 일치라고는 생각되지 않는다. 돌을 쌓아 올린 피라미드형 구축물은 발리와 자바 이외에도 롬복과 수마트라에 유존하고 있다.

　롬복 동부에 세러파랑Seleparang이라고 하는 산촌이 있다. 마을은 린쟈니Rinjani, 표고 3,726m라고 하는 휴화산의 동쪽 기슭에 위치하고 있다. 마을 한복판에 7기의 피라미드 유구가 있다. 신사 입구에 들어가면 3기의 피라미드 유구가 두 줄로 서 있다. 그 규모는 높이 약 1.3m 내외로 거의 같고, 둥근 강돌을 사용하여 기단으로부터 최상단까지 동일 수법으로 쌓아 올린 것이다. 이 마을의 피라미드 유구에는 모두 그 정상이나 유구 전면에 입석이 세워져 있다. 이들 유구와 발리 섬 써루룽 마을의 유구와 비교해보면 기본적으로 동일 형식의 유구로 입지 상황 등 유사한 점

롬복 섬의 피라미드 유구

이 많다. 특히 주목받는 것은 롬복 피라미드 유구와 폴리네시아 제단인 아후와 유사하고 또 신사의 형태도 동일하다.

　발리 섬의 써루룽 마을과 주변 섬들의 동일한 형식의 유구는 각 층을 축소하면서 방형 혹은 직사각형의 계단식 피라미드 모양을 하고 있다. 정상부가 평평해져 이집트 계통의 피라미드와는 다르고 그 정상부에 올라가는 계단이 있다는 공통점이 있다. 그리고 유구의 정상부 혹은 전면에는 입석이나 음양석이 있다. 또 유구 배후에는 원추형 화산이 있다는 점에서 입지에도 공통점이 있다. 재료는 자연석 혹은 벽돌 모양으로 가공한 석재를 사용하여 외면을 쌓아 올린 축조 방법이 동일하다.

　유구 성격은 종교적인 구축물이다. 그 유력한 근거는 입석과 음양석의 존재를

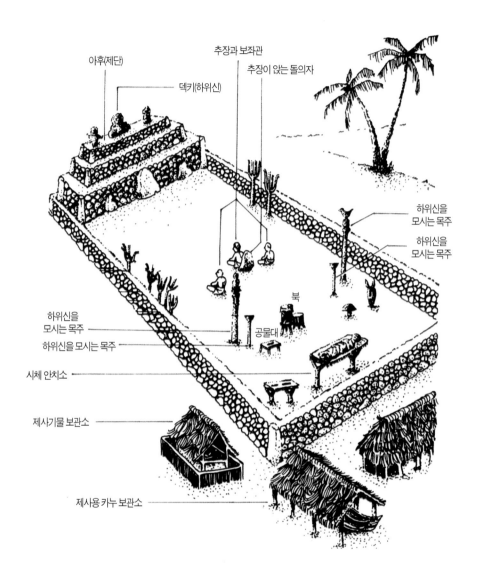

아후(제단)

덱키(하위신)

추장과 보좌관

추장이 앉는 돌의자

하위신을
모시는 목주

하위신을
모시는 목주

하위신을
모시는 목주

하위신을
모시는 목주

북

공물대

시체 안치소

제사기물 보관소

제사용 카누 보관소

타히티 섬의 아라후 로죠 신사

들 수 있고, 이것들은 성기신앙과 관련되는 것이다. 입석이 무엇을 상징하는지는 여러 가설이 있지만 남성의 상징으로 여기는 견해가 일반적이고 힌두교가 들어와서 링가와 요니가 더하여져 한층 강하게 숭배되었다고 추정된다. 그리고 이들 유구는 산악신앙과 태양신앙과의 관련성도 상정된다. 그 배치는 원추형 화산의 정상을 보고 비는 방향 그리고 동쪽에서 떠오르는 아침 태양에 비는 구조로 배치되어 있다.

마지막으로 유구의 성립 연대와 그 원류에 대한 문제가 남는다. 유구가 언제부터 성립했는지는 확실한 근거는 없지만 초기의 것은 힌두교나 불교 전래 이전까지 거슬러 올라간다고 생각된다. 유구의 원류를 어디서부터 구할지는 유사 유구가 인도나 중국에서는 볼 수 없는 것이어서 종래에 상식적으로 생각하는 문화의 흐름과는 맞지 않는다. 폴리네시아 중남미에는 동일 형식의 유구가 많이 남아 있다. 인도네시아의 피라미드 유구와 일본 오카야마 현岡山縣의 구마야마熊山 유적, 나라 시奈良市의 두탑頭塔, 사카이 시堺市의 토탑土塔, 한국의 안동, 의성, 산청, 문경울주의 적석탑과의 관련성에 대해서도 앞으로 더욱 검토할 필요가 있다. 이러한 관점에서 발리 섬의 피라미드 유구를 생각해보면 환태평양이라고 하는 넓은 지역에 있어서 해류의 흐름에 의한 문화교류의 규명에 큰 의미를 가지게 된다.

3. 발리 섬의 석상 빤 부라윳 상과 멘 부라윳 상

발리박물관에는 동부 카랑아슴에서 출토된 두 개의 빤 부라윳 상이 있다. 박물관 자료에는 두 개 모두 빤 부라윳Pan Brayut상으로 되어 있지만 한 개는 빤 부라윳의 단독 석상높이 27cm이고, 다른 한 개는 빤 부라웃과 멘 부라웃Men Brayut이 합체한 석상높이 24cm이다. 두 개 모두 석상인데 자연석을 기초로 해서 두부나 몸통부를 엷고 거칠게 다듬어서 얼굴과 손발을 조각한 것이다. 이러한 조각 기법은 원시조각에서 널리 보이는 것으로 발리 섬에서 가장 오랜 타입에 속하는 석상이다.

이러한 석상은 자연 암석에 신령이 머문다고 보고 이것을 숭배하는 거석신앙의 연장이기도 하고, 성수신앙聖樹信仰의 연장으로 목조 조각이 발생하는 것과 같은 궤적이 있었던 것이라고 생각된다. 이러한 원시 매시브 석상은 수마트라 섬 파세마 고원의 석상, 족자카르타 소노부도요박물관의 석상, 제주도 돌하르방이나 기자祈子 석상, 아스카飛鳥의 원석猿石이나 이면석二面石과 공통된 요소를 많이 가지고 있다.

한양대학교 명예교수인 김병모 박사는 발리 기안야르 현 블라 바뚜 군 커라마스 면 러바 마을Kecamatan Blah Batuh Desa Keramas Banjar Lebah에 있는 브사끼 사원Pura Besakih 석상이 제주도 돌하르방의 기원이라고 보고 있다. "돌하르방은 남방적인 색채가 농후해서 그 기원은 인도네시아에서 구로시오라는 해류에 의해 전파된 것"이라고 주장하고 있다. 확실히 브사끼 사원과 제주도 석상은 매우 흡사하다. 브사끼 사원의 석상은 높이가 50~70cm 정도로 작지만 남성상과 여성상을 성기로 명확히 구별하지만 두건 형을 한 모자, 울퉁불퉁한 눈, 양손을 배 위에 둔 것 등 많은 면에서 공통점이 있다.

오가와 고요小川光暘는 "아스카 석상의 기원이 제주도 석상이고 그 원류는 자바 섬이나 발리 섬에 볼 수 있는 석상"이라고 주장한다. 인도네시아 석상들이 제주도의 돌하르방에 영향을 미치고 그것이 일본에 전해지게 되었다고 하는 문화의 흐름을 전제로 그 흐름을 가능하게 한 배경으로 구로시오의 존재를 들고 있다. 오가와 고요가 지적하는 바와 같이 『일본서기』에 등장하는 토카라吐火羅가 탐라耽羅, 제주도였을 가능성도 배제할 수 없다.

빤 부라웃과 멘 부라웃이라는 남녀 두 신에 의해서 인간이 이 세상에 만들어져

브사끼 사원의 석상

이들이 번창해서 나라가 성립했다고 하는 신화는 세계 각지에서 보인다. 발리 섬 신화에서는 "발리 섬에 아직 어린아이가 살지 않았던 먼 옛날에 빤 부라웃과 멘 부라웃 두 신이 부부가 되어 12명의 어린아이가 태어났다. 이것을 본받아 부부는 12명씩 어린아이를 낳아 인구가 늘어나서 발리 섬 전역에 많은 사람이 정착하게 되었다"고 전해진다.

발리박물관의 빤 부라웃 상이 남신이라는 것은 이 상이 직립하는 남근을 노골적으로 표현하고 있는 것으로 명료하다. 이에 대하여는 빤 부라웃과 멘 부라웃 합체 상은 복수의 어린아이를 팔에 안고 있는 형태로 표현되어 자식이 많은 것을 표현하고 있다. 발리어로 빤Pan은 어머니, 멘Men은 아버지, 부라웃은 자식이 많다는 의미이다. 이러한 석상은 후대가 되면 아이들 수를 12명으로 하는 우상이 형식적으로 고정화되어 기자신앙祈子信仰과 함께 부부화합이나 풍작 기원의 대상으로 삼아서 숭배되는데 이러한 신앙의 메카가 되고 있는 곳이 찬디 다사 사원이다.

발리박물관에는 또 하나의 멘 부라윳 상이 있다. 조형적으로 전술한 두 개의 석상보다 시대가 다소 내려가는 것으로 생각된다. 얼굴 중앙에 특징적인 큰 코가 있는 점은 공통적이지만 어깨 위의 목이나 얼굴은 균형이 좋아서 고전적인 조화와 균형이 잡혀 있다. 앉은 형태에는 변함은 없지만 전면에는 알몸의 여아 부조가 있다.

덴파사르의 다렘 사원에는 우리나라의 들돌과 같은 계란형의 돌을 모시는 제단이 있는데 정면의 좌우에 빤 부라윳 상과 멘 부라윳 상이 있다. 모두 40cm의 좌상으로 남신은 긴 턱수염을 기르고 있다. 이들 두 신은 각각 여섯 명의 아이를 데리고

빤 부라윳 상(발리박물관)

멘 부라윳 상(찬디 다사 사원)

있다. 무릎 위에 세 명과 옆구리에 세 명의 아이들이 달라붙은 형태로 배치되어 있다. 표현이 사실적인 것으로 보아 시대는 그다지 오래되지 않았다고 생각되지만 이 사원은 15세기에 복원된 것으로 아마 오랜 형식을 전하는 형태로 다시 만들어졌다고 봐야 할 것이다. 즉, 박물관에 있는 세 개의 석상에는 아이가 한 명 혹은 두 명에 지나지 않았던 것이 신화와 같이 남녀의 신이 각각 여섯 명씩의 아이들을 기르는 형태로 발전하여 그 다음에 여신이 12명의 어린아이를 기르는 형태로 발전한 단계에서 불교나 힌두교의 영향으로 인한 하리티 신앙과의 융합이 있었다고 추정된다.

하리티Hariti는 기자모신鬼子母神의 이름으로 알려져 있는 인도의 여자 귀신으로, 자신의 아이를 기르기 위해서 남의 아이를 잡아먹었다. 석가의 교화에 의해 불제자가 되어 어린이의 수호신이 된다. 인도에서는 불교가 쇠퇴한 13세기 이후에도 신앙이 계속되어 오래전부터 주변 나라에 전래되어 기자, 순산, 육아, 부부화합의 신으로 신앙받고 있다. 인도네시아 중부 자바의 찬디 먼듯Candi Mendut 입구 벽면에

찬디 먼듯의 하리티

유아를 안은 하리티 부조가 있어 8세기 여신 신앙의 일면을 보여주고 있다. 먼둣 사원 조각은 인도네시아 고전 미술의 최고 수준을 나타내는 걸작의 하나이지만 발리 섬 동부 찬디 다사의 하리티 상도 조형미가 뛰어나다.

4. 고아 가자

중부 우붓으로부터 동쪽으로 5km 정도 떨어진 베돌 가까이에 있는 힌두교 관련 유적으로 동굴 유적과 목욕탕이 남아 있다. 고아 가자Goa Gajah는 '코끼리 동굴'이라는 의미로, 입구에 거대한 얼굴 조각이 있는 동굴은 1923년에 처음 보고되었고, 왕실 목욕 시설은 1945년에 발굴되었다. 코끼리 모습을 하고 있는 가네샤를 제사 지내는 동굴 사원으로부터 고아 가자라고 하는 명칭이 붙은 이 유적은 11세기 전반에 조영되어 발리 섬에서는 가장 오래된 유적이다. 이것은 자바 섬 싱아사리 왕조 시대에 속하는 힌두교 신들의 석상이 많이 발굴된 욕장 유적과 관련된다.

목욕탕을 내려다보는 곳에는 소규모의 석굴 사원이 있고 입구에 귀면이 새겨져 있다. 동굴 입구인 남쪽 암벽을 향해서는 이상한 얼굴과 사람의 손가락이 조각되어 있다. 얼굴의 모티프는 마녀 랑다라고도 하고 아궁 산과 바뚜르 산을 만든 시바 빠수빠티Siwa Pasupati신이라고도 한다. 그러나 얼굴만을 보면 큰 눈과 콧등, 분노의 표정은 자바 힌두 사원에서 보이는 귀면과 비슷하고 바롱의 얼굴과도 닮아 있다. 동굴 입구는 이 얼굴의 턱밑에 만들어졌고, 얼굴 양측에는 사람의 손가락이 정교하게 조각되어 닫힌 문을 열려는 장면이 조각되어 있다. 그 밖에 바위 표면에는 다수의 동물과 인물이 새겨져 있다.

동굴 내부는 T자형으로 나눠져 왼쪽 안에 가네샤 상이 모셔져 있고, 오른쪽 안에는 세 개의 링가남근석가 모셔져 있다. 각 링가는 힌두교 3대 신인 시바, 비쉬누, 브라마를 나타내고 있다. 또 동굴 내에는 전부 15개의 횡혈식 석실이 있어 승려들이 명상하거나 잠을 자던 장소로 추정되고 있다.

동굴 입구 왼쪽에 있는 사당 안에 일부가 깨진 하리티 상이 안치되어 있다. 석상은 동굴과 같이 11세기 전반의 조각으로 보이는데 여신의 무릎에 하나, 좌우로 각 세 명 등 일곱 명의 아이를 데리고 있다. 아마 찬디 다사의 경우와 같이 12명의 어린이에게 둘러싸인 군상이었던 것이 화산 혹은 지진에 의해서 현재 모습이 된 것이라고 여겨진다. 표현 형식은 균형이 잘 잡힌 고전적인 작품을 나타내고 여신의 귀걸이나 목걸이, 팔 장식 등 장신구를 몸에 걸친 좌상이다. 인도의 사루노 따포Saruno Tapo를 닮은 엷은 옷을 입은 모습이다.

동굴 전방에 있는 목욕탕은 남북 20m, 동서 7m의 직사각형으로, 그 동쪽의 측면을 따라 여섯 개의 여신상Widiadari이 세 개씩 배치되어 있는데 이 여성상은 발리

고아 가자

섬 고전미술의 최고 수준을 보이는 명작이다. 목욕탕에는 자연의 용천수로부터 급
수하여 계단을 내려가면 목욕장에 물을 쏟아 넣는 분출구인 길상의 여성상은 동부
자바의 11세기 건조물과 같은 시기의 것이다. 동부 자바 뻐낭궁안의 찬디 죠로톤
도Candi Jolotundo, 977년와 찬디 버라한Candi Belahan, 1049년이 있어 당시 동부 자바와 발
리가 정치·문화적으로 하나가 된 상황을 알려주는 유적들로 고아 가자 및 그것에
부속되는 구능 까위도 같은 시대의 같은 종류의 유구로 다루어져야 한다.

현재는 동굴 주변에 세워진 새로운 목조건축 사당에서 힌두교 제례가 행해지고
있다. 따라서 고아 가자 유적은 본래 모습을 알 수는 없지만 동굴은 예배 장소, 목
욕탕은 종교적으로 몸을 정화하는 장소로 현재도 도민의 종교적인 성지가 되고 있

찬디 버라한

고아 가자의 욕탕

다. 부근을 흐르는 뻬타누Petanu 강에 부서진 불탑의 부조 불상이 있어 과거에는 힌두교와 함께 불교도 믿었다는 것을 나타내고 있다.

5. 예 푸루

예 푸루Yeh Pulu 유적은 우붓 중심에서 4km 정도 떨어진 부돌 마을에 있는 암각화 유적이다. 고아 가자 유적에서 북동쪽으로 1km 정도 떨어진 기안야르 방면으로 향하는 곳에 있다. 예는 '물', 푸루는 '용기'를 의미한다. 즉, 석재 용기에서 용솟음치는 샘을 의미한다. 예 푸루 유적은 14세기 승려들의 수행소라고 전해지고 있다. 길이 25m의 암벽 릴리프는 마자파힛 왕국의 발리 침공 이전의 것으로, 일부는 두루마리 병풍처럼 그려져 있다. 릴리프는 다섯 개의 장면으로 분류되는데 모든 장면에 당시 발리인의 생활이 생생하게 묘사되어 있다.

　릴리프는 입구 쪽을 향하여 왼쪽에서 오른쪽으로 읽을 수 있는데, 힌두교 크리슈나Krsna의 생애를 그렸다고 하는 설이 있다. 첫 번째 장면은 한 명의 남자가 오른손을 높이 들고 계속해서 장대에 두 개의 항아리를 짊어지고 나르는 남자들이 있다. 남자 앞에는 보석으로 치장한 여자가 걸어간다. 두 번째 장면은 문 안에서 밖을 망보는 사람이 있다. 한 남자가 어깨에 도끼를 걸고 무릎 꿇고 앉아 있는 여자와 이야기를 하고 있다. 머리에 터번을 감고 앉은 승려의 왼쪽에 살롱을 입은 모습의 여자가 서 있다. 이어지는 사냥 장면에는 말을 타고 있는 인물과 창을 던지고 있는 남자가 있다. 이미 한 남자가 큰 멧돼지의 가슴에 칼을 찔러 넣고 있다. 그 오른쪽으로는 두 마리의 멧돼지를 막대에 달아매서 나르는 남자가 있다.

예 푸루 유적

　마지막 장면은 말을 타고 돌아가는 크리슈나를 만류하는 곰의 딸이 말 꼬리를
움켜쥐고 그 딸의 뒤에서 두 마리의 원숭이가 그 광경을 흉내 내서 꼬리를 움켜쥐
고 있다. 게다가 그 안쪽에는 승려들이 수행했던 승방 터가 있다. 시바신 아들로
코끼리 얼굴을 하고 있는 가네샤 상을 제외하면 힌두교적인 그림이 아니다. 예 푸

루 유적은 고아 가자 유적과 근거리에 위치하며 가네샤 상도 양식적으로 매우 흡사하여 두 유적의 관계는 금후에 더욱 검토할 필요가 있다.

6. 구눙 카위

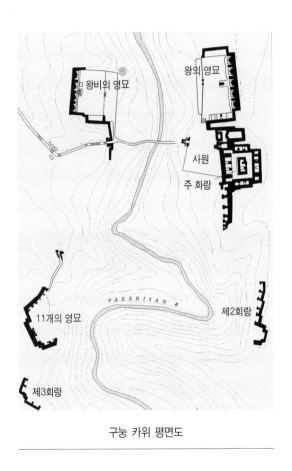

구눙 카위 평면도

땀빡시링 카위 산 기슭에 구눙 카위Gunung Kawi 유적이 있다. 구눙 카위는 '고대 시詩의 산'을 뜻한다. 뻐꺼리산Perkerisan 강 암벽에 힌두교 사당과 같은 건축을 파낸 것으로, 11세기경 와루마데와 왕조의 제6대 아낙 웅수의 영묘로 만들어진 것으로 전해지고 있다. 이 석굴 사원은 고아 가자의 목욕 시설과 같은 시기의 것이다. 그러나 유적은 무덤으로서 사용된 것은 아니고 돌아가신 왕이나 왕비들이 죽음으로부터 해방되어 부활을 기원한 영

구눙 카위

묘로 여겨지고 있다.

유적 입구에서 몇백 계단에 달하는 긴 계단을 내려가면 파쿠리상강 양측 암벽에 새겨진 높이 7m의 찬디가 보인다. 북쪽에 있는 다섯 개의 찬디는 왕의 영묘이고, 강 건너 남쪽에 있는 네 개의 찬디는 왕비들의 영묘로 전해지고 있다. 찬디는 바위 표면을 아치형으로 다듬어 석탑 사원과 같이 마무리되어 있다. 이들 석굴 사원의 입면은 같은 시기의 동부 자바 사원과 비슷하다. 이 양식은 세계적으로도 유명한 인도의 아잔타 석굴이나 에로라 석굴에서 볼 수 있다. 구눙 카위와 같이 암벽을 파낸 사당 형식은 당시 인도의 영향이 멀리 인도네시아에 전해진 것을 나타내는 귀중한 유적이다. 현재 주위에는 힌두교 사원이 있지만 석굴과 승원도 만들어져 있는 것으로 보아 불교와 관련된 유적이었다는 설도 있다.

이 찬디 형식은 비교적 오랜 형식으로 남인도 건축 모습을 잘 남기고 있으며 후대의 발리 건축과는 전혀 다른 형식이다. 유적 연대는 매장된 왕이 유명한 자바 에를랑가991~1049 왕의 남동생인 아낙 웅수로 추정되어 11세기 후반에 만들어진 것으로 여겨진다. 구눙 카위 영묘군에는 승방이 부속되고 있는 것으로 보아 영묘를 지키고 죽은 왕을 공양하는 승려가 살고 있었던 것이 분명하다. 불교와 힌두교의 혼합 유적으로 생각되지만 왕과 신이 동일시되었던 것을 알 수 있다.

발리의 미술

발리는 신들의 섬이라고 불리고 있지만 '예능의 섬' 혹은 '예술의 섬'으로도 불린다. 발리 공예품은 발리의 중요한 관광 자원의 하나이다. 특히 발리 회화는 세계적으로 알려져 있는데 서양미술의 영향을 많이 받았다. 현재 발리 공예품을 판매하는 아트 숍은 섬의 도처에 있다. 1970년대 이후 예술의 마을 우붓이 관광객 증가에 의해 사누르에서 우붓을 잇는 간선도로변에 저렴한 토산품을 파는 아트 숍이 줄지어 서게 되었다. 대량으로 주문 제작된 그림과 조각이 외국인 관광객을 대상으로 가게 앞에 진열되어 있다. 따라서 현재의 발리 미술은 외국인 관광객과 불가분의 관계를 가지고 있다. 그러나 발리의 미술품 모두가 외국인 관광객을 대상으로 대량 생산된 복제품만 있는 것이 아니라 발리의 독창성을 가진 국제적으로 평가가 높은 예술작품도 적지 않다.

그러나 발리의 독자적인 회화 스타일이라고 해도 역사는 오래되지 않았다. 발리 회화는 1920~1930년대에 구미인과의 교류를 통하여 발리의 전통회화에 근대적인 구미 수법을 응용해서 태어난 비교적 새로운 것이다. 당시 구미에서 온 화가들은 발리의 아름다운 자연, 종교와 생활이 일체화된 풍부한 생활과 사람들의 뛰어난 예술 감각에 놀랐다. 발리에는 수많은 사원이 있어 생활 속에 종교가 깊이 뿌리 내리고 있었고 원래 음악이나 무용과 같은 예술도 신들에게 봉헌하기

풍경과 아이들(월터 스피스)

위한 것이었다. 발리의 회화와 조각도 순수한 예술이 아니고 사원이나 왕궁을 장식하기 위해서 존재했던 것이다. 따라서 발리인은 누구든 일상생활 안에서 신들에게 모든 것을 바치는 예술가이며, 발리 미술은 종교와 일체화된 생활에 의해 창작된 것이다.

1920년대 후반부터 1930년대를 발리의 르네상스시대라고 한다. 발리 르네상스시대를 맞이한 것은 독일인 화가 월터 스피스의 역할이 크다. 천재적인 예술가 스피스는 회화뿐만 아니라 음악, 무용, 연극에도 많은 영향을 주었다. 스피스나 루돌프 보네를 비롯한 젊은 구미 예술가들이 발리인과 함께 만든 새로운 발리 회화는 도대체 어떤 것이었을까? 그들과 발리 예술이 어우러져 발리 르네상스시대가 될 필연성은 어디에 있었을까? 당시 사회를 되돌아볼 필요가 있다.

1. 고전 양식기

발리 고전 회화의 원형은 론따르에 그려진 세밀화이다. 론따르는 야자 잎을 건조시켜서 평평하게 편 후 직사각형으로 잘라 그 표면에 칼로 문자와 그림을 새겨넣은 것이다. 뻬젱 마을에서 출토된 8세기경의 론따르 그림에는 인도 파라 왕조의 미술을 연상시키는 불상이 그려져 있어 초기 발리 회화는 인도의 영향을 강하게 받았던 것을 알 수 있다. 원래 론따르에는 문자가 주가 되어 〈마하바라타나〉와 〈라마야나〉, 힌두교 경전 등 종교적인 테마가 새겨져 있었다. 발리어로 스토리가 새겨져 있지만 그림은 문자를 읽을 수 없는 사람들을 위한 것으로, 발리 회화의 역사는 8세기까지 거슬러 올라간다.

발리 힌두 문화와 같이 발리 회화사에도 주목해야 할 시대는 16세기이다. 이슬람 세력에 밀려 동자바 마자파힛 왕국에서 많은 자바 힌두교도들이 발리 섬에 이주하여 정착하면서 발리 회화는 힌두교의 영향을 강하게 받게 된다. 이후 1920년대까지 발리 미술은 신들에게 신앙 표현의 일부 혹은 신들을 위한 종교적인 목적으로 제작되었다.

또한 발리 전통회화의 기원은 와양 쿨릿과도 밀접한 관계를 가지고 있다. 천이나 가죽에 그려져 있던 와양 쿨릿 인형은 예부터 와양 양식이라고 불리었다. 와양 양식은 획일화된 수법으로 인물을 묘사하고 그 구성과 색깔도 한정되어 있었다. 그림자극 자체가 힌두교 신화나 전설을 테마로 하고 있었으므로 와양 양식의 전통

와양 양식의 전통회화(아궁 라이 미술관)

회화도 그림자극에 종속한 그림이었다. 인물 식별이 소지품에 의해 인식되고 있는 점, 얼굴은 항상 옆에서 본 각도로 그려져 있는 점 등 와양 쿨릿의 인형을 답습한 와양 양식은 평면적으로 원근감이 없었다. 이들 그림의 대부분은 목면 천에 식물이나 암석에서 채취한 천연 염료로 채색하고 평면의 공간에 앞에서 본 신들과 인물을 배치하고 있다.

발리 동부 최대 도시인 써마라뿌라Semarapura는 16세기 이후부터 약 300년 이상의 역사를 자랑하는 옛 도시의 하나이다. 써마라뿌라에 있었던 겔겔 왕조는 고전문학과 가면극, 그림자극, 음악, 회화, 조각 등 화려한 궁정문화가 꽃피고 발리 전역에 큰 영향력을 가졌던 왕조였다. 왕가 사람들의 휴식처로 사용된 건물인 발레이 깜방Bale Kambang은 장식된 돌 조각, 기둥에 새겨진 목조 조각이 있고 라마야나 신화를 주제로 한 까마산 양식의 천장화가 그려져 있다. 연못 동쪽에 세워진 건물에는 꺼르타 고사Kerta Gosa라고 하는 꿀룽꿍 왕국의 재판소가 있다. 벽이 없는 재판소 건물은 꿀룽꿍 건축의 걸작이라고 일컬어지며 천장에는 까마산 양식의 그림이 그려져 있다. 천장화는 여러 가지 도덕적·종교적인 가르침을 주제로 하고 있다. 예를 들면 간통죄를 범한 인간은 사후에 성기를 자르거나 굽거나 하는 무시무시한 지옥 그림이 그려져 있다. 실제로 판결을 하는 것은 발리 힌두교 최상위 계층인 세 명의 승려이고 중죄를 지은 사람은 발리 남쪽에 있는 악령이 살고 있다고 믿는 페니다 섬으로 추방되었다고 한다.

발리 소왕국시대에 각 왕국은 자신들이 소유하는 궁전이나 사원을 꾸미기 위해 화가의 육성에 주력했다. 개개의 왕국은 화가들을 고용하여 각 사원 벽에 거는 이델 이델Idel Idel이라고 하는 두루마리 그림이나 왕궁과 사원을 꾸미기 위한 거대한 장식막 같은 랑세Langse, 우쿠력의 달력을 그리게 했다. 이들 회화의 테마는 모두 종교적인 것으로 그 화법은 전통적인 와양 양식으로 그려졌다.

론따르나 와양 양식의 전통회화 화구나 기법, 표현 양식은 대대로 계승되어 여

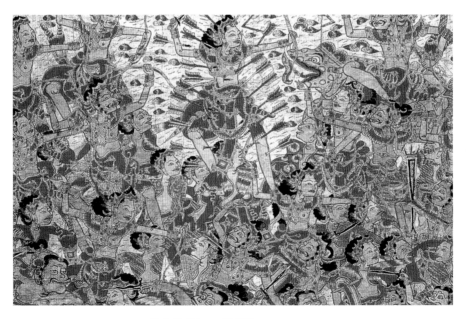

아비마뉴Abimanyu의 죽음(전통적인 발리 회화)

러 가지 양식으로 갈라지지만 20세기 초기 네덜란드 식민지시대가 되면서 발리 본래의 전통회화는 점차 쇠퇴한다. 식민지에 의한 근대화와 함께 상업주의가 진행하는 가운데 화가들은 신들을 위한 그림에 대한 열정을 잃어버린다. 까마산 양식의 회화 공정은 초벌 그림의 선묘, 밑칠하기, 마무리의 세밀화로 나뉘어 두세 명의 공동 작업으로 그려진다. 까마산 양식의 색은 빨강, 파랑, 감색, 흰색, 흑색의 다섯 가지 색이 사용된다. 현재 까마산 양식을 그리고 있는 화가는 꿀룽꿍 교외 까마산 마을에서 적은 수의 화가들이 명맥을 유지하고 있다. 관광객이 숙박하고 있는 호텔 로비나 방 벽에 걸려 있는 것은 대개 까마산 양식의 그림이 많다. 그러나 발리 전통회화 와양 양식과 까마산 양식는 섬 내부의 요구에 의해서 그려지므로 화가들의 경제적인 사정은 그다지 좋지 않다.

2. 근대 양식기

1920년대 후반부터 1930년대까지를 '발리 르네상스시대'라고 부르는데 이 시대에 발리 문화는 큰 전환기를 맞이하게 된다. 토착의 고전 양식 회화에 서양화의 영향에 의해서 오늘날 발리 전통회화라고 불리는 우붓 양식과 바뚜안 양식이 새롭게 확립된다.

1927년 월터 스피스, 1929년 루돌프 보네가 우붓에 정착한 것을 계기로 새로운 양식의 발리 회화가 탄생하게 된다. 그들은 원근법을 이용한 서구의 화구와 화법으로 낙원의 섬 발리 이상적으로 연출된 이미지로서의 낙원의 풍경을 화폭에 담아 발리 화가들에게 종교화 이외의 새로운 그림의 존재를 알려주었다. 발리 화가들은 새로운 서양화의 화구와 기법을 배우고 그림 소재와 물감도 캔버스와 유화를 사용하기 시작한다. 이 시기부터 그림은 신들을 위한 것만이 아니고 외국인 관광객에게 비싸게 팔리는 것으로 발리인들이 인식하게 된다. 재능 있는 화가들은 그림을 팔아서 생계를 유지하고 회화가 절호의 관광 상품이 되어 간다. 본래 발리 전통회화는 종교적 테마로 획일화되어 비개인적인 것이었다. 이러한 발리 회화에 새로운 에너지를 불어넣어준 것이 스피스를 비롯한 구미의 화가들이었다.

따라서 스피스나 보네가 발리의 새로운 회화에 끼친 영향은 결코 과소평가되어서는 안 된다. 그러나 반대로 스피스나 보네의 실적을 과대 평가해서도 안 된다. 그것은 발리 화가들이 서양화의 모방에 시종한 것이 아니고 스피스나 보네의 작품보다 훨씬 뛰어난 수많은 작품을 남기고 있기 때문이다.

발리 르네상스는 발리인의 새로운 예술 창조에 대한 욕구만으로 탄생한 것이 아니다. 발리 르네상스는 네덜란드 식민지 지배에 의한 발리의 변화가 발리 르네상스시대에 앞서 있었던 것을 빠뜨려서는 안 된다.

1920년대 네덜란드 식민지정부는 발리 문화와 사회를 조사해 그 성과를 활용하여 식민지 통치에 이용하려 했다. 네덜란드 지배가 발리에서 시작되는 동시에 발리에도 자본주의가 도입되어 관광객을 상대로 선물용 그림을 그려서 파는 사람들이 생겨났다. 관광객이 기뻐하는 낙원으로 연출된 발리다운 아름다운 풍경화와 인물화가 인기를 끌었다. 그것은 발리인들이 외국인 관광객의 기호를 감지하여 그림을 팔기 위한 지혜이며 경제적인 욕구로부터 발생한 회화의 변질이었다.

그러나 식민지 지배는 자본주의와 함께 근대화가 이루어지고 더욱이 식민지를 원활하게 통치하기 위해서는 현지인의 교육이 필요해진다. 피지배인의 교육은 그로 인해 민족독립을 재촉하는 현상이 일어난다. 네덜란드 식민지정부는 독립운동의 싹을 없앨 필요가 있어 그 대책의 일환으로 발리의 정치와 행정을 개혁하고 종래의 카스트제도를 강화한다. 따라서 발리의 전통문화는 식민지정부에 의한 보호와 지원을 받게 된다. 구미 부유층의 주목과 함께 전통예술 보호와 지원 정책에 의해 예술 활동은 활기를 띠게 된다.

식민지정부에 의한 문화보호 정책과 더불어 이주해 온 외국인 화가들과 발리인과의 교류는 발리 르네상스에는 필요 불가결한 요소였다. 그 가운데에서 스피스가 여러 가지 분야에서 서양의 근대적인 예술 기법을 발리 사람들에게 제안하고 그것을 훌륭하게 받아들여 완성시킨 것이 발리 르네상스 문화이다.

스피스나 보네는 발리 사람들에게 낙원에 어울리는 자기들의 주변 생활이나 자연을 그리는 것이 상품적으로 가치가 높은 예술작품이 된다는 것을 몸소 보여주었다. 발리 화가들은 스피스나 보네의 자극을 받아 발리를 주제로 서양 그림물감과 고유의 염료를 혼합하거나 원근법 등을 적극적으로 받아들여 새로운 발리 양식을 창조해 간다. 그리고 새로운 회화의 테마를 받아들임으로써 인간의 표정이나 몸짓 등 점차 감정 표현이 풍부해져 배경도 깊은 맛이 생겨났다. 서양 회화의 기법을 받아들여서 그것을 흉내 내는 것에 그치지 않고 발리 섬 나름대로 소화해서 탄생한 것이 우붓 양식과 바뚜안 양식이다.

3. 우붓 양식

1930년대에 새로운 회화 스타일인 우붓 양식이 생겼다. 발리의 자연과 예술에 반한 월터 스피스, 루돌프 보네 등 외국인 화가가 우붓에 체류하여 서양화법을 도입한 것이 우붓 양식이 생기는 직접적인 계기였다. 거기에 큰 자극을 받아 종교회화로부터 소위 감상 회화의 새로운 화풍이 만들어진다.

종래의 전통적 회화인 까마산 양식과 와양 양식을 일변시키는 큰 개혁이 우붓 양식에 의해 행해졌다. 우붓 양식은 당시 예술협회인 피타 마하에 의해 찬란한 꽃을 피우게 된다. 1936년에 스피스와 보네가 중심이 되어서 150명 이상의 화가들이 참가하여 관광객용 회화 양산에 의한 회화의 질적 저하를 막고, 전람회 개최나 작품 가격의 적정화, 해외 전시 활동 등 적극적으로 발리 회화의 홍보 활동을 펼친다. 네카Neka 미술관 설립자인 스테자 네카Suteja Neka의 아버지 와양 네카Wayan Neka도 피타 마하의 설립에 큰 공헌을 했다. 피타 마하는 그 후 발리 전역으로 활동 범위를 넓히고 동시에 까마산 양식의 전통회화를 보존하는 활동을 한다. 후에 이 피타 마하를 중핵으로 해서 보네의 협력으로 우붓에서 처음으로 뿌리 루키산Puri Rukisan 미술관이 1956년에 건설되었다.

이와 같이 피타 마하는 발리의 회화 발전에 큰 역할을 했다. 또 그들은 까마산 양식의 전통회화 수복과 보존 활동을 했다. 그런데 이 운동의 주도적인 입장이었던 스피스나 보네 등은 유럽인이었기 때문에 발리 회화를 '유럽인의 미의식'을 기준으로 평가하는 경향이 있었다. 예를 들면 당시 피타 마하에 참가하고 있었던 까마산 양식의 대표적인 화가 빤 써칸Pan Sekan, 1893~1984 작품은 같은 세대 최고의 전통회화로 평가되고 있는데 보네의 미술평론에 그의 작품은 등장하지 않는다.

우붓 양식은 발리의 풍경, 전답에서 농사짓는 사람들, 강에서 목욕하는 사람 등 일상적인 주제를 농염하게 배색해서 그리고 있다. 사원 의례, 전통무용, 악단, 인물을 주제로 한 것도 있다. 혹은 풍경이나 시장 광경 등 그림자 그림을 사용해서 그린 것도 있다. 스피스원근법와 보네아나토미의 개념가 가져온 서양화의 요소를 받아들여 발리인이 자기들의 세계로 소화하여 발전시킨 것이 우붓 양식이다. 우붓 양식은 개인의 자유로운 발상에 의해 그려져 지금은 현대 발리 회화로서 정착하고 있다. 우붓 양식의 회화는 외국인은 도저히 흉내 낼 수 없을 만큼 세밀하다.

시장(우붓 양식, A. A. Sobarat)

4. 바뚜안 양식

발리 회화에서 우붓 양식과 함께 유명한 것이 우붓 남쪽의 바뚜안 마을을 본거지로 하는 바뚜안Batuan 양식이다. 발리 회화 역사상 최고의 치밀함을 자랑하는 화법이며 어두운 색채를 많이 사용하고 화면에 틈이 없을 만큼 빽빽하게 사람, 동물, 신, 악마가 그려져 있다. 서양의 원근법을 독자적으로 해석하여 비스듬하게 위로부터 지상을 내려다보는 것 같은 시점에서 그려지는 것을 특징으로 하는 굴절된 원근법을 사용하는 일파이다. 그림 채색은 먹을 사용한 검정색이 기본이 된다.

발리 회화는 서양 회화 기법이나 표현 양식을 받아들여서 그 양식과 전통은 크게 변용했지만 발리 회화는 결코 서양 회화의 모방에 그친 것이 아니다. 바뚜안 마을 화가들은 발리 섬의 토포스정형화된 표현와 우주관에 근거하여 감상용 서양화와는 명확히 구별할 수 있는 주술적인 세계를 훌륭하게 표현하고 있다. 바뚜안 마을 화가들은 화려한 원색을 피하고 검정색만으로 사람, 신, 동물을 화면에 빽빽하게 채워서 세밀하게 그리고 있다. 여백이 없는 그림은 청동기시대의 동손동고와 공통되고 바뚜안 양식 그림은 서양화의 기법을 이해한 뒤 발리 전통문화를 토대로 신비성이 넘치는 독자적인 세계를 그린 회화이다.

이 바뚜안 양식 회화에 주목한 것은 마가렛 미도와 그레고리 베토손으로, 그들은 이 수법으로 그려진 발리 신화나 전승 그림을 대량으로 수집했다. 바뚜안의 회화는 먹에 의해 어둡게 흐르는 세밀화로 거기에는 신비로운 발리 힌두교 신들의 주술 세계가 명확히 나타나 있다. 성별을 알 수 없는 신들, 기괴한 동물이나 다채로운 악령이 검은 숲에 둘러싸여 있는 발리의 독특한 세계가 그려져 있다. 미도와 베토손이 수집한 회화는 후에 뉴욕 자연사박물관에서 〈힘의 이미지 전〉이라는 이름으로 공개된다. 전람회를 기획한 인류학자 힐드렛 기아츠는 전람회 카탈로그에

가루다에 탄 비쉬누(K. Kot)

상향위디와사(Wayang Miarta)

"이 그림들은 발리 특유의 힘의 표현으로, 바뚜안 양식은 주술적인 것을 주제로 하며 발리인은 이 힘sakuti의 존재에 강한 관심을 가지고 있다"고 지적하고 있다. 싸쿠티는 특수한 '영적인 힘'이며 그것은 개인적인 수준에서의 정신적인 힘의 문제가 아니고 그 힘의 인식은 발리 토포스와 우주관과 밀접하게 관계되고 있다. 그 힘의 근원인 주술은 발리의 일상생활 안에 깊이 침투하여 바뚜안 양식은 발리인의 주술 세계를 캔버스 안에서 표현하고 있다.

5. 모더니즘기

제2차 세계대전 이후 인도네시아 독립 전쟁이라고 하는 두 번의 큰 싸움 뒤, 발리 회화 역사에서도 모더니즘이라고도 해야 할 새로운 상황이 출현한다. 1956년 네덜란드인 화가 앙리 스밋과 오스트레일리아인 화가 도널드 프렌드는 우붓 서쪽에 인접하는 마을 뻐너스타난Penestanan에 회화학교 '영 아티스트 스쿨'을 열고 십대 젊은이들에게 화구를 제공해 기법을 가르쳤다. 이렇게 해서 1960년대에는 발리 마을의 일상적 풍경을 전통 양식과는 다른 수법으로 그리는 새로운 스타일이 생겨났다. 즉, 원색을 다용한 밝은 색조와 윤곽을 강조한 화면구성으로 표현한 영 아티스트 양식이 탄생한다. 현대회화 양식의 하나로 우붓 스타일의 반항적인 스타일이다.

1970년에는 우붓 남쪽의 뺑고써칸Pengosekan 마을에 사는 데와 뇨만 바뚜안 Dewa Nyoman Batuan 형제를 중심으로 설립한 '커뮤니티 오브 아티스트'의 화가들에 의해 발리의 자연, 화조풍월을 주제로 하는 뺑고써칸 양식이 확립했다. 중국 당,

뻥고써칸 양식(네카 미술관)

송의 화조풍월 양식을 받아들인 것 같은 느낌이 섬세한 터치로 그려진 회화로 연한 색조가 특징이다. 뻥고써칸 양식은 발리에서는 가장 새로운 스타일로서 국내외의 주목을 받고 있다.

1970년대까지 발리의 예능이나 예술은 모두 마을 안에서 연장자에게서 연소자에게로, 이른바 도제제徒弟制에 가까운 형태로 계승되어 왔다. 회화에 있어서도 그림을 가르치는 측은 농민으로 전문적인 예술 교육을 받지 않고 농사를 지으면서 부업으로 그림을 그리는 사람들이 대부분이었다. 따라서 발리 회화는 민예품과 같이 익명성과 반복성의 특질을 가지고 있었다.

그런데 1980년대가 되면 섬 안팎의 대학에서 정식 미술교육을 받은 작가들이

수전의 수확(영 아티스트 양식, M. Runia)

새로운 창작 활동을 시작한다. 그들은 지금까지의 발리 회화와는 다른 주제를 다른 화구와 기법을 이용해서 개개의 개성이 강조된 표현을 하기 시작한다. 아카데믹 양식은 대학에서 전문적인 회화 교육을 받은 화가들에 의해 태어난 스타일이다. 그들 작품의 대부분은 구상具象으로부터 벗어나 현대 서양적인 소재와 기법을 다용하고 추상적 개념을 주제화한 화면을 구성하는데, Modern style 또는 Abstract style이라고도 불린다. 아카데믹 양식은 그 이전의 어떠한 양식의 발리 회화와도 선을 긋는 것으로 이것은 후기 인상파로부터 추상표현주의까지 모든 영향을 나타내는 스타일이다. 발리 힌두 문화에서 유래하는 전통회화 양식에서 보면 아카데미즘 양식은 이단적인 존재이다. 도제제로 세습되지 않고 지역적으로 한정해서 전개하지도 않는다. 독창성을 지향하고 상품성보다 정신성을 중요시한다. 발리 회화의 특질을 가지지 않는 국제적 발리 회화로, 현재 발리 미술사에 있어서의 큰 전환기에 있다.

발리 회화사에 있어서 새로운 양식의 등장은 기존의 오랜 양식의 소멸이나 쇠퇴를 의미하는 것이 아니고 오히려 오랜 양식에 병행되어 새로운 양식이 차례로 더해가면서 전개된다. 이것이 발리 역사나 다른 예능과 같이 발리 미술사의 가장 큰 특징이다. 한편 각 양식의 주제나 기법상의 특징은 정확하게 현재도 계승되고 있는데 아카데믹 양식 등장 이후 작가의 개성을 강조한 독창성 있는 작품이 늘어나고 있다.

현재도 청년화가들은 정열적으로 새로운 발리 회화의 창작 활동을 계속하고 있다. 우붓에는 많은 발리 미술관이 모여 있고 그 대표격이라고 할 수 있는 것이 뿌리 루키산 미술관, 네카 미술관, 아궁 라이Agung Rai 미술관이다. 각 미술관에는 고전에서부터 현대 작가까지 폭넓은 장르의 작품이 전시되어 있다. 우붓의 많은 갤러리에는 기념품 수준에서부터 유명한 작가의 정통회화가 판매되고 있고, 그 가격은 발리의 7대 불가사의의 하나라고 전해지고 있다.

2006년 여름에 전통 발리 회화 경매가 우붓 교외의 마야 우붓 리조트에서 개최되어 전통 발리 회화의 저명한 작가 300명을 소개한 명감 〈Bali Brav〉가 간행되었다. 두 번의 폭탄 테러 사건 후 발리의 경제 쇠퇴와 상업주의 추상화 붐이 우려되는 가운데 발리의 중요한 문화인 전통회화의 부흥을 기하고 그 계승자를 육성하는 것을 목적으로 하고 있다.

회화 이외에도 발리에는 뛰어난 공예품이 많이 있다. 사누르와 우붓 사이에는 바틱의 마을인 토파타, 석조물을 가공하는 마을인 바뚜 불란, 은제품 가공 마을인 츄룩, 목제품을 가공하는 마을인 마스 등이 있다. 이러한 마을들은 네덜란드 식민지 정책 아래에서 세계적인 관광지로서 유명해진 결과 전통예능을 공연하거나 회화와 공예품을 팔거나 해서 장사를 하는 동안 발리인들이 만들어 낸 지혜의 산물이다. 발리의 여러 예능이 그랬던 것처럼 회화나 공예품을 사는 외국인 관광객이 있었기 때문에 예술과 문화가 발전해 온 것이 사실이었다. 그러나 가령 그것이 새롭게 만들어진 것이라 해도 혹은 전통문화로부터 변질된 것이라고 해도 보는 사람

거울 속의 예쁜 얼굴(Sunaryo)

들을 충분히 만족시키는 예능과 예술이다. 발리 예능과 예술에서 볼 수 있는 가장 큰 특징은 섬세함과 치밀함이지만 그 원형은 발리 주민의 깊은 신앙으로부터 유래한다.

발리는 한국 사람들의 신혼여행의 메카이다. 2000년대 이후 발리와 서울을 오가는 정기노선은 황금노선이라고 할 정도로 많은 사람들이 발리에 간다. 발리 사람들 눈에 우리 한국인들은 어떤 모습으로 비춰지고 있을까? 1990년대만 해도 필자에게 "일본 사람Orang Japan?"이라는 질문이 항상 던져졌는데 그때마다 "아니오, 한국 사람Tidak Orang Korea"이라고 일일이 강조하고 다녔다.

좋든 싫든 우리는 발리 사람들에게 일본 사람들과 비교당하고 있다. 두 번의 폭탄 테러 이후 침체에 빠진 발리 관광업에 활기를 불어넣은 것이 한국인 관광객이었다. 1990년대만 해도 발리 관광 가이드의 꽃은 일본어 가이드들이었다. 말 잘 듣고 '사고쇼핑, 보는' 옵션투어 일본인 관광객들 덕분에 많은 일본어 가이드들은 관광업종 사장이나 작은 호텔의 주인이 되었다.

2000년대 이후 일본의 경기 침체로 사고 보는 관광에서 '편안히 쉬고 배우는' 알뜰 관광으로 변한 일본인 관광객으로 인해서 많은 일본어 가이드들은 운전기사 일도 겸직하게 된다. 이러한 상황에서 한국인 관광객들이 몰려오기 시작한다. 사고, 보고, 팁까지 모아서 주는 한국인 관광객들에 의해 한국어 가이드는 떠오르는 태양이 되었다. 영어 가이드들까지 한국어 가이드로 전직하게 된다. 우리 국력의 신장을 발리에서도 느낄 수 있다.

최근에 일부이지만 한국인의 관광 형태가 바뀌어 가고 있다. 가족을 중심으로 쉬고 배우는 여행객이 증가하고 있다. 발리의 전통예능을 감상하고 박물관과 미술관을 찾는 사람들이 늘었다. 그러나 우리가 발리 문화나 사회를 이해하려고 할 때 문제가 되는 것은 우리말로 된 해설문조차 없다는 것이 현실이다. 신혼여행 코스에서 빠지지 않는 우붓의 미술관에도 영어와 일어로 된 해설문과 도록이 나란히 놓여 있다. 우리 스스로가 발리를 알려고 한다면 이 같은 문제는 머지않은 장래에 쉽게 해결될 거라고 생각된다.

세계의 많은 민족 중에서 발리 주민처럼 전통문화를 보존하고 활용하는 민족은 없을 것이다. 우리의 전통문화가 그러하듯이 발리의 전통문화도 옛것을 단지 계승하고 복고적인 것만을 답습하는 것이 아니라 새로이 형성되고 있음을 알 수 있다. 발리는 관광화에 의해 전통문화를 잃어버린 것이 아니고 전통문화를 새롭게 단장하여 관광 상품화에 성공했다. 이를테면 발리는 아주 잘 연출된 낙원이라고 할 수 있다. 발리의 전통문화와 관광과의 관계는 우리 전통문화의 활용에 시사하는 바가 크다.

발리어 및 인도네시아어의 한글 표기법은 국립국어원과 현지 교민들 사이에 약간의 차이가 있지만, 본서에서는 가능한 현지발음에 가까운 우리말로 표기했다.

끝으로 상업성을 무시하고 책을 출판해주신 북코리아의 이찬규 사장님, 발리 재주의 사진가 우사만Murdani Usman 씨, 우장문 선생님께 감사드립니다.

참고문헌

사공 경, 『자카르타 박물관 노트』, 한인회 문화탐방반, 2005.

양승윤, 『인도네시아사』, 미래엔컬쳐그룹, 2005.

양승윤 외, 『인도네시아 사회와 문화』, 한국외국어대학교, 1997.

賈鍾壽, 「バリ島と周邊のピラミッド遺構について」 『環太平洋文化』 第4号, 1992.

_____, 「バリ島の歷史」 『07就實公開講座』, 2008.

_____, 『バリ島Island of Gods』, 大學敎育出版, 2009.

河野亮仙・中村潔編, 『神々の島バリ』, 春秋社, 1994.

鏡味治也, 「バリ島の誕生」 『バリ・華花の舞う島』, 平河出版社, 1992.

河合德枝・大橋力, 「バリ島の水系制御とまつり」 『民族芸術』, 第17号, 2001.

コリン・マクフィー 著, 大竹昭子 譯, 『熱帶の旅人: バリ島音樂紀行』, 河出書房新社, 1990.

クリフォード・ギアツ著, 小泉潤 譯, 『ヌガラ』, みすず書房, 1990.

內海凉子, 「バリの衣裳の系譜」 『民族芸術』, 第17号, 2001.

內海顯, 「バリ繪畫の美術史―その諸特質および文化・社會的背景の回顧と分析そして展望」 『民族芸術』, 第17号, 2001.

鳴海邦碩, 「バリ島の文化的環境變化に關する考察」 『民族芸術』, 第17号, 2001.

永淵康之 『バリ島』 講談社, 1998.

田村史子・吉田禎吾・管洋志, 『祭りと芸能の島・バリ』, 音樂之友社, 1996.

泊眞二監修, 『踊る島バリ聞き書き・バリ島のガムラン奏者と踊り手たち』, PARCO出版, 1990.

ミゲル・コバルビアス 著, 關本貴美子 譯, 『バリ島』, 平凡社, 1991.

宮中村雄二郎, 『魔女ランダ考』, 岩波書店, 1983.

佐藤浩司, 「穀倉に住む―ロンボク島, バリ島の住空間」 『季刊民族學』, 62, 天理文化

　　財團, 1992.

佐和隆研 編, 『インドネシアの遺跡と美術』, 日本放送出版會, 昭和48.

イ・ケトゥ・ギナルサ 著, 田村史子 譯, 「バリ・ヒンドゥー敎の宇宙觀」『アジアの
　　宇宙觀』, 講談社, 1989.

吉田禎吾, 『バリ島民祭りと花のコスモロジー』, 弘文堂, 1992.

太田晶子, 『布と儀禮〜インドネシア染織文化の精神的世界〜』, 光琳社, 1997.

小川光暘, 『黑潮に乘ってきた古代文化』, NHKブックス, 1990.

阿良田麻里子, 『世界の食文化6インドネシア』, 農林漁村出版協會, 2008.

大林太郎 編, 『東南アジアの民族と歴史』, 山川出版社, 1993.

イドリア・ヴィッカーズ 著, 中谷文美 譯, 『演出された「樂園」−バリ島の影と光』,
　　新曜社, 2000.

小田亮, 「宗敎儀禮の諸相」『宗敎人類學』, 新曜社, 1994.

八木聖彌, 「バリ島の芸能」『環太平洋文化』, 第4号, 1992.

山下晋司, 『觀光人類學』, 新曜社, 1996.

伊藤俊治, 『バリ島芸術をつくった男ヴァルター・シュピースの魔術的人生』, 平凡
　　社, 2002.

渡部赫・伊藤博史・佐藤由美他, 『バリ島樂園紀行』, 新潮社, 1996.

ジョウージ・ミッチェル 著, 神谷武夫 譯, 『ヒンドゥー敎建築』, 鹿島出版會, 1993.

千原大五郎, 『東南アジアのヒンドゥー・仏教建築』, 鹿島出版會, 1982.

ハイネ・ゲルデルン, M. バードナー 著, 古橋正次 譯, 『東南アジア・太平洋の美
　　術』, 弘文堂, 昭和53.

ヒルドレッド・ギアツ, クリフォード・ギアツ, 吉田禎吾, 鏡味治也 譯, 『バリの親族
　　體系』, みすず書房, 1989.

深津裕子, 「バリ島における惡魔祓いの絣布」『民族芸術』, 第17号, 2001.

A. J. Bernet Kempers, Monumental Bali, Periplus editions, 1991.

Greetz Clifford, The Interpretation of Cultures, New York Basic Books, Inc., Publishers, 1973.

H. R. Hekeren, The Bronze-Iron Age of Indonesia, Nijhoff, 1958.

John Miksic, Ancient History, Archipelago Press, 1999.

Michael Tenzer, Balinese Music, Periplus Editions, 1991.

Miguel Covarrubiasu, Island of Bali, New York: Alfred A. Knof, 1936.

Paul Michael Taylor and Lorraine V. Aragon, Beyond of Jawa, The National Museum of natural history, Smithsonian Insition, Washinton, D.C, 1992.

Richard Mann, Treasures of Bali Museums Association of Bali, 2006.

E. Serivice, Primitive Social Organization: An Evolutionary Perspective, New York: Random House, 1962.

R. P. Soejono, Sejarah Nasional Indonesia Jil. I Zaman Prasejarah di Indonesia. Jakarta, Balai Pustaka Sarkofagus Bali dan Nekropolis Gilimanuk, Seri Oenerbitan Bergamber1, Pusat Penelitian Purbakala dan Peninggalan Nasional, 1977.